The History of Peter the Great, Emperor of Russia

彼得大帝的俄罗斯史

〔法〕伏尔泰 著　高望 译

上海社会科学院出版社
Shanghai Academy of Social Sciences Press

《沙皇彼得一世》,让-马克·纳蒂埃,1717年绘。

彼得大帝年表

1672年6月9日（儒略历5月30日） 出生于莫斯科，是沙皇阿列克谢·米哈伊洛维奇的第14个孩子。

1676年 异母兄弟费奥多尔继位。

1682年 与伊凡成为共治沙皇；索菲娅公主成为摄政，执掌实际权力。

1689年 推翻索菲娅的统治；与第一任妻子结婚。

1696年 攻克亚速海，成立俄罗斯第一支舰队，明定贵族子弟需服役。

1697年 游历西欧，史称"大出使"。

1698年 回国平叛。

1700年 与奥斯曼帝国和谈；与瑞典爆发战争，在纳尔瓦之战中战败。

1703年 为拓展海权，迎战强敌瑞典，亲自监工设计新城圣彼得堡。

1707年 卡尔十二入侵俄国；与第二任妻子叶卡捷琳娜秘密成婚。

1708—1721年 实行一系列改革措施，使俄罗斯成为欧洲强国。

1709年 在波尔塔瓦大败瑞典军队。

1710—1711年 与土耳其交战，在普鲁特河战败，被迫放弃亚速。

1712年 定都圣彼得堡。

1715年 于圣彼得得堡开设海事学校。

1717年 再访欧洲，访问荷兰、法国等地。

1721年 与瑞典签订和约。

1722年 引入官秩表，促进人才流动。

1722—1723年 远征波斯，占领巴库和拉什特。

1724年 批准成立科学院的特许状；第二任妻子叶卡捷琳娜加冕为皇后。

1725年2月8日（儒略历1月28日） 于冬宫病逝，葬于彼得保罗大教堂。

彼得一世的童年画像,约绘于 17 世纪末 18 世纪初。

彼得与哥哥伊凡,约绘于 1685 年。

1682年5月,射击军在索菲娅公主煽动下发动叛乱,年幼的彼得站在牧首阿德里安身旁。6月,伊凡和彼得成为共治君主,索菲娅公主成为摄政。

索菲娅·阿列克谢耶芙娜,彼得大帝的异母姐姐,俄罗斯历史上第一位女摄政。

《索菲娅公主》,列宾,1879年绘。1689年,彼得一世将索菲娅幽禁于修道院,开始亲政。

《俄罗斯舰队之祖》，格里戈里·米亚索迪夫，1871年绘。1688年，16岁的彼得大帝和日耳曼数学家蒂默曼在伊兹梅洛沃的夏宫发现了一艘陈旧的英国帆船。据说该船是16世纪80年代伊丽莎白女王送给彼得大帝的祖父伊凡雷帝（伊凡四世）的礼物。彼得大帝命人修好这艘船，并学会驾驶。

1697—1698年，彼得大帝隐瞒真实身份，率使团出访欧洲，史称"大出使"。这次出访直接导致了俄罗斯的现代化改革。图为描绘"大出使"的版画，沙皇身着荷兰水手服饰。

在阿姆斯特丹的萨达姆村，学习造船技艺。

化身木匠"彼得师傅"。

《身穿外国服饰的彼得一世在母亲、牧首阿德里安和导师佐托夫面前》,尼古拉·涅夫列夫,1903年绘。墙上挂着穿俄国传统服饰的沙皇阿列克谢的画像。

长袍是那时俄国各民族共通的服装。为使人民接受欧洲服饰与风俗，彼得大帝不得不对长袍和长胡子征税，拒绝交税者要被剪短长袍和胡子。

一幅描绘当时强制剪胡子的漫画。

彼得大帝建立"官秩表"，所有官员不管门第出身，都要从最低一级开始晋升。这是相当大胆的改革措施，直接打击了贵族的权力。

《26岁的彼得一世》，戈弗雷·内勒，1698年绘。1698年彼得出访英国，这幅画作为礼物送给了英国国王威廉三世。

《近卫军临刑的早晨》，瓦西里·伊万诺维奇·苏里科夫，1881年绘。彼得大帝身穿海蓝色军装（画面右侧），监督1698年兵败的射击军叛军被处以绞刑。

平定叛乱后，彼得按照德国模式建设正规军团。图为1700—1720年的普列奥布拉津斯基警卫团军官的装束。

《卡尔十二在阿尔特兰施泰特》,约翰·戴维·施瓦茨,1706年绘。瑞典国王卡尔十二是彼得大帝的劲敌,18岁率军出征,屡获大胜,在纳尔瓦战役中大败俄军。后在波尔塔瓦之战中惨败,几乎全军覆没,从此丧失北方霸主的地位。

《围攻诺特堡》，A.E. 科策布，1846 年绘。1702 年 10 月，彼得大帝（画面中间指挥者）率军围攻诺特堡，他认为诺特堡是通向因格里亚的钥匙。

《彼得大帝在圣彼得堡建设现场》,格奥尔基·佩西斯,1951年绘。

《波尔塔瓦之战》,皮埃尔-德尼·马丁,1726年绘。俄军在波尔塔瓦之战中的决定性胜利,终止了瑞典成为欧洲列强的时代。

1717年，彼得大帝到访法国，与当时7岁的路易十五会面。

为使人们文明礼貌交往，彼得大帝引进了"聚会"，邀请宫廷里的贵妇人着欧洲服饰出席。

《彼得一世在夏宫审问阿列克谢·彼得洛维奇》,尼古拉·尼古拉耶维奇·盖依,1871年绘。

《灵床上的彼得大帝》,伊万·尼基京,1725年绘。

《叶卡捷琳娜一世肖像》,让-马克·纳蒂埃,1717年绘。1725年彼得大帝逝世后,曾随其南征北战的妻子叶卡捷琳娜继承皇位,为俄罗斯帝国增光添彩。

《青铜骑士》是叶卡捷琳娜大帝委托法国雕塑家凡尔克·那特创作，耗时12年完成，是圣彼得堡的象征。

70 岁的伏尔泰

如果我再年轻一些,我愿意成为(彼得大帝的)俄罗斯人。
——伏尔泰

目 录

第一章　俄罗斯概述　1
　　　　从南方的海岸到北极的边疆
第二章　俄罗斯概述(续)　27
　　　　国之大事,在祀与戎
第三章　彼得大帝的祖先　40
　　　　罗曼诺夫家族
第四章　两个沙皇　48
　　　　伊凡和彼得 / 射击军的可怕叛乱
第五章　公主权倾天下　52
　　　　索菲娅公主的统治 / 奇特的宗教争端 /
　　　　阴谋
第六章　彼得一世的初步改革　59
　　　　彼得一世的统治 / 规模宏大的改革的
　　　　开端
第七章　与康熙皇帝谈判　65
第八章　俄罗斯有了海军　68
　　　　远征亚速海,征服亚速 / 派青年贵族去外
　　　　国学习
第九章　沙皇变身荷兰工匠　74

彼得大帝的海外之旅

第十章　近卫军临刑的早晨　84

密谋者遭到惩罚／废除射击军／改变风俗习惯／改革教会和国家

第十一章　宿　敌　93

俄罗斯与瑞典的战争／纳尔瓦战役

第十二章　战利品：土地和妻子　98

纳尔瓦战役后的攻略／这场灾难完全得到补救／在纳尔瓦附近赢得胜利／在一次袭击中俘获后来成为皇后的女人／彼得的成功和莫斯科凯旋

第十三章　以彼得命名的新城市　105

莫斯科的改革／进一步的成就／建造彼得堡／沙皇攻占纳尔瓦及其他

第十四章　鏖　战　112

卡尔十二在别处胜利时，彼得大帝继续占据整个因格里亚／缅希科夫晋升／彼得堡安然无恙／尽管瑞典国王获胜，沙皇仍在执行他的计划

第十五章　输给瑞典四次后，俄罗斯赢了一局　116

彼得巩固征服的成果，加强领土的警备；卡尔打了几场胜仗，统治波兰和萨克森／俄罗斯赢得一次胜利，奥古斯特仍然放弃波兰王位并交出沙皇的大使帕特库尔／帕特库尔被判车轮刑，惨遭杀害

第十六章　三王角逐波兰　122
　　在波兰扶植第三个国王的企图／卡尔十二率领强大的军队从萨克森出发,以胜者之姿穿越波兰国土,犯下累累暴行／沙皇的作为／瑞典国王赢得胜利,终于向俄罗斯进军

第十七章　瑞典人深入沙俄腹地　127
　　卡尔十二渡过博里西尼河,深入乌克兰,由于策略拙劣,他的一支军队被彼得大帝击败／他失去了补给和武器／他继续在荒芜之地前进／他在乌克兰的冒险经历

第十八章　决战波尔塔瓦　135

第十九章　霸权、流亡、大洗牌　140
　　波尔塔瓦之战的结果／卡尔十二在土耳其避难／遭到废黜的奥古斯特重新获得他的领土／沙皇的征服成果

第二十章　土耳其加入战局　148
　　普鲁特战役

第二十一章　媾和　167
　　普鲁特战役的结局

第二十二章　喜事连连　171
　　皇长子的婚姻／彼得和叶卡捷琳娜公开举办隆重的婚礼／叶卡捷琳娜与兄弟相认

第二十三章　不甘心的手下败将　178
　　占领什切青／在芬兰登陆／1712年的事件

第二十四章　瑞典持续丧师辱国　191

　　彼得大帝的成就／卡尔十二返回他的领土

第二十五章　该让战争收场了　196

　　卡尔十二回国时欧洲的局势／围困施特拉尔松德

第二十六章　沙皇的新旅程　200

　　再访荷兰

第二十七章　男爵的阴谋网遍布欧洲　204

　　沙皇的新旅程（续）／格尔茨男爵的密谋／沙皇在法国受到的接待

第二十八章　法国之旅　212

　　沙皇返回他的领土／他的政治活动和工作

第二十九章　父与子　217

　　对阿列克谢·彼得洛维奇王子的审判

第三十章　建设者彼得　242

　　1718年及随后几年的工程和建设

第三十一章　通商者彼得　246

　　俄罗斯的贸易／对华贸易／彼得堡和俄罗斯帝国的其他港口的贸易

第三十二章　立法者彼得　251

第三十三章　改革宗教　254

第三十四章　宿敌败亡　260

　　奥兰岛谈判／卡尔十二之死以及诺伊施塔特和约

第三十五章　在波斯的意外收获　267
第三十六章　沙皇逝世，女皇继位　278
附录：与本书相关的一些文件　285
　　对皇长子阿列克谢宣读的判决
　　尼斯塔德和约
　　沙皇彼得一世为叶卡捷琳娜皇后加冕的法令

注　释　303
译名对照表　327

第一章 俄罗斯概述

从南方的海岸到北极的边疆

俄罗斯是全球幅员最辽阔的帝国,疆域东西延伸 2000 法里①[1],南北最宽处有 800 多法里。它毗邻波兰和北冰洋,又与瑞典和中国接壤。从利沃尼亚(Livonia)最西端的达戈岛(Dago)②到最东端的边界,这个帝国横跨大约 170 个经度,也就是说,当西部边境是中午时,东部边境却是子夜。它从北至南宽 3600 俄里,相当于 850 法里。

17 世纪我们对这个国家的边界还所知甚少,1689 年我们听到消息说,中国和俄罗斯发生战争,为了解决争端,康熙皇帝和沙皇伊凡、沙皇彼得双方派遣使团到距离北京 300 法里的两国边境去谈判,当初竟以为这件事纯属虚构。

如今我们知道,俄罗斯或诸罗斯(Russias)这个国家的面积远远超过欧洲其他国家面积的总和,也超过当年的罗马帝国和亚历山大

---

① 1 法里约等于 5.556 千米,1 俄里约等于 1.067 千米。——译者注(本书脚注如无特别说明均为译者注,后文不再标明)

② 即希乌马岛。

征服的大流士的帝国。因为它的面积达到110万平方法里,无论是罗马帝国还是亚历山大帝国的领土都不超过55万平方法里;而欧洲任何一个王国的领土面积都不及罗马帝国的十二分之一。但要想让俄罗斯变得像我们这些南方国家一样繁荣富饶、人口稠密、城镇遍布,要再过数百年,再出现几位彼得大帝这样的君王才能办到。

有一位英国大使曾驻马德里,后被派往彼得堡。1733年,他在手写的报告中说,西班牙是欧洲人口最稀少的国家,人口密度大约每平方英里40人,可是俄罗斯的人口密度还不到每平方英里5人。我们将在第二章看到这位大使的说法是否错了。伟大的工程师、优秀的公民沃邦(Vauban)元帅估算,法国每平方英里有200人。这些估算肯定不会准确,不过它们说明,不同国家的人口分布不均衡,差距之大令人惊异。

我应在这里指出,从彼得堡到北京,旅行商队可以取道独立的鞑靼地区(Tartary)①,一路上不会遇到拦路的大山。从彼得堡到法国北部,经过但泽、汉堡和阿姆斯特丹,途中甚至连一座明显的山丘都看不到。观察到这种情况,我们不禁对一种学说产生怀疑,这一学说主张山脉都是海浪的起伏形成的,并设想现在的陆地在过去很长一段时间里全部是海洋。可是,既然海浪塑造了阿尔卑斯山、比利牛斯山和托罗斯山脉②,为什么从诺曼底到中国只有绵延3000法里的丘陵地带,却没有形成任何高山?如此思考,地理学可以为自然哲学提供一些线索,或者至少提出一些合理的疑问。

从前我们称俄罗斯为莫斯科公国,因为俄罗斯帝国的首都莫斯

---

① 鞑靼泛指中世纪时期从东欧到亚洲受蒙古人统治的广大地区。
② 托罗斯山脉(Taurus)位于土耳其南部,走向与地中海岸大致平行。

科城(Moscow)是俄罗斯大公的驻地。不过如今俄罗斯这个古称比较流行。

至于为什么从斯摩棱斯克到莫斯科另一边的地区被称作白俄罗斯(White Russia),为什么许布纳(Hubner)①又称之为黑俄罗斯②,为什么基辅(Kiow)行政管辖区应该被称作红俄罗斯,这些问题与本书无关,我无意在这里探究。

在基督纪元前大约700年,西徐亚(Scythia)的马迪亚斯曾经侵入亚洲,③就像后来的成吉思汗和帖木儿那样,他的武装或许到过这些区域,可能在他之前很早就有人捷足先登。并非一切古代的事物都值得我们探究。许多卓越的、有趣的古迹验证了中国、印度、波斯和埃及的历史,可是那些古迹暗示还有其他更古老的文明,因为人类需要许多世纪才能学会如何将思想永久记录下来并传播。形成一种有规律的语言也需要同样的时间。然而在文明开化的欧洲,我们连这种古迹都没有。在很长一段时间里,北方人对文字书写一无所知。君士坦丁堡的东正教牧首用俄文撰写基辅④史,他承认5世纪时,这些地区的居民还不了解文字的作用。

---

① 可能是指德意志地理学者约翰·许布纳(Johann Hübner,1668—1731)。

② 斯摩棱斯克(Smolensko)在莫斯科西边,现代的白俄罗斯(Belarus,是纯种俄罗斯人的意思)在斯摩棱斯克西边,此处意味不明,似乎是指狭义的白俄罗斯。基辅是乌克兰的首都,黑俄罗斯本来应该是指乌克兰。

③ 西徐亚指古代欧亚大陆上从黑海到咸海的地区,西徐亚人是有伊朗血统的游牧民族,公元前8—前2世纪的西徐亚王国以黑海北岸的克里米亚为中心,从俄罗斯南部延伸到波斯边界。马迪亚斯(Madius,也译作马地奥斯)是西徐亚首领,后来与亚述合力击败米底王国,成为米底第三任君主,在位时间为公元前653—前625年。

④ 即基辅罗斯。

匈奴人、斯拉夫人和鞑靼人是否曾经带领四处漂泊、饥寒交迫的游牧部落来到博里西尼河（Boristhenes）[2]①的源头？这些就让别人去探询吧；我的意图只是向读者展示沙皇彼得创建了什么，而不是徒劳无功地尝试厘清古代遗物的混乱线索。我们应该始终牢牢记住，世界上没有哪个家族知道自己最早的祖先是谁，也没有哪个民族能弄清自己的起源。

我用俄罗斯人（Russian）这个词指代这个大帝国的居民，其实以前的名称"罗克索兰人"（Roxolanian）发音比较响亮，不过我们应该遵守约定成俗的习惯。报纸和其他出版物习惯使用俄罗斯人这个词，但是这个词太近似于普鲁士人（Prussian），我只得勉强接受"Russ"这个略称，我们的作家几乎都使用这个写法。此外，在我看来，世界上领土最辽阔的国家的人民应当有一个更合适的称谓，以便明显区别于其他民族。[3]

目前这个帝国划分成16个大行政区，如果将来北方和东方地区人口增多，就再细分成小行政区。

下面我们将介绍这些大行政区，其中包括一些面积巨大的省份。

利沃尼亚②

距离我们法国最近的行政区是利沃尼亚，它是整个北方最富饶的地区之一。12世纪时那里的居民不是基督教徒，不来梅和吕贝克

---

① 古希腊人对第聂伯河的称呼，作者认为这个发音比较优美。
② 利沃尼亚位于波罗的海东岸，是现在的爱沙尼亚和拉脱维亚的大部分地区的旧称。现在里加是拉脱维亚的首都。

的一些商人在那里做生意。13世纪时一群十字军骑士开始主宰这个行政区,他们被称作佩剑骑士团(port-glaives),后来与条顿骑士团合并。在那个时代,十字军东征的狂热驱使基督教徒反对不属于他们宗教的一切。这些宗教征服者的大首领阿尔伯特(Albert)当上了德意志边境省勃兰登堡的总督,在1514年前后自封利沃尼亚和勃兰登堡-普鲁士(Brandenburg-Prussia)公国的君主。从那时起,俄罗斯人和波兰人就开始争夺这个行政区的所有权。不久以后,这个地区又遭到瑞典人的入侵,在很长一段时间里饱受这些强国的蹂躏。1660年,这个地区被瑞典国王古斯塔夫·阿道夫(Gustavus Adolphus)征服,通过著名的《奥利瓦和约》被割让给了瑞典。[①] 我们将在本书介绍的历史中看到,最后沙皇彼得夺取了利沃尼亚。

库尔兰(Courland)与利沃尼亚相邻,现在依旧是波兰的封臣,却又在很大程度上依附俄罗斯。这就是俄罗斯帝国属于基督教欧洲的西部边境。

雷瓦尔、彼得堡和维堡等行政管辖区

从利沃尼亚向北,是雷瓦尔(Revel)和爱沙尼亚(Esthonia)行政管辖区。13世纪时丹麦人建立了雷瓦尔。1561年瑞典将爱沙尼亚置于保护之下,从那以后就占有这个行政区,直到沙皇彼得征服爱沙尼亚。

芬兰湾在爱沙尼亚的边缘。彼得堡就位于这片海的东岸,涅瓦

---

① 1660年,波兰、瑞典、德意志和勃兰登堡选帝侯在西班牙的奥利瓦签订和约,标志着北方战争的结束。

河(Neva)流出拉多加湖(Ladoga)[4]的地方。它是整个帝国最新式、最美丽的城市,由沙皇彼得克服重重障碍建立起来。

彼得堡坐落在喀琅施塔得(Kronstadt)湾上,涅瓦河的9条支流将它分隔成不同区域。城市的中央是一座固若金汤的要塞,建造在涅瓦河的干流冲积而成的小岛上;河道之间开凿出7条运河,水流冲刷着宫殿、海军部、几家制造厂的外墙和战船的船坞。35座大教堂装点着这座城市,其中5座教堂分配给信仰罗马天主教、新教加尔文宗和路德宗的外国人;这些为宗教宽容而修建的教堂是其他国家的榜样。城内有5座宫殿,其中最老的是夏宫,坐落在涅瓦河上,河岸装饰着美丽宽阔的石栏杆。新夏宫在凯旋门附近,是欧洲最精美的建筑之一。海军部、军校、各个皇家协会、科学院、证券交易所、商品仓库等建筑物都宏伟壮丽,显示出艺术品位和公共事业的效用。联建住宅、公共药房(那儿的容器全部是瓷器)、御用军火库、铸造厂、兵工厂、桥梁、集市、广场、近卫军骑兵和步兵营房等建筑物既有助于美化这座城市,又保障着它的安全。据说,目前彼得堡有40万人口。城市周围有一些别墅或乡间宅邸,它们的宏伟壮丽令所有游客都感到惊讶。尤其有一座别墅的排水系统比凡尔赛的性能还优越。1702年时那里还荒无人烟,是一片无法通行的沼泽。彼得一世征服了一个小行政区因格里亚(Ingria)之后,彼得堡成为因格里亚的首府。芬兰人输给彼得一世,放弃了维堡(Wyburg),加上1742年瑞典人割让的一部分土地,组成另外一个行政管辖区。

阿尔汉格尔斯克

继续向北方前进,是阿尔汉格尔斯克(Archangel)大行政区,欧洲南方的民族对它一无所知。这座城市的名字取自大天使圣米迦勒（St. Michael），自11世纪初俄罗斯人皈依基督教以来，这个地区长期受到圣米迦勒的护佑。直至16世纪中叶，欧洲的其他民族才开始了解这一地区。1533年，英国人正在寻找一条从东北方通往东印度群岛的路线，探险船队中有一艘船的船长钱塞勒①在白海发现了阿尔汉格尔斯克港。当时那个地区一片荒凉，仅有一座女修道院和供奉圣米迦勒大天使的小教堂。

英国人从港口沿着德维纳河（Dwina）[5]逆流而上，来到这个地区的内陆，最后抵达莫斯科城。他们轻而易举地控制了俄罗斯的贸易，货物从陆地运往这个海港。实际上，由于冰封，每年有7个月船只无法进港，但是在这里做生意仍对帝国比较有利。贸易中心从诺夫哥罗德（Novogorod）转移到了这里，诺夫哥罗德的集市因俄罗斯与瑞典的战争已经非常衰败。英国人获得了在当地经商免税的特权，看来这种贸易方式对所有民族都最有利。那时其他国家还不知道这个港口，不久以后，荷兰人也开始参与阿尔汉格尔斯克的贸易。

很久以前，热那亚人和威尼斯人在塔内斯河（Tanais）或者说顿河河口[6]建造了一座名叫塔纳（Tana）的城市，跟俄罗斯人做生意。由于帖木儿对该地区的劫掠破坏，意大利商业的这一分支遭到摧毁。但是阿尔汉格尔斯克的商业延续下来，给英国和荷兰带来巨额利润，直至彼得大帝获得出海口，开辟了一条从波罗的海通往帝国内陆的通道。

---

① 理查德·钱塞勒（Richard Chancellor, ?—1556），英国航海家、海军上尉。此次航行使英俄两国建立了直接联系，英国人获得在俄罗斯经商的特权。

俄罗斯拉普兰

阿尔汉格尔斯克行政管辖区

俄罗斯拉普兰（Russian Lapland）位于阿尔汉格尔斯克以西，隶属阿尔汉格尔斯克行政管辖，是该地区的第三部分，另外两个部分分别属于瑞典和丹麦。这片土地面积广袤，横跨8个经度，纬度方向则从北极圈延伸到北角（North Cape）[7]。古代人对当地土著的认知混乱不清，叫他们穴居人（troglodyte）和北方俾格米人（pigmy）。这样的称谓相当合适，因为这个种族的人大多身高不超过4.5英尺，居住在洞穴里，现在依然如此。北方的其他民族都是白皮肤，可是他们的皮肤呈黄褐色，身材非常矮小，虽然他们的邻居和同处北极圈的冰岛人身材很高大。他们生来适合丘陵山区的生活，灵活敏捷，矮小健壮，皮肤硬实，耐寒；他们的大腿和小腿苗条，双足小而灵活，可以在崎岖不平的岩石之间敏捷地奔跑跳跃。他们热爱这片土地，只有他们能在这里快乐地生活；他们也无法在别的地方生存。根据奥劳斯①的说法，有些人断言这个民族起初是芬兰的土著，后来迁移到拉普兰，身材逐渐退化。可是为什么他们不选择南边一点的地方呢？南方不是生活比较便利、资源比较丰富吗？假设他们的祖先是芬兰人，为什么两者的相貌、身材和肤色截然不同？在我看来，我们也有充足的理由假定拉普兰的草来自丹麦，湖中特有的鱼来自瑞典。最大的可能性是拉普兰人和当地的动物一样，是土生土长的，大自然造就了适应这一地区的生灵。

---

① 奥劳斯·马格努斯（Olaus Magnus，1490—1557），瑞典作家、地理学者和教士，著有《北方民族史》《海图》。

那些居住在芬兰边境的拉普兰人,采用了邻居的语言中的一些表达方式,每个民族都有这种情况。但是考虑到两个民族以截然不同的名词称呼常用的事物或每天常见的东西,我们就可以做出一个有力的推测,即拉普兰人不是芬兰移民,反之亦然。芬兰人称呼熊为卡鲁(karu),而拉普兰人称呼熊为木里埃特(muriet);在芬兰语中太阳是奥林加(auringa),而拉普兰语中,太阳却叫贝弗(beve)。其间毫无相似之处。从前芬兰拉普兰和瑞典拉普兰的居民崇拜一个名叫"伊乌马拉克"(Iumalac)的偶像,自从古斯塔夫·阿道夫的朝代以来,他们称耶稣基督为伊乌马拉克之子,由于古斯塔夫国王,他们才成为路德派教徒。莫斯科大公国(Muscovite)或俄罗斯拉普兰人目前算是属于希腊正教会;不过,游荡在北角山区的拉普兰人却满足于膜拜一个有些粗陋的神,那是居无定所的游牧民族共有的古老习俗。

这个种族在人数方面无足轻重,他们没有什么思想,并且自得其乐;倘若他们有了思想,只会产生无法满足的新需求。目前虽然气候酷寒,他们对自己的生活倒是很满足;他们没有疾病,除了水之外什么都不喝,却健康长寿。他们有一种习俗,请求外来者跟自己的妻子女儿上床,并视之为荣耀。这种习俗可能源于外来者比较优越的观念,他们渴望通过外来者的帮助,改良自己种族的缺陷。品德高尚的拉科尼亚人(Lacedemonian)①有这样的习俗:丈夫会恳求一个英俊的年轻人和自己的妻子生育一个漂亮的孩子,给他收养。由于嫉妒和法律的禁止,其他人类不会与别人分享自己的妻子,但是拉普兰人没有法律,十有八九也不懂什么是嫉妒。

---

① 拉科尼亚是位于伯罗奔尼撒半岛东南部的一个古国,由斯巴达人统治。

莫斯科

沿着德维纳河自北向南溯流而上,我们可以抵达帝国的首都莫斯科。早在俄罗斯向中国和波斯那边扩张以前,这座城市就是帝国领土的中心。

莫斯科位于北纬55.5度,气候比彼得堡温暖,土地也比彼得堡肥沃,恰好在一大片美丽的平原中央。莫斯科河和另外两条小河穿过这片平原,流进奥卡河,然后又汇入伏尔加河。13世纪时,莫斯科城只有棚屋,聚居着一群受成吉思汗后裔压迫的可怜穷人。

俄罗斯大公的宫殿克里姆林宫直至14世纪才建成,这个地区的城市大多比较年轻。克里姆林宫和城里的几座教堂都由意大利建筑师设计,带有哥特式风格,当时整个欧洲都流行这种风格。其中两座教堂的设计者是著名的博洛尼亚的阿里斯托特①,他在15世纪享有盛名;但是城里的普通私人住宅只是简陋的小木屋。

最早让我们了解莫斯科的作家是奥利留斯②。1633年,他随同荷尔斯泰因公国的一个使团前往俄罗斯。莫斯科城的巨大面积和5个区域,尤其是属于沙皇的壮观居住区,以及那时沙皇宫廷中盛行的亚洲式富丽堂皇的气派,自然给土里土气的荷尔斯泰因人留下了深刻印象。当时整个德意志都没有可与之匹敌的宫殿,也没有面积如

---

① 指文艺复兴时期意大利建筑家和工程师阿里斯托特·菲奥拉万蒂 (Aristotele Fioravanti),莫斯科著名的圣母升天大教堂是他在1475年到1479年建造的。

② 亚当·奥利留斯(Adam Olearius,1599—1671),德国学者、地理学家和图书馆员,荷尔斯泰因-戈托普公爵的宫廷数学家,1633年担任派往波斯和俄罗斯的大使的秘书。

此巨大、人口如此众多的城市。

与此相反,查理二世派驻沙皇阿列克谢一世宫廷的大使卡莱尔(Carlisle)伯爵却在1633年①的记述中抱怨说,莫斯科的生活一点都不方便,路上既没有小酒馆,又没有任何点心。两个人一个从日耳曼人的角度,一个从英国人的角度,通过比较做出判断。看到莫斯科公国的波雅尔贵族②大多睡在只铺着兽皮的木板或长椅上,英国人感到震惊,虽然这是所有民族的古老习惯。居民的房屋大都是木材建造,几乎没有家具,餐桌上几乎没有台布;街上没有铺石的路面;没有任何令人愉快的、舒适便利的东西;城里的手工艺者寥寥无几,而且极其笨拙,只制造绝对必需的物品。如果这些人不是整天酩酊大醉的话,就跟斯巴达人差不多。

然而在公共节日,俄罗斯宫廷却显示出犹如波斯宫廷一般的豪华。卡莱尔伯爵说,沙皇和廷臣们长袍上的金银宝石让他看花了眼。这些服装不是在国内缝制的,虽然显而易见,俄罗斯早就有能工巧匠。在沙皇鲍里斯·戈东诺夫(Boris Godonow)在位期间,莫斯科已经铸造过欧洲最大的钟;那里的东正教教堂有一些样式非常奇妙的银质装饰物。在日耳曼人和意大利人的指导下,这些手工艺品只需要短时间的努力就能制作出来。可是一个民族必须从事日常生产,

---

① 原文如此,应该是1663年。1633年,第一任卡莱尔伯爵查尔斯·霍华德(Charles Howard,1629—1685)和沙皇阿列克谢一世(1629—1676)都只有四岁,阿列克谢尚未继位。

② 俄罗斯的贵族大致可分为世袭大贵族和服役贵族两个来源不同又相互重叠的群体。"波雅尔"通常指世袭大贵族,是封建时代保加利亚帝国、莫斯科大公国、基辅罗斯等国的地位仅次于大公的贵族头衔,从10世纪到17世纪,在保加利亚、俄罗斯和罗马尼亚演变成表示地位仅次于王公的大贵族,加在姓氏前面是"采邑贵族"。后来彼得大帝废除了这一阶层。

坚持不懈地练习各种各样的技艺,才能繁荣昌盛。波兰及其他邻国当时并不比俄罗斯更优越。德意志北部的手工业也没有更完美,在17世纪中叶,那里的高雅艺术还不出名。

虽然那个时代的莫斯科不如我们欧洲的大城市那么富丽堂皇,也没有那么繁荣的手工业,但是莫斯科方圆20英里,被称作中国城的区域陈列着各种奇珍异宝。沙皇的克里姆林宫占地面积广大,有金光闪烁的圆屋顶和高耸入云的塔楼。最后,其居民人数多得惊人,有近50万。鉴于这些因素,莫斯科确实是世界上举足轻重的城市。

彼得大帝的长兄费奥多尔(Theodore或Foedor)开始改造莫斯科。虽然没有正规的建筑技术,他还是下令建造一些石质的巨大房屋,鼓励宫廷重臣修建住宅,替他们预付费用,还提供建筑材料。他最早收集良种马,增添了一些美化环境的有用装饰。彼得大帝做事面面俱到,在建设彼得堡的同时也没有忽略莫斯科;他下令铺设路面,修建宏伟的大建筑物,建设工场使它富裕起来。数年以后,彼得大帝的女儿伊丽莎白女皇的高级侍从德·舒瓦洛夫(de Showalow)①先生在这座城市创立了一所大学。我正是根据他提供的回忆录编撰了这部历史,他关于这一主题的信件表明,即使用法语写作,他也比我更胜任;由于非常谦逊,他才决定将这项任务让给我,相关信件我已经保存在日内瓦公共图书馆。

---

① 伊万·伊万诺维奇·舒瓦洛夫(Ivan Ivanovich Shuvalov,1727—1797),1742年起先后任宫廷少年侍从、少年侍从总管,为女皇伊丽莎白·彼得罗芙娜的宠臣。他是俄罗斯第一任教育部长,俄罗斯启蒙运动的重要赞助者,1755年在百科全书式学者、科学家罗蒙诺索夫的倡导下,创办莫斯科大学。

斯摩棱斯克

斯摩棱斯克公国位于莫斯科公国西边,是古欧洲萨尔马提亚(Sarmatia Europea)①的一部分。莫斯科公国和斯摩棱斯克公国组成了狭义上的白俄罗斯。斯摩棱斯克起初属于俄罗斯大公,15世纪初立陶宛大公攻占了这块地盘,100年后旧主人又收复了它。1611年,波兰国王齐格蒙特(Sigismund)三世占领了它。1654年,彼得一世的父亲沙皇阿列克谢一世夺回了斯摩棱斯克,从那以后,它就一直属于俄罗斯帝国。巴黎的法兰西科学院在赞美沙皇彼得的颂词中宣称,在沙皇彼得的时代之前,俄罗斯从未征服过西面或南面的土地,那显然是错误的。

诺夫哥罗德行政管辖区、基辅或乌克兰行政管辖区

诺夫哥罗德行政区[8]位于彼得堡和斯摩棱斯克之间,据说那里是古代斯拉夫人(Slavi 或 Sclavonian)的第一个移居地。斯拉夫语在整个欧洲东北部广泛使用,可是这些斯拉夫人来自何处?"Sla"的意思是首领,"slave(奴隶)"属于首领。关于这些古代斯拉夫人,我们只知道他们是征服者。他们在一条可通航的河流源头建造了大诺夫哥罗德,长期以来,这座城市的商业兴旺繁盛,是汉萨同盟城市的强

---

① 萨尔马提亚人是里海西北的游牧部落,属于东伊朗人种,起源于俄罗斯南部的欧亚大草原,从公元前6世纪开始向西北移动,进入乌拉尔丘陵地带,占据乌拉尔河与顿河之间的草原,最后被东欧的斯拉夫人同化。萨尔马提亚指维斯图拉河和多瑙河以东、伏尔加河以西、黑海和里海以北的区域,相当于现代的乌克兰和俄罗斯南部、巴尔干半岛东北部和摩尔多瓦的一部分。

有力盟友。1467年,沙皇伊凡·瓦西里耶维奇①(英文名John Basilowitz)占领这个地区,将其财富劫掠殆尽,运回莫斯科,使当时几乎不为人知的莫斯科宫廷变得豪华起来。

斯摩棱斯克行政区南边是基辅行政区,别名小俄罗斯、红俄罗斯或乌克兰。第聂伯河(Dnieper)流经这一地区,希腊人叫它博里西尼河。这两个名字一个发音刺耳,一个悦耳动听,这种区别和其他上百个例子都向我们证明古代北方民族的语言粗鲁,希腊语则更优雅。它的首府基辅从前叫基索维亚(Kisow),由君士坦丁堡的皇帝建造,充当殖民地,那里至今还留存着1200多年前的希腊文碑文。在这些地区,人们的房屋连建筑墙面都没有,唯独基辅还保留着一些古代遗迹。在鞑靼人征服俄罗斯之前,11世纪的罗斯大公就在那里居住。

乌克兰的居民被称为哥萨克(Cossack),是古代罗克索兰人、萨尔马提亚人和鞑靼人的混血。罗马和君士坦丁堡虽然长期统治其他民族,论土地肥沃却无法与乌克兰相比。大自然施与那片土地最大程度的恩惠,可是那儿的人类却没有勤勤恳恳地利用,只靠不需要耕作就自然丰收的土地产出的作物生活,而且到处劫掠。虽然他们狂热地爱着最宝贵的自由,却总是臣服于其他民族,有时服从波兰人,有时服从土耳其人。直到1654年,他们投身俄罗斯的怀抱,但是带有某些限制条件。最终,彼得大帝彻底降伏了他们。

其他民族互相分隔,形成市和乡镇,共有十大群体。群体的首领通常由多数选举产生,被称作"统领"(Hetman)或"酋长"(Itman)。最高权力并不属于这个首领。目前首领是由沙皇提名的宫廷中的大领主;事实上,这些管理者类似于法国三级会议行省的总督,仍保留

---

① 即莫斯科大公伊凡三世·瓦西里耶维奇(1440—1505),史称伊凡大帝。

着某些特权。

最初，这个地区的居民要么是穆斯林要么不信宗教。但是他们臣服于波兰的时候接受了洗礼，成为罗马天主教派的基督教徒；现在他们为俄罗斯服务，属于希腊正教会。

这些乌克兰人包括扎波罗热（Zaporavian）哥萨克在内，他们类似于我们所说的海盗（Bucanier）①，靠劫掠为生。他们与其他民族不同，决不允许女人跟他们一起生活，就像希腊神话中的亚马孙女战士决不允许男人加入一样。他们利用女人只为繁殖后代，让女人生活在河中的其他岛上。他们没有婚姻，也没有家庭经济活动；他们招收男孩加入民兵组织，把女孩留给母亲。兄弟姐妹、父女之间乱伦生子是常见现象。除了必要的习俗之外，他们对法律一无所知，不过他们采用了来自希腊宗教仪式的一些祈祷习惯。不久前，为了使他们保持敬畏之心，博里西尼河上建造了圣伊丽莎白堡。他们在俄罗斯部队中作为非正规军服役，落进他们手里的人注定倒霉。

别尔哥罗德、沃罗涅日和尼斯施哥罗德等行政管辖区

别尔哥罗德（Belgorod）行政管辖区位于基辅东北方，在博里西尼河与顿河之间，面积跟基辅一样大。它是俄罗斯最肥沃的土地之一，向波兰提供数量惊人的牲畜，即乌克兰牛。从博里西尼河延伸至顿河的多条防线上设置了许多堡垒和棱堡，用以保护这两个行政区的安全，免遭鞑靼人小部落的袭击。

---

① 字面意思是熏肉男。

渡过顿河再向北,就进入了沃罗涅日(Woronitz)①行政管辖区。沃罗涅日又名沃罗尼斯(Veronise),一直延伸到亚速海(Palus Maeotis)②岸边。俄罗斯人称这个行政区的首府为沃罗涅日(Woronestch),附近与它同名的一条河流入顿河,彼得大帝就在这条河的河口建立起第一支舰队。对这片广大疆域的居民而言,那是一项全新的事业。接着我们来到尼斯施哥罗德(Nischgorod)行政管辖区,在伏尔加河水的灌溉下,该地区盛产谷物。

阿斯特拉罕

从尼斯施哥罗德往南前进,就来到阿斯特拉罕(Astracan)王国。这一地区从北纬43.5度延伸至将近北纬50度(是气候最为宜人的地带),东西方向上覆盖的经度的度数与纬度大致相同。一边以里海为界,另一边以切尔卡西亚(Circassia)山为界,沿着高加索山脉,向里海的对岸延伸。伏尔加河、雅伊克河及另外几条不太重要的河流灌溉着这片土地,按照英国工程师佩里(Perry)先生的意见,可以在这些河流之间开凿运河,储存泛滥的洪水,发挥与尼罗河的运河相似的作用,使土壤变得更加肥沃。但是在伏尔加河和雅伊克河两岸的肥沃土地上,居住着——或者不如说像野兽一样出没着——鞑靼人,他们从来不从事农业、种植作物,总是像异邦人或旅居者一样流浪,到处抢劫。

工程师佩里受彼得大帝所雇来到这个地区,发现人迹罕至的大

---

① 一般写作 Voronezh 或 Woronetz。
② 迈俄提斯湖(Palus Maeotis)是亚速海的拉丁文名称。

片荒原上覆盖着牧草、豆科植物、樱桃树和杏树,大群野羊悠闲地吃草,它们的肉十分美味。彼得堡的气候条件有限,为了充分利用大自然的赐予,必须征服阿斯特拉罕,使这里的居民变得文明开化。

阿斯特拉罕王国是古卡普沙克(Capshak)的一部分,先是被成吉思汗征服,后又被领土范围远及莫斯科的帖木儿收入囊中。伊凡·瓦西里耶维奇的孙子沙皇伊凡四世·瓦西里耶维奇①是俄罗斯君王中最伟大的征服者,他在16世纪使他的国家摆脱了鞑靼人的钳制,1554年征服了阿斯特拉罕王国。

阿斯特拉罕是亚洲和欧洲的边界,地理位置使它能与两大洲进行贸易,商品可以从里海经过伏尔加河运输到此地。这是彼得大帝的宏图伟略之一,已经实施了一部分。阿斯特拉罕的一个郊区的居民都是印度人。

奥伦堡

阿斯特拉罕的东南边是一个新成立的小行政区奥伦堡(Orenburg)。1734年,一座同名的小城在雅伊克河岸边建立起来。该地区遍布山峦,是高加索山脉的一部分。群山之间每隔一段距离就设有堡垒,扼守隘口和山间河流的河口。这片土地过去荒无人烟,现在波斯发生内战,波斯人为了躲避战火和盗匪抢劫来到这里。奥伦堡变成了波斯人和他们的财富的避难所,城市的规模伴随着他们的灾难逐渐扩大。大布卡里(Great Bukari)的本地人也来此地做生意,它

---

① 原文为John Basilides,即伊凡雷帝,他在1554年派兵进攻阿斯特拉罕王国,1556年征服该王国。

成了亚洲的集市。

喀山和大彼尔姆行政管辖区

越过伏尔加河和雅伊克河再往北,就是喀山(Casan)王国。喀山王国和阿斯特拉罕一样,先被成吉思汗的一个儿子瓜分,又落入帖木儿的一个儿子手里,最后被伊凡四世·瓦西里耶维奇征服。那里仍然居住着许多信伊斯兰教的鞑靼人。这是一片辽阔的土地,一直延伸到西伯利亚。喀山曾经非常繁荣富裕,至今仍保留着昔日的富饶的一些痕迹。这个王国有一个行政区叫大彼尔姆(Permia),后来又叫索利卡姆(Solikam),是交易波斯商品和鞑靼毛皮的货仓。在彼尔姆发现过大量早期哈里发的钱币和鞑靼人的一些黄金铸造的偶像,[9]但是这些古代繁荣的遗迹是在贫瘠的荒漠和极度贫穷的地区发现的,那里没有贸易活动的丝毫痕迹。自然的彻底变化在最肥沃的地方也会发生,想来在贫瘠的地区这种变化发生得就更容易、更迅速。

著名的瑞典俘虏斯特拉伦伯格①充分利用自己的不幸境遇,留心关注和考察这些广阔的地区,最早暗示这些地区在古代可能确实有贸易活动,虽然过去人们一直以为那是天方夜谭。普林尼(Pliny)和蓬波尼乌斯·梅拉②记述说,奥古斯都在位期间,苏埃维人(Suevi)

---

① 瑞典军官菲利普·约翰·冯·斯特拉伦伯格(Philip Johan von Strahlenberg,1676—1747)也是一位地理学家,对俄罗斯的地图制作有很大贡献。他在1709年的波尔塔瓦之战中被俘,随后被送往西伯利亚的托博尔斯克,其间留心观察当地地理和风俗。1930年获释回国后,出版《欧洲与亚洲的北方与东方部分》一书,书中包含完整的俄罗斯帝国地图。

② 蓬波尼乌斯·梅拉(Pomponius Mela)是公元1世纪的古罗马地理学家。

的一位国王把几个印度人当作礼物送给了梅特卢斯·凯莱(Metellus Celer),这几个印度人是被风暴冲到易北河(Elbe)边的海岸上的。印度的居民怎么可能横渡日耳曼的海洋呢?当代的所有人都认为这种冒险故事难以置信,尤其是在好望角的发现大大改变了我们这个半球的商业贸易活动之后。然而在过去,一个印度人去印度的西北方做非法生意,并不比一个罗马人取道阿拉伯进入印度更不寻常。印度人可以去波斯,在希尔卡尼亚(Hyrcanian)乘船出海,溯流而上抵达拉河(Rha,即现在的伏尔加河),再经过卡马河(Kama)抵达大彼尔姆,然后从那里到黑海或波罗的海乘船。他们一直以来都是富有进取精神的人。提尔人(Tyrian)就进行过最令人惊讶的远航。

纵览这些面积广大的行政区之后,我们将目光转向东方,就会发现欧洲和亚洲的边界又变得模糊不清。这一大片地区需要一个新名称。古代人将他们所知的世界划分成欧洲、亚洲和非洲,可是他们所见还不到地球的十分之一。越过亚速海之后,我们就完全迷失,不知道欧洲止于何处,亚洲又始于何处。因此,我们用"西徐亚"这个笼统的称谓指代托罗斯山另一边的大片土地,后来又改用"鞑靼"这个词。如果把从波罗的海延伸至中国边界的区域称为北极地区或者北方地区,我想可能是恰当的,就像位于南极、与北方一起保持地球的平衡、面积同样广阔的那片陆地被称为南极地区或南方地区。

西伯利亚、萨莫耶德斯、奥斯加克和堪察加等行政管辖区

西伯利亚包括它之外的很多领土,从阿尔汉格尔斯克、喀山、阿斯特拉罕等行政区的边境一直向东延伸,远达日本海。它通过高加索山脉与俄罗斯的南部相连,从高加索到堪察加距离大约有1200法

里;从西伯利亚边界上的南鞑靼到北冰洋距离大约400法里,那是俄罗斯帝国南北方向上最窄的地带。西伯利亚盛产皮毛,这是1563年人们发现该地区的原因。

16世纪时,不是沙皇费奥多尔·伊万诺维奇(Foedor Johannowitz)执政期间,而是在沙皇伊凡四世·瓦西里耶维奇执政期间,阿尔汉格尔斯克附近一个人名叫阿尼卡(Anika),在当地还算富裕。他注意到有一群相貌奇特的人,穿着当地人从未见过的衣服,说的语言也没人能听懂。这些人每年沿着德维纳河的一条支流顺流而下,[10]带来貂皮和黑狐皮,跟当地人交易钉子和玻璃制品,正如美洲最早的土著用黄金跟西班牙人交换东西一样。阿尼卡派他的儿子和仆人跟踪这些人到他们居住的地方,发现他们是萨莫耶德人(Samojedes),与拉普兰人相似,却属于不同的种族。他们和拉普兰人都不知道食用面包;他们也驱使驯鹿拉雪橇,住在冰天雪地的洞穴和棚屋里。[11]但是在其他方面,大自然使这两个种族有明显的区别。萨莫耶德人的上颚比鼻子更向前伸,耳朵位置更高,无论男女只有头上生长毛发,乳头像乌木一样呈深黑色。拉普兰的男人和女人就没有这样的身体特征。

来自这些不为人知的地区的回忆录告诉我,奇妙的《国王花园的自然史》的作者①在谈到许多奇特的风土人情时,错误地混淆了萨莫耶德人和拉普兰人。世界上的人种比我们通常以为的多得多。萨莫耶德人和霍屯督人(Hottentot)②似乎代表着我们这块大陆的两个

---

① 《国王花园的自然史》指法国博物学家布封(Buffon,1707—1788)的《自然史》。

② 霍屯督人是非洲西南部种族,主要分布在纳米比亚、博茨瓦纳和南非。

极端；如果观察到萨莫耶德女人的黑色乳头和大自然赋予霍屯督女人的长及大腿中段的围裙，我们就会对生物物种的多样性有所了解，虽然大城市里的居民一般只看到眼前的事物，对其他一切都很陌生，完全不了解这种多样性。

萨莫耶德人的道德观念和他们的身体特征一样独一无二。他们不崇拜至高无上的主，他们的信仰近似于摩尼教，承认一个善和一个恶的本源。就这一点而言，不如说他们的宗教更接近古波斯拜火教僧侣（Magi）的宗教。他们面对的气候环境太可怕了，这或许可以在某种程度上解释他们的信仰；对于那些愚昧无知又不幸的人们，那种古老的信仰也是自然而然。

他们中间从来没有出现过盗窃或谋杀。他们缺乏激情，没有不公正的行为。他们的语言中没有指称恶习和美德的词汇，他们的思想极其简单，不能理解抽象的概念。他们完全凭感觉行动，这或许是无可否认的证据，表明人类在尚未受到过度激情的蒙蔽之前，是天生热爱公正的。

有几个未开化的人听从劝诱被带到莫斯科，他们看见了许多新奇东西，钦佩得五体投地。他们将沙皇奉为神明，自愿每年每个居民向皇帝进贡两张貂皮或紫貂皮。不久，沙皇就在鄂比河（Oby）[12]和额尔齐斯河（Irtish）[13]对面设立了殖民地，还建造了一些堡垒。1595 年，沙皇派一名哥萨克军官前往那里，单凭少数士兵和几门大炮就征服了这个地区，如同科尔特斯（Cortez）征服墨西哥，只不过哥萨克军官征服的是一片不毛之地。

向鄂毕河的上游走，俄罗斯人在额尔齐斯河与托博尔河（Tobol）交汇的地方建起一个小移民地，后来把它改造成托博尔斯克城[14]，即现在的西伯利亚首府，地盘相当大。谁能想象这个地区曾经是匈奴人的长期居留地，来自中国北方的那些匈奴骑兵曾经在阿提拉的率领下到处劫掠破坏，一直杀到罗马城下？匈奴人之后是乌兹别克鞑靼人，乌兹别克人之后是俄罗斯人，他们为争夺这些蛮荒之地的所有权激烈凶残地互相厮杀，就像争夺那些最富饶的地区一样。根据河流、坟墓和遗迹来判断，西伯利亚的人口以前比现在多，尤其是南部。

从北纬60度及其附近，到北海边缘永远有冰雪覆盖的山峦，整个地带的面貌都与温带截然不同，无论是地上的植物和动物还是湖泊河流中的鱼类。

在萨莫耶德人生活的地区的南边，奥斯加克人（Ostiaks）①在鄂毕河沿岸生活。奥斯加克人与萨莫耶德人和所有原始人一样靠狩猎、捕鱼、放牧为生，除此之外，他们与萨莫耶德人没有任何相似之处。其中一些人没有信仰，没有形成社群；另一些人组成氏族部落共同生活，崇拜某种形式的神，为主要必需品进行祈祷。他们崇拜绵羊皮，因为绵羊对他们最有用，正如埃及农夫崇拜牛，选择牛作为神的象征，感谢神为人创造了这种生物。

奥斯加克人还有另外一些偶像，那些偶像的起源及崇拜仪式与它们的崇拜者一样不值得我们关注。1712年，有些奥斯加克人皈依了基督教，但是他们和最低下的法国农民一样，根本不知道基督教是什么。有的作者假定这些人起源于大彼尔姆，然而大彼尔姆是一片不毛之地，他们为什么在如此遥远又不舒适的环境定居呢？这不是一个值得去搞清楚的难题。凡是不培养高雅艺术的民族都理应默默无闻。

---

① 即汉特人（Khanty），西西伯利亚西部民族，主要居住在鄂毕河流域。

尤其在奥斯加克人及附近的布里亚特人（Buryats）和雅库特人（Jakutians）居住的地区，他们经常在地下发现一种象牙质的东西，其性质不明。有人认为它是一种化石，还有人认为它是某种已经灭绝的象的牙齿。不过几乎每个地区都有某些既令人惊讶又令人困惑的自然产物。

这个地区的山里盛产石棉，即一种耐火的亚麻，有时用于制造衣服和纸张。

布里亚特人生活在奥斯加克的南边，尚未皈依基督教。东边还有几个游牧部落，尚未被俄罗斯人完全征服。

这些民族丝毫不具备历法知识，他们依靠雪来估算时间，而不是靠显而易见的太阳的运动。因为降雪很有规律，每个冬季都下很多雪，他们说"我活了多少次雪"，就如同我们说"我活了多少年"。

在此，我必须转述瑞典军官斯特拉伦伯格的记述。他在波尔塔瓦（Pultowa①）战役中成为战俘，在西伯利亚生活了15年，遍历整个地区。他说那里仍残留着某个古老民族的人，他们的皮肤色彩斑驳或呈杂色，他亲眼见过，在托博尔斯克出生的俄罗斯人向我证实了这件事。人种的多样性似乎已经大幅减少，我们极少见到这些异乎寻常的人，可能其他种族灭绝了他们。举例来说，白种摩尔人（Albino）就寥寥无几，我看到其中一个被送给了巴黎的法兰西科学院。一些稀有动物的情况同样如此。

至于博学的《国王花园的自然史》中频频提及的博兰迪亚人（Borandian），据我收到的回忆录所言，俄罗斯人根本不知道这个种族。

---

① 英文一般写作 Poltava。

西伯利亚地区的南部居住着大量鞑靼人的游牧部落。古代土耳其人从这个鞑靼地区出发去征服他们目前占有的广阔领土。当年，马迪亚斯正是率领那些被称为西徐亚人的卡尔梅克人（Kalmuck）和蒙古人占领上亚细亚（Upper Asia），征服了米底人的国王基亚克萨雷斯（Cyaxares）①。正是那些人在成吉思汗和他的后裔率领下远征德意志，在帖木儿的统治下建立起莫卧儿帝国②。他们提供了所有民族都经历过的变迁兴衰的活生生的例子，其中一些部落如今不再令人畏惧，成为俄罗斯的附庸。

卡尔梅克人居住在西伯利亚和里海之间，1720年人们在那一带发现了地下石屋，里面有壶、灯、耳环，有头戴王冠骑在马背上的东方王子的雕像和两个坐在御座上的女人，还有一卷手稿。彼得一世将手稿送往巴黎的铭文研究院，人们辨认出上面写的是藏文。这些引人注目的文物证明，这片蛮荒之地昔日存在过自由技艺（liberal arts），也证实了彼得大帝多次说过的"技艺曾经周游世界"这句话是真理。

最后一个行政区堪察加位于欧亚大陆最东端。人们最初发现那里的居民时，他们没有任何宗教信仰。该地区的北部也出产优质毛皮，当地人用毛皮做成冬天穿的衣服，尽管他们整个夏季都赤身裸体。最早的发现者惊讶地看到，堪察加南部的男人留着长胡须，可是从萨莫耶德人的居住区直到黑龙江口，北部的男人却跟美洲人一样不蓄胡须。可见在俄罗斯帝国，物种的数量、奇特的事物和风俗习惯

---

① 马迪亚斯击败的是基亚克萨雷斯的父亲、米底第二任君主弗拉欧尔特斯（Phraortes）。基亚克萨雷斯是米底王国第四任君主，在位时间为公元前625—前585年。

② 莫卧儿帝国系帖木儿后裔巴布尔所建立。

的多样性都超过世界上任何国家。

最早发现这个地区的是一名哥萨克军官。在不幸的纳尔瓦（Narva）战役之后，沙皇彼得仍然试图扩张领土，他的注意力从大陆的一端转向另一端，于是在1701年派那个军官从西伯利亚走陆路抵达堪察加。后来在1725年，也就是彼得猝然死亡之前，正值实现宏图伟业的时候，他命丹麦船长白令（Bering）尽可能找出一条经堪察加通往美洲海岸的航线。白令的第一次冒险失败了，但是1733年安娜女皇派他再次出发。与白令一同远航的斯潘根贝格（Spengenberg）船长先离开堪察加，但是直至1739年才能起航出海，因为抵达乘船海港、造船、准备帆和缆绳索具、提供必需品等等，都要耗费大量时间。斯潘根贝格驾船经过一系列很长的岛链组成的海峡，深入到日本北部，只发现这条通路就返航了。

1741年，天文学家德利尔·德·拉·克鲁瓦耶尔（De Lisle de la Croyere）陪同白令遍游整个海域，他来自培养过杰出的地理学家的德利尔家族。另一位船长也在寻找同样的航路。他们都抵达了加利福尼亚北边的美洲海岸，终于发现了人们寻找已久的东北方航路。然而荒凉的海边没有任何补给，他们的淡水用完了，一些船员死于坏血病。他们望见加利福尼亚北部海岸就在100英里开外，几艘皮质小艇上乘着一群加拿大人。然而他们的努力都是徒劳，白令在一个岛上死去，那个岛以他的名字命名。另一位船长恰巧比较靠近加利福尼亚的海岸，派出10个水手上岸，可是他们再也没有回来。船长徒劳地等待了很久，迫不得已返回堪察加，德利尔在上岸时咽下了最后一口气。试图在北方海洋冒险的人通常都会遇到这种灾难。至于这些困难重重、充满危机的冒险活动会带来什么益处，唯有时间能够证明。

我们已经描述了组成俄罗斯领土的从芬兰到日本海的不同行政区。与世上其他王国一样,这个庞大帝国的主要部分在不同的时间统一起来。西徐亚人、匈奴人、马萨格泰人(Massagete)①、斯拉夫人、辛布里人(Cimbrian)、格蒂人(Gete)、萨尔马提亚人如今都臣服于沙皇。确切地说,俄罗斯人是古代罗克索兰人或斯拉夫人。

我们思考一下就会发现,大多数国家都是以相同的方式构成的。法国人是哥特人、被称作诺曼人的丹麦人、被称作勃艮第人的北部日耳曼人、法兰克人、日耳曼人以及一些与古代凯尔特人混血的罗马人的集合体。在罗马和意大利,有一些家族来源于北方民族而非古罗马。至高无上的教皇往往是伦巴第人、哥特人、条顿人或者辛布里人的后裔。西班牙人是阿拉伯人、迦太基人、犹太人、提尔人、西哥特人、汪达尔人与当地人结合而形成的种族。早在文明开化之前,甚至在语言形成之前,民族就是这样混合的。实际上有些民族较早产生文化,有些民族较晚。政治组织和艺术太难形成,新形成的体制经常被变革所摧毁,以至于我们会觉得奇怪,不是所有民族都像鞑靼人那样野蛮。

---

① 应该是 Massagetae 或 Massageteans。

第二章 俄罗斯概述（续）

国之大事，在祀与戎

一个国家的文明程度越高，人口就越多，因此中国和印度的人口比其他帝国更多。经历多次变革，世俗事务的面貌改变以后，这两个国家建立了最早的文明社会。它们的政体非常古老，已经延续了4000年，这意味着正如我们注意到的那样，他们已经进行过许多尝试和努力。俄罗斯人登场很晚，但是他们引进了完美的技艺，他们在50年间取得的进步超过了此前其他民族在500年间的进步。与国土面积相比，这个国家的人口太稀少，尽管如此，其居民人数并不少于任何基督教国家。根据人头税清单、男性农民、手工业者和商人的注册簿，我可以大胆断言，目前俄罗斯的男性居民至少有2400万，其中大多数是农奴，波兰、德意志的一些省份以及整个欧洲从前的情况都是如此。在俄罗斯和波兰，乡绅的财产不是按照金钱收入，而是按照他拥有的农奴的数量来估算的。

下面这份清单是1747年缴纳人头税的男性的统计结果：

* 商人或小生意人　　　　　　　　　　198000
* 手工业者　　　　　　　　　　　　　16500

*归并到商人和手工业者一类的农民	1950
*被称作"奥多诺斯基斯(Odonoskis)"的农民,为民兵组织缴纳贡金	430220
*其他不向民兵组织缴纳贡金的农民	26080
*不同行业的工匠,其父母不明	1000
*其他不属于行业协会的工匠	4700
*直接隶属于王室的农民	555000
*受雇开采王室矿山的工人,有的是基督徒,有的是穆斯林或无宗教信仰者	64000
*其他属于王室的农民,在矿井和私人制造厂工作	24200
*新皈依希腊正教会的人	57000
*鞑靼人和奥斯加克人(农民)	241000
*穆尔人(Mours)、鞑靼人、莫尔当特人(Mordaut)及其他,是基督徒或无宗教信仰者,受雇于海军部	7800
*缴纳贡金的鞑靼人,被称作特普特里斯(Tepteris)、博比利茨(Bobilitz)等	28900
*一些大商人和其他特权阶层(他们虽然不是地主,但获准拥有奴隶)的农奴	9100
*耕作用来供养王室的土地的农民	418000
*耕作直接属于沙皇本人而与王室的权利无关的土地的农民	60500
*耕作王室没收的土地的农民	13600
*依附于教士协会并支付其他费用的农奴	37500
*依附于乡绅的农奴	3550000
*依附于主教的农奴	116400

* 依附于女修道院的农奴，彼得大帝减少了这些修道院的数量　　721500

* 依附于总堂和堂区教会的农奴　　23700

* 受雇于海军部船坞或其他公共工程的农民　　约4000

* 私人矿井和私人制造厂的劳工　　16000

* 分配给主要制造厂的土地上的农民　　14500

* 属于王室的矿井的劳工　　3000

* 教士抚养的私生子　　40

* 被称作"拉斯科尔尼基"（Raskolniky）①的教派的信徒　　2200

总计　　6646390

以上缴纳人头税的男性有 6646390 人。这个数字包括男孩和老翁，但是不包括女孩和妇女，在制作前一份名册到后一份名册期间出生的婴儿也没有统计在内。如果加上女人和女孩，按照纳税人数的三倍来估算，就会有大约 2000 万人。

这个数字还要加上军人，俄罗斯有 35 万军人，此外贵族和教士估计有 20 万人，他们都免征人头税。

外国人都免税，无论国籍或职业；被征服地区的居民也免税，即利沃尼亚人、爱沙尼亚人、因格里亚、卡累利阿（Carelia）、芬兰的一部分的居民、乌克兰人、顿河流域的哥萨克人、卡尔梅克人、其他鞑靼人、萨莫耶德人、拉普兰人、奥斯加克人以及面积大于中国的西伯利亚地区的全部偶像崇拜者。

根据上述计算，目前俄罗斯的居民不可能少于 2400 万。按照这

---

① 俄语 raskol 是"分裂"的意思。

个比率,人口密度大约是每平方英里 8 人。前一章提到的那位英国大使认为每平方英里仅有 5 人,但是他无疑没有得到我手头的那些翔实可靠的回忆录。

因此,俄罗斯的人口密度恰好是西班牙的五分之一,居民数量却是西班牙的四倍。其人口数量接近法国或德国,但是如果考虑到它幅员辽阔,人口密度就仅有法国或德国的三十分之一了。

关于这些统计数据,有一点十分重要:除了 664 万要缴纳人头税的居民之外,俄罗斯有大约 90 万人属于教士阶层,这还不包括西伯利亚、乌克兰及其他被征服地区的神职人员。

也就是说,纳税人与教士的比例大约是七比一。尽管如此,教士的收入远远不到整个国家财政收入的七分之一,虽然在其他许多王国,教士收入至少占有国家全部财政收入的七分之一——因为他们的农民向君主缴纳人头税。俄罗斯王室的其他税收相当可观,教士却不能分享。

这样的估计与其他记述俄罗斯事务的作家们的说法大相径庭,那些向君主递交备忘录的外国大使在这方面也犯了大错。我们只应该参阅这个帝国的档案文件。

从前俄罗斯的人口很可能更多,可是来自阿拉伯腹地的天花和来自美洲的梅毒,传遍寒冷的气候带,如今已经扎下了根。天花和梅毒(其传播要归咎于克里斯托弗·哥伦布)这两种可怕的灾祸导致人口锐减,威力比战争更甚。瘟疫源于非洲,极少波及北方国家;而萨尔马提亚人和居住在长城外的鞑靼人到处侵入别国,足迹遍布世界,作为人类古老摇篮的俄罗斯,人口减少的幅度想必惊人。

这个面积巨大的国家据说有 7400 名修士和 5000 名修女,尽管彼得大帝已经注意缩减他们的人数;作为一个严重缺乏人力的帝国的立法者，关心这件事是理所应当的。读者或许已经注意到，这13000人闭门不出，对国家没有贡献，却要用72万农奴耕种他们的土地，而土地数量显然太多了。这最有力地证明了，要彻底根除一种长期存在的陋习是多么困难。

我发现有一份俄罗斯帝国1735年的财政收入清单，统计鞑靼人的贡品和用货币缴纳的各种税赋，总数多达1300万卢布，相当于法国的6500万里弗，其中还不包括实物贡品。当时这笔金额适中的钱足够维持36.9万人的陆上或海上部队，不过从那以后，财政收入和军队人数都增加了。

俄罗斯人的习俗、饮食和行为方式都更接近亚洲人而不是欧洲人，例如收取贡品的古老惯例，替外国大使支付旅途费用和居留期间的费用，去教堂或在国王面前从不佩刀剑。不佩刀这种东方习俗与我们粗野可笑的习惯截然相反，我们无论在向上帝祈祷还是向国王、朋友或女人讲话时都带着下垂到脚的攻击性武器。俄罗斯人在公共节日时穿的长袍比西欧国家的短衫显得更高贵。他们身穿毛皮背心和上衣，节日庆典时披一件宝石装饰的华丽长袍；用高头巾衬托身材，比假发和紧身外衣更引人注目，也比较适合寒冷的气候。但是这种古老的装束看来不适合打仗，穿着工作也不太方便。俄罗斯人的其他习惯大多粗野，但是我们切勿以为他们的行为举止像某些作者描述的那么野蛮。阿尔伯特·克兰茨（Albert Krants）讲述过某意大利大使的故事：沙皇下令将这位大使的帽子固定到他头上，因为他在御前发言时不脱帽。其他人主张这件奇遇的主角是一个鞑靼人，还有人认为是某法国大使。

奥利留斯声称，沙皇米哈伊尔·费奥多罗维奇（Michael Theodorowitz）把法国国王亨利四世的大使埃克西德耶（Exideüil）侯爵放逐到了西伯利亚;可是亨利四世肯定从来没有向莫斯科派遣过大使,况且法国根本没有埃克西德耶侯爵。众多旅行者以相同的方式到处谈论虚构的博兰迪亚,声称他们跟新地岛(Nova Zémbla)上的人做过生意,可是那个岛基本上荒无人烟;他们绘声绘色地描述与萨莫耶德人的长谈,仿佛他们听得懂对方的语言。倘若从大量游记汇编中删除一切虚假无用的内容,那些作品和公众都会受益。

俄罗斯的常备部队被称作射击军(Strelitze),这方面的治理形式类似于土耳其苏丹的禁卫军,他们有时会除掉国王,在扰乱社会和保卫国家这两方面所起的作用大致相当。这支部队的人数大约有4万,分散在各个行政区,靠抢劫掠夺维持;驻守在莫斯科的那些人像有产市民一样,做生意,玩忽职守,横行霸道到极点。简单地说,要让这个王国国泰民安,就必须除掉他们。这非常有必要,却也非常危险。

俄罗斯的公共税收不超过500万卢布,亦即大约2500万里弗。沙皇彼得即位时,这笔收入足以维持古老的平庸状态,但是彼得如果要取得进步,使他和他的人民在欧洲赢得举足轻重的地位,这笔钱还不到所需费用的三分之一。不过与此同时,按照土耳其式的惯例,许多税是用实物支付的,与用金钱纳税相比,这种纳税方式给人民造成的负担比较轻。

关于沙皇的头衔

"沙皇"(tzar)这个头衔可能来自喀山王国的"tzar"或者"tchar"这两个称号。俄罗斯统治者伊凡四世·瓦西里耶维奇的祖父曾征服喀山,后来又丢掉了;16世纪,他的孙子终于征服这个王国并采用了这个称号,传给了他的继任者。在伊凡四世·瓦西里耶维奇之前,俄罗斯的君主使用"维利克·克内兹"(Welike Knez,意思是大君主、大领主、大首领)这个称号,后来基督教国家将这个称号翻译成"大公"。沙皇米哈伊尔·费奥多罗维奇接待荷尔斯泰因的使团时,使用的头衔是大克内兹、大领主、全体俄罗斯人的守护者、弗拉基米尔、莫斯科及诺夫哥罗德等的君主、喀山沙皇、阿斯特拉罕沙皇和西伯利亚沙皇。因此,"tzar"这个头衔属于东方的君王,很可能源自波斯的"tshas"这个头衔,而不是源于罗马的"恺撒"(caesar)。西伯利亚的"沙皇"生活在鄂毕河岸边,很可能从未听说过"恺撒"这个词。

如果一个人本身不强大,没有权势,无论头衔多么自命不凡,他都是微不足道的。"皇帝"这个词原意只是指军队的将军,后来却成了罗马共和国的君主的头衔。考虑到俄罗斯最高统治者的权力和领土的广大,沙皇理应比其他君主更适合这一头衔。

宗教信仰

自从 11 世纪以来,俄罗斯的国教一直是希腊东正教,与拉丁教会相对,虽然信奉伊斯兰教或无宗教信仰的地区比信仰基督教的地区多。从西伯利亚到中国边境的居民都崇拜偶像,有些行政区的人们则对宗教一无所知。

工程师佩里和斯特拉伦伯格男爵都在俄罗斯居住过多年,他们告诉我们,无宗教信仰的居民比其他人更真诚正直。他们品德高尚并非因为没有宗教信仰,而是因为他们的生活方式与原始社会的人无异,不受无秩序的、狂暴的激情影响,所以性情正直诚实。

基督教很晚才传播到俄罗斯和其他北方国家。据说 10 世纪末一位名叫奥莉加(Olha)的王妃①首先在俄罗斯引进基督教,正如阿里乌斯教派的某位王侯的侄女克洛蒂尔德(Clotilda)在法国,波兰公爵米切劳斯(Miceslaus)的妻子在波兰,匈牙利皇帝亨利二世的姊妹在匈牙利引进基督教一样。女人天生比较容易受宗教传教士的劝诱,然后说服男人接纳宗教。

此外,这位奥莉加王妃在君士坦丁堡受洗,教名叶莲娜(Helena)。她皈依基督教之后,约翰·齐米斯西斯(John Zimisces)皇帝②就落入了她的情网。她很可能是寡妇,却拒绝了皇帝的追求。奥莉加王妃的示范起初没有吸引多少人改变宗教信仰。她的儿子[15]坐了很久王位,但想法与母亲完全不同。她的孙子弗拉基米尔(Wolodimar 或 Wolodimer)是侍妾所生,为了夺位杀死了自己的兄弟,并请求与君士坦丁堡的东罗马皇帝巴西尔(Basiles)结盟,为此接受了受洗入教的条件。③ 这件事是987年发生的,从那时起希腊正教会在俄罗斯的地位开始确立。为了将世界的这一部分纳入统治,君士坦丁堡的东正教牧首佛提乌(Photius)派人去给弗拉基米尔施洗,佛提乌与罗马教廷的争执以及他的博学和厄运都非常著名。[16]

于是弗拉基米尔完成了他祖母开创的事业。一个希腊人当上了俄罗斯首席都主教或牧首;从此以后,俄罗斯人开始采用部分来自希

---

① 奥莉加(Olga)是基辅罗斯著名女政治家。为加强与拜占庭帝国的联系,她在955年前往君士坦丁堡,受洗为基督徒,成为第一个皈依基督教的罗斯统治者,也是俄罗斯东正教最早追认的圣人之一。

② 即拜占庭帝国皇帝约翰一世·齐米斯西斯(约925—976)。

③ 弗拉基米尔一世(约955至960—1015)为弗拉基米尔·斯维亚托斯拉夫·伊戈利维奇大公与女管家所生,童年时常与祖母奥莉加待在一起。为巩固与拜占庭帝国的联盟,与皇帝巴西尔二世的妹妹结婚,弗拉基米尔一世在约987年受洗成为基督徒,后来在罗斯强制推行东正教。

腊文的字母表。不过,除了少数关于礼拜仪式和教阶制度的词汇外,俄罗斯人照旧保留了斯拉夫语的基本规则,否则他们的语言文字本来可以取得进步。有一个名叫耶利米(Jeremiah)的希腊牧首与土耳其皇帝的国务会议发生诉讼,到莫斯科请求帮助。过了一段时间之后,他放弃了俄罗斯教会的职权,给名叫约伯(Job)的诺夫哥罗德大主教祝圣,任命他为牧首。那是1588年的事,此后俄罗斯教会就和国家一样独立了。从那时起,俄罗斯的牧首由俄罗斯的主教祝圣,而不是由君士坦丁堡的牧首祝圣。他在希腊正教会中的级别仅次于耶路撒冷的牧首,不过事实上他是独立的、有实权的牧首,因而也是唯一名副其实的牧首。耶路撒冷、君士坦丁堡、安条克和亚历山大城的牧首都是受雇佣的教会首领,是受土耳其人控制的傀儡;连安条克和耶路撒冷的牧首在土耳其也失去了信誉,声望或影响力还不如在土耳其定居的犹太教堂的拉比。

　　彼得大帝的直系祖先担任过俄罗斯的全部区域的牧首。不久以后,新的高级教士企图分享沙皇的统治权力。他们觉得君王仅仅每年一次光着头走在前面,挽着缰绳替牧首牵马,这是远远不够的。表面的尊敬只是激起了他们对统治权的渴望。事实证明,和别的国家情况一样,这种激情在俄罗斯是大量麻烦的源头。

　　彼得大帝的父亲阿列克谢在位期间,有一个名叫尼康(Nicon)的牧首,被修道士们奉为圣人,他希望自己的尊贵地位超越王位。他不仅霸占了在元老院中在沙皇旁边就座的非分特权,而且声称未经他同意不能对外宣战也不能停战议和。他的阴谋诡计得到教士和人民的支持,再加上巨额财富的支撑,他的权力大到使他的主人沙皇屈居从属地位。他胆大妄为,把反对他极度侮慢无礼的行为的几个元老院议员逐出了教门。最后,阿列克谢发现单凭自己的权力不足以罢免这个牧首,迫不得已召开了一次全体主教参加的宗教大会,指控尼康收受波兰人的贿赂。尼康被判有罪,遭到罢免,被终身监禁在一家修道院里,然后高级教士选出了一名新牧首。

和其他国家的情况一样,俄罗斯基督教在早期就分成若干个宗派。宗派通常是愚昧无知的产物,也是假装博学的产物。不过宗教虽然在俄罗斯偶尔激起骚乱,却没有引发过内战,在有一定规模的基督教国家,俄罗斯是唯一的例外。

前面的统计表中提到,有一个叫拉斯科尔尼基的教派①目前有2000多名男信徒,[17]它是这个国家最古老的教派。一些热心信徒在12世纪时建立了这个教派,尽管他们关于《新约》的知识相当肤浅,他们过去和现在都像所有宗派信徒一样做作自负,严格遵循《圣经》的教导,指责其他的基督教徒怠惰松懈。他们不允许喝过白兰地酒的神父主持洗礼,断言根据救世主的教诲信徒的位置不分先后,认为上帝的选民可以因为爱救世主而自杀。按照他们的观点,连喊三次"哈利路亚"是严重的罪孽,所以只能重复两次。赐福祈祷的动作只能用三个手指来做。在其他方面,他们是最守规矩,或者道德标准最严格的社团。他们像贵格会教徒那样生活,也不允许其他派别的基督教徒参加他们的集会,因此其他人把最令人厌憎的罪名加在他们身上,正如异教徒指责最初来自巴勒斯坦北部的加利利人的、加利利人用来指责诺斯替教派信徒的、罗马天主教徒用来指控新教徒的罪名。常见的指控是他们割断婴幼儿的咽喉喝血,在秘密宗教仪式中不分亲属关系、不分年龄甚至不分性别混在一起乱交。他们多次遭到宗教迫害,于是把自己困在小村庄里,放火烧掉房屋,自焚殉

---

① 又称分裂派、旧礼仪派。

教。彼得采取了唯一可以教化改造他们的方法,让他们恢复平静正常的生活。

总之,这个庞大的帝国仅有28个主教职位,彼得一世在位时期仅有22个。或许这是俄罗斯的教会能够风平浪静的原因之一。教士的见识非常有限,因此彼得大帝的哥哥费奥多尔成为第一个引进在教堂唱赞美诗的习惯的人。

费奥多尔和彼得(尤其是后者)都没有宗教偏见,允许希腊正教的、拉丁的、路德派的、加尔文派的教徒进入枢密院和军队;只要他们为国家尽忠职守,就让他们凭自己的良心自由地选择侍奉上帝的方式。当时,这个幅员2000法里的帝国连一座拉丁教堂都没有,直到彼得在阿斯特拉罕建设了一些新制造厂,有60个信仰天主教的家庭在那里定居,由嘉布遣会(Capuchin)的修士指导。然而当耶稣会会士努力进入俄罗斯的领土时,沙皇彼得在1718年4月发布一道敕令,将他们驱逐出境。他认为嘉布遣会修士无足轻重,所以容忍他们,但觉得耶稣会会士是玩弄权术的危险人物。

希腊正教会看到本教派的势力遍布这个东西绵延2000法里的帝国,觉得既光荣又满意,而罗马教会在欧洲占据的地盘还不及他们的一半。希腊教派的人自始至终尤其关注的是跟拉丁教派的人平起平坐,他们始终对罗马教会的热烈笃信存有戒心,视之为某种野心;因为事实上,罗马教会的势力在北半球非常有限,却自称具有普世性,始终致力于完成这个普世称号所赋予的任务。犹太人在俄罗斯从未建立定居地,他们在从君士坦丁堡到罗马的欧洲大多数国家也没有定居地。俄罗斯人总是自己做生意,或者靠定居在他们中间的民族的帮助做生意。在其他信仰希腊正教的国家,基督教堂旁边总是有犹太教堂,俄罗斯是唯一的例外。

彼得大帝即位以前俄罗斯的状况（总结）

俄罗斯成为基督教国家以后，其他国家都不把它放在眼里，后来它却变成对欧洲事务有重要影响的大国，这完全归功于沙皇彼得。在彼得的时代之前，俄罗斯人在黑海的形象，无异于诺曼人（Norman）在大西洋沿岸的形象。皇帝希拉克略（Heraclius）①在位时期，俄罗斯人装备4万艘小船，围攻君士坦丁堡，强迫希腊皇帝投降纳贡。然而弗拉基米尔大克内兹满心只想着如何确立基督教的地位，家庭内部的争斗又使他疲惫不堪，他的孩子争着瓜分领土，削弱了国家。于是俄罗斯沦为鞑靼人的猎物，在将近两百年间一直受鞑靼人支配。后来伊凡四世·瓦西里耶维奇终于解放了俄罗斯，扩展了它的疆域，但是在他的时代之后，俄罗斯又在内战中衰落。

相较而言，彼得大帝时代之前的俄罗斯既不强大也不文明，人口不多，也不像今天这么富裕。那时，俄罗斯尚未占据芬兰和利沃尼亚的领土；单是利沃尼亚产生的经济利益就一直超过整个西伯利亚的经济利益。哥萨克人依旧没有臣服，阿斯特拉罕的人民依旧不顺从。仅有的一点商业贸易微不足道，毫无收益。这个国家连一艘舰船都没有，语言中甚至没有表述"舰队"的词汇，白海、波罗的海、黑海（Pontus Euxinus）、亚速海和里海对它毫无用处。如果满足于胜过鞑靼人，超越远至中国的其他北方民族，俄罗斯无疑已经有了这种优势。但是倘若希望与文明国家平起平坐，甚至有朝一日在合适的条件下超越一些文明国家，就任重道远了。由于俄罗斯连一艘能出海

---

① 希拉克略（约575—641）是东罗马帝国皇帝，改革行政和宗教制度，击败波斯，收复失地，后来被阿拉伯人击败，退守君士坦丁堡。

的船都没有,对陆上军纪一无所知,而且不鼓励最普通的手工制造业,甚至忽视作为贸易的原动力的农业本身,那种宏图伟业看来很难实现。那种事业极其需要政府的关注和鼓励;英国人正是因此受惠,在谷物之中发现了远远超过羊毛纺织业的珍宝。

俄罗斯人显然忽视了必要的技艺,这充分说明他们没有高雅艺术的概念;培养了其他技艺之后,高雅艺术就变得不可或缺。他们其实可以派一些本国人去接受外国人的指导,可是语言、行为方式和宗教的差异阻碍了他们。此外有一种国家和宗教的法律既神圣不可侵犯又害处很大,该法律禁止俄罗斯人出国,致使他们永远愚昧无知。他们占有地球上最广阔的领土,却缺乏一切。最后彼得降生,俄罗斯才变成一个文明国家。

幸运的是,在全世界的伟大立法者中,唯独彼得的历史我们知之甚详。无论是功绩远少于彼得的忒修斯和罗穆卢斯[1],还是所有治理有方的国家的创建者,他们的故事都掺杂着荒唐无稽的成分。不过我们这本书有记录真相的优势,若非已经证实的事,就会被当成虚构的故事。

---

[1] 忒修斯(Theseus)是希腊神话中的英雄、雅典国王,罗穆卢斯(Romulus)是罗马神话中的战神之子、罗马城的创建者。

第三章 彼得大帝的祖先

罗曼诺夫家族

1613年以来,俄罗斯王位一直属于彼得大帝的家族。在那以前,俄罗斯历经多次大变革,推迟了警察部门的改革和博雅学科的引进。这曾经是人类社会共通的命运。俄罗斯经历过的动乱比任何王国都更残酷。1597年,僭主鲍里斯·戈东诺夫暗杀了合法继承人德米特里(Demetrius),篡夺了这个帝国。一名年轻修士声称自己是德米特里,假冒逃脱了凶杀的王子,在波兰人和一个相当大的党派(每个暴君都有很多人反对)的协助下赶走篡位者,夺取了王位。这个骗子刚戴上王冠就被发现是冒名顶替,因为不得人心,他也遭到了谋杀。接着又相继出现了三个伪德米特里。① 连续出现冒名顶替的王子,说明这个国家处于秩序极度涣散的状态。文明程度越低,人就越容易上当受骗。很容易想象,这些欺诈行为加重了国家的混乱和不幸。波兰人扶植第一个伪德米特里,企图统治俄罗斯,揭开了大变革

---

① 德米特里(1582—1591)和沙皇费奥多尔一世(1557—1598)都是伊凡雷帝的儿子。鲍里斯·戈东诺夫是费奥多尔的妻兄,1585年开始摄政,1598年才当选沙皇,那时德米特里早已死了,所谓谋杀只是传说。另外伪德米特里应该只有三个。

的序幕。瑞典人打算在芬兰湾那边瓜分战利品,并觊觎着王位。俄罗斯似乎走到了毁灭的边缘。

当俄罗斯深陷灾祸的时候,一个由享有特权的波雅尔贵族组成的议会选出了一位15岁的少年君主:看来并非终结动乱的最佳办法。这是1613年的事,这个年轻人名叫米哈伊尔·罗曼诺夫①(Michael Romanow)[18],是沙皇彼得的祖父,是罗斯托夫大主教菲拉列特(Philaretes)②与一个修女所生的儿子,母亲跟从前的沙皇有血缘关系。

必须要提的是,这位大主教是有权势的贵族,僭主鲍里斯强迫他当了神父,其妻子舍列梅托娃(Scheremetow)也被迫戴上修女头巾。这是西方拉丁教会的僭主的古老习俗,希腊教会的习俗是挖掉眼睛。僭主德米特里让菲拉列特担任罗斯托夫大主教,派他出使波兰。当时波兰人正与俄罗斯人交战,就监禁了他,因为那个时代的人还没有国际法的观念。在父亲遭到监禁期间,年轻的罗曼诺夫被选为沙皇。大主教跟一些波兰俘虏交换而获释,回国之后,儿子任命他为牧首,父亲变成了事实上的国王,以儿子的名义进行统治。

如果在外国人眼里,这样的政府显得异乎寻常,那么沙皇米哈伊尔·罗曼诺夫的婚姻就更加奇怪了。1490年俄罗斯征服了喀山和阿斯特拉罕,在那之前,俄罗斯的王族从不与外国通婚;他们似乎在一切方面都遵循亚洲的习俗,尤其在本族通婚这一点上。

沙皇的婚姻仪式更明显地反映了他们如何依照亚洲的古老习俗行事。各个行省把最美丽的女人送到宫廷,宫廷女官在自己家接待

---

① 即米哈伊尔·费奥多罗维奇,罗曼诺夫王朝第一代沙皇。
② 菲拉列特是伊凡雷帝第一任妻子的侄子,俗名是费奥多尔·尼基季奇·罗曼诺夫。

她们,给她们提供住宿,让她们一起吃饭。沙皇有时隐瞒身份,有时使用真名探访她们。在宣布沙皇的选择之前,婚礼的日子就确定了。华美的婚纱会在指定的时间送给那个幸运的女子,其余候选人得到别的衣服,然后各自回家。这种婚姻有四次。

米哈伊尔·罗曼诺夫就是以这种方式选中了一个穷乡绅斯特雷施纳(Streschneu)的女儿叶夫多西亚(Eudoxia)。沙皇派去的侍寝官带着礼物通知斯特雷施纳他的女儿已经被选为皇后时,他还在地里和仆人一起耕田。俄罗斯人至今仍然非常崇敬这位皇后。尽管这种习俗与我们的大相径庭,却也值得尊重。

有必要指出,在罗曼诺夫获选沙皇之前,有一个强大的党派选中了波兰国王齐格蒙特三世的儿子瓦迪斯瓦夫(Ladislaus)王子。与此同时,跟瑞典接壤的地区把王冠献给了古斯塔夫·阿道夫的一个兄弟。于是俄罗斯陷入了波兰经常陷入的处境,选择国王的权利变成了导致内战的原因。波兰人与他们选出的君王缔结契约,但是俄罗斯人没有效仿波兰人,尽管受过暴君的压迫折磨,他们仍然自愿无条件地服从一个年轻人。

俄罗斯从来不是一个选举制的王国。但是过去的君主没有男性继承人,在连续的动乱中,6个沙皇或觊觎皇位者悲惨地丧生,因此有必要选举一位君主。由于这次选举,俄罗斯跟波兰和瑞典又发生了新的战争,波兰和瑞典都声称要为维护自己对俄罗斯王位的权利而战。违背一个民族的意愿进行统治的权利不可能长期维持。那个时代的军事远征的主要内容就是烧杀抢掠,波兰人一直进军到莫斯科,洗劫一番之后缔结了14年的休战协定[①]。根据这一协定,波兰

[①] 即1618年的德乌林诺协定,结束了1605年至1618年的俄波战争。

仍然占有斯摩棱斯克大公国,那里是博里西尼河的源头。瑞典人也签订了和约,占有因格里亚,使俄罗斯失去了通向波罗的海的全部渠道。于是俄罗斯帝国与欧洲其他地区分离隔绝的程度比以前更甚。

恢复和平之后,米哈伊尔·罗曼诺夫的统治波澜不兴,国家各行政区没有改变,政府机构既没有改良,也没有腐败堕落。1645 年他去世以后,他的儿子阿列克谢·米哈伊洛维奇(Alexis Michaelowitz,米哈伊尔之子的意思)根据世袭权利继承了王位。我们可以注意到,俄罗斯的沙皇都是由牧首依照君士坦丁堡的仪式加冕,只不过俄罗斯牧首与君主平起平坐,他们不断追求平等,令最高统治者感觉深受冒犯。

阿列克谢·米哈伊洛维奇

阿列克谢结婚的方式与父亲相同,在送过来的年轻女子中,他选择了一个看起来脾气最和顺的。1647 年,他娶了波雅尔贵族米洛斯拉夫斯基(Miloslavsky)的一个女儿;1671 年,他又娶了纳雷什金(Nariskin)家的一个女儿,他的宠臣莫罗佐夫①娶了该家族的另一个女儿。于是"维齐尔"②就成了最适合这个宠臣的称号。莫罗佐夫以专制手段管理俄罗斯帝国,他手握重权,激起了射击军和平民百姓的骚动,就像君士坦丁堡经常发生的那样。

阿列克谢在位期间,俄罗斯频繁发生血腥的暴动、内乱和对外战

---

① 大贵族鲍里斯·莫罗佐夫(Boris Morozov)。阿列克谢即位时因年幼未能亲政,由莫罗佐夫摄政。

② 维齐尔(vizier)是伊斯兰国家(尤其在土耳其)的高官的称号,大维齐尔就是宰相。

争。顿河流域的哥萨克人有一个名叫斯捷潘·拉辛(Stenko Rasin)的首领企图自封为阿斯特拉罕的国王,在很长一段时间里他都是个非常棘手的敌人,但是最终被打败并沦为俘虏,又被刽子手处决了。成王败寇,他和他的同类一样,不是坐上王位就是登上断头台。据说沙皇绞死了1.2万个拥护他的人,尸体吊在阿斯特拉罕的大路两边。在世界的这一部分,人尚未受到道德的教化,只有用严刑峻法进行统治;严刑峻法会产生奴役,并激起对复仇的隐秘的渴望。

阿列克谢跟波兰人打了一仗,结果成功了,缔结和约之后他赢得了斯摩棱斯克、基辅和乌克兰。但是他与瑞典的战争就没那么幸运了,俄罗斯帝国的领土被压缩到非常狭窄的范围内。

那时,土耳其人是最难对付的强敌,他们入侵波兰,威胁鞑靼克里米亚边境的沙皇领土,即古代的陶里斯半岛①。1671年,土耳其人占领了重要城市卡缅涅茨(Kaminiek)②和曾经属于波兰的所有乌克兰城市。乌克兰的哥萨克人一向讨厌臣服,却不知道自己的土地究竟属于土耳其、波兰还是俄罗斯。苏丹穆罕默德四世刚征服了波兰人,强迫他们纳贡,又以奥斯曼土耳其帝国胜利者惯有的傲慢要求沙皇从乌克兰撤走,沙皇的回答是同样傲慢的拒绝。那个时代的人还不懂得如何用表面的礼貌伪装他们的傲慢。苏丹在信中把俄罗斯的君主当成信仰基督教的大公(Hospodar),自称最荣耀的陛下、世界之王。沙皇回复说他才不屑于服从一只狗,他的半月形弯刀和大君(grand seignior)③的刀剑一样锋利。

---

① 克里米亚半岛的古称是Tauris(拉丁文Taurica Chersonesus)。
② 应该是Kamieniec或Kamianets。
③ 对土耳其君主的尊称,相当于阿拉伯国家的"苏丹"。

阿列克谢当时实行的一项计划预示着俄罗斯帝国将来会成为基督教世界的重要国家。为了结成反奥斯曼土耳其的联盟,他向教皇和其他欧洲大国的君主派遣大使,只把法国排除在外(因为法国与土耳其结盟)。他的大使在罗马教廷一无所获,只是被迫亲吻了教皇的脚趾。在其他国家的宫廷,他们仅仅得到了没有实际用处的祝愿;由于利益冲突,基督教国家的君主之间争执不休,总是不能团结起来反对基督教的共同敌人。

与此同时,土耳其人扬言要严惩拒绝进贡的波兰人,沙皇阿列克谢在鞑靼克里米亚那边协助波兰。1674年,在著名的霍齐姆(Choczim)[19]战役中,波兰王室的将军扬·索别斯基(John Sobieski)击败土耳其人,洗刷了国家的耻辱,得以坐上王位。阿列克谢也想争夺波兰王位,提议就像雅盖隆人(Jagellon)①的领土与波兰合并一样,让他的广大领土与波兰合并;可是关于立陶宛他开价太高,这个提议遭到了拒绝。据说,凭借他的治理方式他理应得到新的王国。他首先下令编制一部法典,尽管还不完善。他首先引进生产亚麻和丝绸的工场,虽然实际上它们未能长期维持。尽管如此,他理应获得创始的功劳。他使在战争中被俘的立陶宛人、波兰人和鞑靼人家庭移居伏尔加和卡马河等不毛之地;在他执政以前,所有战俘都是俘虏他们的人的奴隶。阿列克谢让他们从事农耕,还竭尽全力让部队遵守纪律。一言以蔽之,他不愧是彼得大帝的父亲;然而他没来得及完善自己开创的事业,按照我们的历法(法国的历法比俄罗斯的早11天),他在1677年初突然去世,享年46岁。

---

① 雅盖隆王朝起源于立陶宛,统治过中欧的部分地区(现在的立陶宛、白俄罗斯、波兰、乌克兰、拉脱维亚、爱沙尼亚、匈牙利和俄罗斯的部分地区)。

费奥多尔·阿列克谢耶维奇

米哈伊尔的儿子阿列克谢死后,国家又陷入了混乱。他的第一次婚姻留下了两个王子和六个公主,15 岁的长子费奥多尔继承王位。费奥多尔体弱多病,但是他的优点胜过他孱弱的体质。父亲阿列克谢在去世前一年就认可他是继承人,从于格·卡佩到小路易①的历代法国国王和其他许多君王都是这样选择继承人的。

阿列克谢的次子伊凡的天赋比哥哥费奥多尔更差,不仅体弱,而且眼盲呆笨,经常抽搐惊厥。他的六个女儿中唯独索菲娅(Sophia)公主在欧洲比较有名,并因非凡的才智引人注目。但遗憾的是,她更广为人知的是她谋害彼得一世的企图。

阿列克谢第二次结婚娶了他的一个臣民、波雅尔贵族纳雷什金的女儿,生下彼得王子和纳塔利娅(Nathalia)公主。彼得生于 1672 年 5 月 30 日(即新历的 6 月 10 日),失去父亲时只有四岁半。在俄罗斯,第二次婚姻生的孩子不太受重视,因此没人预料到有朝一日他会登上宝座。

使国家文明开化是罗曼诺夫家族的事业,也是费奥多尔的事业。在谈及莫斯科这座城市的时候我们已经讲过,费奥多尔鼓励居民建造大量石头房屋,还扩建首都,在治安方面制定了一些有用的规章。然而他试图改造波雅尔贵族,等于与所有贵族为敌;况且他没有充足的知识和精力,又不够果敢坚定,不敢推行全面的改革。俄罗斯与土耳其人——或者不如说与克里米亚鞑靼人的战争仍在继续,尽管他

---

① 于格·卡佩(Hugh Capet)是法国的卡佩王朝(987—1328)的初代君主。小路易指路易七世(1120—1180)。

不时取得胜利,但一位体弱多病的君主不能在这种情况下尝试大规模的改革。费奥多尔和他的祖先一样,娶了一个出生在波兰边境的臣民,但是结婚还不到一年,妻子就去世了。1682年他第二次结婚,娶了大臣纳雷什金的女儿马尔法·马特维奥芙娜(Martha Matweowna)[20]。婚礼的数月之后,他就病逝了,没有留下后代。鉴于沙皇结婚时不考虑出身,或许他们在指定继承人的时候也不考虑(至少在当时)长子继承权的问题。君主的配偶和继承人的地位似乎完全取决于个人的优点。在这方面,这个帝国的习俗比其他更文明开化的国家的习惯法更可取。

费奥多尔临死前看到弟弟伊凡体质孱弱没有能力统治国家,就提名年龄更小的弟弟彼得继承俄罗斯帝国。当时彼得仅10岁,前途已经大有希望。

根据习俗,俄国可以出现女沙皇,如果说这有利于女性的话,另一方面的习俗却也很残酷:沙皇的女儿极少结婚,绝大多数被迫在修道院里度过一生。

索菲娅公主是沙皇阿列克谢的第一任妻子所生的第三个女儿,既有非凡的才智又很危险。她预感费奥多尔寿命不长,不愿意退隐到修道院去。目睹两个弟弟一个先天不足没有治国能力,另一个还年幼,她构想出一个自己统治帝国的计划。在沙皇费奥多尔临终前,她试图扮演普尔喀丽娅的角色,篡夺其弟狄奥多西皇帝的权力。①

---

① 狄奥多西二世(401—450)是东罗马帝国皇帝,他的姐姐普尔喀丽娅(Pulcheria,399—453)代他执政数十年,在他骑马坠亡之后继位。

第四章 两个沙皇

伊凡和彼得／射击军的可怕叛乱[21]

年仅10岁的王子被指名继承王位,哥哥伊凡被排除在外,他们的姐姐索菲娅公主阴谋夺权……沙皇费奥多尔刚刚咽气,这些事情就激起了射击军的一场最血腥的反叛。连土耳其苏丹的禁卫军和古罗马皇帝的近卫军都没有那么野蛮残暴。费奥多尔的葬礼刚过两天,暴动就开始了,他们武装冲进莫斯科的皇宫——克里姆林宫,指控9名上校克扣他们的薪水。政府被迫撤了那些上校的职,按照士兵们的要求付钱。可是射击军还不满意,坚持要求政府交出那9名上校,并通过多数表决,用一种名叫"巴托克"(Battog)的酷刑惩罚他们。那是一种笞刑,具体方式如下:

受刑者脱光衣服,腹部朝下平躺在地上,两个行刑人用鞭子或小笞杖抽打他的背,直到旁观行刑的法官宣布"够了"为止。那些上校虽然被部下如此对待,却要按照东方国家的习俗被迫表示感谢,因为犯罪的人在受刑之后必须亲吻法官的手。除了遵从习俗之外,军官们还付了一笔钱,这不是习俗规定的。

众人开始畏惧射击军的时候,索菲娅公主却在暗中鼓励他们。为唆使他们接连作恶,她在自己的住所召开了一次会议,参加者包括她的同胞姐妹、军队的将领、波雅尔贵族、牧首、主教甚至一些大商人。索菲娅公主向他们表示，伊凡王子年长而且优秀，有资格继承帝国——其实她打算自己在幕后掌权。会议结束时，她承诺在相当可观的酬劳之外，增加射击军的军饷。她派出的使者们尤其努力煽动士兵们反对纳雷什金家族，特别是彼得一世的母亲、新寡的年轻太后的两个兄弟。她说服射击军相信，其中一个兄弟伊凡已经穿上龙袍坐上宝座，企图扼死伊凡王子；此外，刚去世的沙皇费奥多尔是被荷兰医生达尼埃尔·冯加德（Daniel Vongad）那个坏蛋下毒害死的。最后索菲娅公主交给射击军一份名单，上面写着40个贵族的名字，声称他们是射击军和国家的敌人，其罪当诛。这种手段恰似古罗马的苏拉（Sylla）和三执政官使用过的司法程序"褫夺权利"，克里斯蒂安二世（Christian II）也在丹麦和瑞典效仿过。这或许说明，在政局混乱的时代，所有国家都会流行如此残酷的行径。悲剧从多尔戈鲁基（Dolgorouki）和马特维耶夫（Matheof）①这两个克内兹开始，叛变的士兵把他们扔出皇宫的窗外，外面的士兵用矛尖接住他们，然后剥光他们的衣服。把尸体拖到大广场之后，士兵们又冲进皇宫，遇到了年轻皇后的兄弟、沙皇彼得的舅舅阿法纳西·纳雷什金（Athanasius Nariskin），用相同的方式杀了他。接着，士兵们打破附近的一座教堂的门，从圣餐桌下拖出躲在那里避难的黑名单上的三个贵族，剥光他们的衣服，用刀刺死了他们。

射击军盲目地发泄怒火，有一个年轻贵族属于他们喜欢的萨尔

---

① 阿尔塔蒙·谢尔盖耶维奇·马特维耶夫（1625—1682），彼得大帝母亲的师傅，纳雷什金家族重要成员，在沙皇费奥多尔在位时期遭流放，1682年赶至莫斯科试图平息事件，不幸被射击军杀死。

特科夫(Soltikoff)家族,也不在名单上,只是恰巧撞见他们,被误认作是他们正在搜索的伊凡·纳雷什金,结果当场被杀。随后发生的事情更清楚地表明了那个时代的作风:士兵们发现杀错了人,就把年轻的萨尔特科夫的尸体送回他家去埋葬。不幸的父亲不敢抱怨,反而给了他们一笔可观的报酬,感谢他们把儿子残缺不全的尸体送回来。他的妻子、女儿和新寡的媳妇责怪他太懦弱,老人说"让我们等待复仇的机会吧"。士兵们偶然听见了这句话,就又怒气冲冲地折返回去,揪住老人的头发把他拖出屋子,在他家门口割断了他的喉咙。

　　射击军的另一群士兵在城里到处搜寻荷兰医生冯加德,抓住他的儿子追问他的去向。那个年轻人吓得浑身颤抖,回答说他不知道,他们就立刻干掉了他。不久,一个德国医生落到他们手里。他们说:"你是个医生,就算你没有毒死我们的主子费奥多尔,也毒害过别人,所以你该死。"随即杀了他。

　　最后,他们终于找到了乔装打扮成乞丐的那个荷兰医生,立即把他拖到皇宫前。众位公主喜欢这个可敬的人,非常信任他的医术,就恳求射击军放过他,担保说他是个非常优秀的医生,以前尽心尽力地医治过她们的兄弟费奥多尔。射击军回答说他该死,不仅因为他是医生,而且因为他是个男巫,他们在他家搜到了一只干蟾蜍和一张蛇皮。他们还要求交出年轻的伊凡·纳雷什金,断言他无疑躲在皇宫里,他们已经找了他两天却徒劳无功;倘若抓不到他,就要放火烧掉皇宫。士兵们的威胁令伊凡·纳雷什金的姐妹和其他公主非常恐慌,她们来到不幸的兄弟的藏身之处,告诉了他一切。牧首听了伊凡·纳雷什金的忏悔,给了他临终圣餐,替他行了敷圣油礼,然后带上据说显现过神迹的圣母像,牵着这个年轻人的手来到射击军那里,同时向他们出示圣母像。众位公主泪流满面,围在伊凡·纳雷什金身旁，跪下乞求士兵们看在圣母的份上饶她们的亲戚一命。可是那些冷酷无情的恶棍拉走了他，把他和冯加德医生一起拖到阶梯下，自己组成一个审判委员会，拷打他们。其中一个会写字的士兵写了一份罪状，判决是把这两个倒霉的人凌迟处死；在中国和鞑靼，这种刑罚用来处罚杀死近亲的罪犯，就是千刀万剐。伊凡·纳雷什金和冯加德被处决后，他们的头、脚和手挂在一个铁栏杆的尖端。

射击军的这群士兵在公主们眼前尽情发泄的时候，其他人正在大肆屠杀他们讨厌的或索菲娅公主怀疑的每一个人。

直到1682年6月，伊凡和彼得两位王子成为共同统治的君主，其姐索菲娅联合摄政，这场恐怖的悲剧才宣告结束。随后索菲娅公主公开认可射击军的暴行，奖赏他们，没收黑名单上的所有贵族的财产，赏赐给杀害他们的凶手。她甚至批准竖立一块纪念碑，刻上受害者的名字，称他们为叛国者；还颁布诏书，褒扬射击军的热心和忠诚。

第五章　公主权倾天下

索菲娅公主的统治／奇特的宗教争端／阴谋

　　索菲娅公主就是用这样的手段逐步登上了俄罗斯的宝座,虽然她没有自称女沙皇。这一切彼得一世都看在眼里。索菲娅享有君主的全部荣光,货币上印着她的半身像,她签署批复所有的急件报告,在枢密院位居首席,掌握不受限制的权力。索菲娅拥有非凡的见识和心智,会用俄语写诗,口才和文笔都十分出色。她的容貌本来可以给这些才能锦上添花,可是她的野心玷污了她的天赋。

　　按照前面描述过的方式,她给弟弟伊凡找了一个妻子。那个年轻姑娘姓萨尔特科夫,跟暴乱的射击军杀害的贵族父子属于同一个家族。其父是西伯利亚的一座要塞的司令官,把她从遥远的西伯利亚腹地送到莫斯科。她以美貌战胜了所有竞争对手的阴谋诡计,在1684年与伊凡结婚。我们在沙皇的每次婚姻中,都可以看到亚哈随鲁①或者狄奥多西二世的故事。

---

① 一般认为《圣经》中提到的波斯国王亚哈随鲁(Ahasuerus)即阿契美尼德王朝的国王薛西斯一世(公元前519—前465)。他的妻子是犹太人以斯帖(Esther)。

这场婚礼的喜庆活动正值高潮之际,射击军再次造反,理由是宗教(谁会相信?)!竟是某条特定的教义!假如他们仅仅是士兵,就永远不会争论抽象问题,但是他们还是莫斯科的市民。无论在哪个时代,无论在哪个地方,无论是什么人,只要有或者自称有权以权威的方式向平民百姓宣传,就可以建立一个教派。自从追求教义的狂热变成野心家利用的道具和弱者畏惧的枷锁以来,这种情况尤其常见。

俄罗斯以前经历过几次骚乱,只是为了争论应该用三根手指还是两根手指做画十字的动作!有一个神父阿巴库姆(Abakum)在莫斯科宣传一些新教义,内容涉及圣灵以及早期基督教徒的平等;根据《圣经》的说法,圣灵应该启示所有信徒,且耶稣基督说过"你们之间将不会有谁居首,有谁最末"。一些市民和射击军的士兵接受了阿巴库姆的观点。这个派别的人数越来越多,其首领是一个拉斯波普(Raspop)[22]。最后,有一天(新历的1682年7月16日)牧首和教士们正在主持宗教仪式,这个教派的一群教徒闯进大教堂,扔石头赶走了他们,然后非常虔诚地坐下,自己迎接圣灵。他们说牧首是"羊圈中的饿狼",所有教派都是这样互相指责的。索菲娅公主和两位沙皇立刻获悉了这场骚乱,就通知忠于正道的射击军的其他军人,沙皇和教会遇到了危险。射击军和牧首的教区的有产市民开始攻击阿巴库姆的教派,但是召开宗教评议会的消息暂时阻止了大屠杀。因为他们迫使每个被找到的神父都参加,因而几乎没花多少时间就在皇宫的一个大厅召集了宗教评议会。牧首和一个主教与拉斯波普辩论,在第二轮教义演绎时,他们开始互扔石头。会议的结局是拉斯波普和几个忠实信徒被砍掉了脑袋,单凭索菲娅、伊凡和彼得三位君主的命令就执行了判决。

在这些动乱期间,有一个克内兹霍万斯基(Chowanskoi)[①]协助索菲娅公主获得了目前的尊贵地位,他希望分享更多的政府权力,作为效劳的报偿。

可以料想,他发现索菲娅不如他希望的那么感激他,因此决定支持新宗教事业和遭到迫害的拉斯波普手下的信徒,以捍卫上帝的名义煽动射击军和平民组织起一个党派。

事实证明,这个阴谋事件比狂热的拉斯波普派的暴乱更严重。一个有野心的伪君子怀揣的心思远远超过了一个简单的狂热分子。霍万斯基的目标是帝王的宝座,他胆大包天,决心杀害两位沙皇、索菲娅、其他公主以及依附沙皇家族的所有人。沙皇和众位公主被迫撤退到距离彼得堡[23]12法里的圣三一修道院。它既是修道院,又是宫殿,又是堡垒,类似于拉丁教会的卡西诺山(Mount Cassino)[24]、科尔比(Corhy)[25]、富尔达(Fulda)[26]、肯普滕(Kempten)[27]等建筑。圣三一修道院及附近方圆4法里的土地都属于圣瓦西里(St. Basil)修会的教士,周围环绕着深深的壕沟和砖砌的防御墙,上面架设多门大炮。由于武装力量而不是这个地方的神圣性质,沙皇家族足够安全。索菲娅假装想谈判,诱捕了叛乱的克内兹,砍掉了他和他的几个儿子以及随行的37个射击军士兵的脑袋。

[1682年]

射击军听到消息后马上拿起武器,进军圣三一修道院,威胁要把

---

① 伊万·霍万斯基(Ivan Khovanski)支持分裂派(或称旧教派),1659年荣升波雅尔贵族,在1682年射击军叛乱时被任命为射击军长官,1682年9月被索菲娅处死。

那里夷为平地。沙皇家族巩固防御,波雅尔贵族们把奴隶武装起来,乡绅成群结队赶来勤王,血腥的内战看来一触即发。不过,牧首设法安抚射击军。射击军看到大量部队从四面八方赶来已经开始恐慌,简单地说,他们的狂怒变成了恐惧,恐惧又变成了最卑躬屈膝的顺从。这种变化在群众中间相当常见。三天前他们还威胁要烧毁圣三一修道院,现在 3700 人的射击军带着他们的妻子儿女、脖子上套着绳索列队走到修道院。这些不幸的可怜虫跪倒在修道院门前,两人一组,一个捧着木砧另一个拿着斧头,等待判决。君主赦免了这些投降的人,放他们回莫斯科。他们祝福君主,虽然他们自己也不知道,只要一有机会,他们就会故伎重演,再犯同样的罪行。

这场骚乱平息下来,国家恢复了表面的平静。但是最高权力依旧掌握在索菲娅手中,伊凡病弱无能,彼得受到严格监护。为了巩固自己的地位,她与瓦西里·戈利岑(Basil Galitzin)亲王分享权力,任命他为大元帅、国务大臣和掌玺大臣。在这个动荡不安的宫廷,戈利岑在一切方面都显得出类拔萃。他有教养、气质高贵、胸怀大志,受过良好教育因而比任何同胞都更博学,甚至精通拉丁文,当时在俄罗斯几乎没人懂这种语言。戈利岑积极主动,孜孜不倦,具备超越那个时代的非凡天赋,而且有意改变俄罗斯的面貌;假如他有空闲时间和权力,就能实现这个意愿。这是当时驻俄罗斯的波兰公使拉纳维尔(La Neuville)对他的颂词,外国人的称赞一般都是可靠的。

为了约束傲慢无礼的射击军,戈利岑把最桀骜不驯的成员分散派往乌克兰、喀山和西伯利亚的几个营地。在他当政时期,俄罗斯多年的竞争对手波兰于 1686 年认输,放弃了斯摩棱斯克和乌克兰的大片土地。1687 年,他第一个向法国派遣大使团。法国经历了 20 年的上升期,正处于荣耀的顶点。因为路易十四的征服、新的建设成就和他的个人魅力,尤其因为艺术的进步,法国不仅有表面的壮观,而且有实质的荣光。此前法国与俄罗斯并无联系,或者确切地说,法国并不了解那个帝国。铭文研究院定制了一枚奖章来纪念大使馆的建立,仿佛俄罗斯是印度群岛那样的偏远地方。尽管如此,多尔戈罗斯基(Dolgorouski)大使搞砸了谈判,甚至由于他佣人的表现而遭受了粗俗的冒犯。本来忽略这些错误是最好的,然而路易十四的朝廷未能预见,有朝一日法国和俄罗斯会衡量结成密切的联盟关系所带来的益处。

现在俄罗斯国内平静了。虽然新盟国波兰那边的领土得以扩张,但是瑞典方面依旧使俄罗斯感到郁闷,鞑靼克里米亚边境不断发出警报,与中国也因边界问题发生矛盾。

直白地说,对俄罗斯帝国而言,最不堪忍受的情况是尚未形成有力的常规行政管理秩序,以致克里米亚鞑靼可汗索要每年6000卢布的贡金,与土耳其人强迫波兰人进贡的性质一样。

克里米亚鞑靼就是古代的陶里斯半岛,因曾经与希腊进行贸易而著名,更因其神话传说而举世闻名,是土地多产却野蛮的国度。国名来自最早的可汗的头衔——克里米亚或克里木(Crimea或Crim),可汗是在成吉思汗征服这片土地之前取的这个名字。为了摆脱束缚并洗刷纳贡的耻辱,首相戈利岑亲自率领大军进攻鞑靼克里米亚。这支军队与如今的军队不能相提并论,他们没有纪律,完全武装起来的几乎不到一个团,没有制服也没有规矩。他们的确已经习惯了艰苦的工作和补给的缺乏,但是他们携带了数量惊人的行李,包括大量奢侈品,甚至超过了我们的军营中的情况。在不适合人类居住的不毛之地,他们用大批四轮马车运载军火和补给,严重妨碍了远征克里米亚的进度。在萨马拉(Samara)河边,军队来到广阔荒原的中央,发现不能补充弹药。在我看来,戈利岑采取的对策是前所未有的:他雇了3万人在萨马拉河畔建设一座城镇充当军火库,供应接下来的战役。工程从前一年开始,到第二年3月完成。其实除了两幢砖砌的房屋之外,其他都是木屋。防御墙是用泥炭堆砌的,不过设置了大炮,整体的防御状况还算可以。

这就是这次耗资巨大的远征的全部成果。在此期间,索菲娅公主在莫斯科继续执政,伊凡是徒有其名的沙皇;彼得已经17岁了,有了争取实权的勇气。当时,波兰公使拉纳维尔常驻莫斯科,目睹了发生的一切,声称索菲娅和戈利岑利用射击军的新首领,打算使年轻的沙皇成为牺牲品。他们似乎想用至少600名射击军的士兵控制彼得。俄罗斯宫廷委托给我的私人回忆录证实,的确有一个谋害彼得一世的阴谋:打击箭在弦上,倘若行动成功,俄罗斯将永远失去新生活方式和重获新生的机会。沙皇再次被迫躲进圣三一修道院,宫廷在受到军人威胁时通常选择在那里避难。彼得召集拥护他的波雅尔贵族们,组织一支部队对付射击军的队长,并向长期定居在莫斯科的一些日耳曼人求助。由于彼得已经显示出鼓励外国人的倾向,这些人都拥戴他。索菲娅和伊凡继续留在莫斯科,用尽一切手段鼓励射击军坚定捍卫自身利益。但是年轻的彼得大声抱怨有人阴谋反对他和他的母亲,压过了公主和她弟弟的诉求,正是索菲娅和她弟弟的表现导致人心离散。所有共谋犯都受到严厉的惩罚,有些人在受笞刑(即"巴托克")之后被砍掉了脑袋。射击军的首领以同样的方式被处决,另外几个嫌疑人被割掉了舌头。这个国家对这些刑罚和罪行已经习以为常。戈利岑亲王有一个亲戚是沙皇彼得的宠臣,他说情保住了戈利岑的性命。但是戈利岑的全部财产(数额巨大)被没收,并被放逐到阿尔汉格尔斯克地区。拉纳维尔目睹了这场灾祸的全过程，据他转述，对戈利岑的判决词是这样的："最宽宏大量的沙皇命令你，到北极的一个小镇卡尔加（Karga）去，在那里度过余生。陛下出于极大的仁慈，允许你保留每天 3 便士的收入，用于维生。"

北极没有城镇，卡尔加位于北纬 62 度，仅仅在莫斯科以北 6.5 个纬度。无论起草判决的人是谁，他的地理知识一定非常糟糕。拉纳维尔可能上了错误记述的当。

[**1689 年**]

在长期控制政府之后，索菲娅公主终于再次被送回了莫斯科的修道院。[28]这场政变证明，对于天性像她这样的女人，如此惩罚足够了。

从此，彼得开始真正执政，他的哥哥伊凡不分享统治权力，不过所有公开法令上都有他的名字。他过上了退休生活，1696 年去世。

第六章　彼得一世的初步改革

彼得一世的统治／规模宏大的改革的开端

彼得大帝身材高大，彬彬有礼，体态优雅高贵，眼神有穿透力，体格健壮，适应各种艰苦的处境和肉体方面的锻炼。他具备一切能力的基础——良好的理解力，天性积极主动，这些使他可以从事并实现伟大的事业。然而他所受的教育远不能与他的天赋相称。索菲娅公主特别希望让他保持愚昧无知，按照风俗像所有年轻、闲散、出身高贵的人一样放纵享乐，但是他未免太过放纵了。尽管如此，彼得在1689年6月结婚，和祖先一样娶了一个臣民洛普京（Lapuchin）上校的女儿。但是他还年轻，况且有一段时间没享受国王的特权，婚姻生活并不总能束缚他，他仍然毫无节制地纵情娱乐。他太过任性地享受跟外国人宴饮的快乐，应戈利岑亲王之邀来到莫斯科的外国人觉得他将来不大可能成为国家的改革者。然而尽管有坏榜样和娱乐的诱惑，他仍然致力于学习战争和管理政府的技巧，甚至在那时，他就已经展现出伟大的迹象。

这位王子自幼恐水，被迫越过一条小河或溪流的时候也会流冷汗甚至抽搐惊厥，几乎没人料到他会成为北方最优秀的水手之一。为了拥有更好的体质，他开始不顾恐惧跳进水里，直到从讨厌水变成喜欢水。[29]

他经常由于无知而脸红。在没有导师帮助的情况下,他几乎全靠自己学会了足够的德语和高地荷兰语,能够用这两种语言书写和大致解释自己的意思。在他看来,德国人和荷兰人是最文明的民族,因为德国人已经在莫斯科打下了一些技艺和手工制造业的基础,他渴望在自己的帝国也建设这些行业;荷兰人擅长航海技术,他已经开始认为航海是俄罗斯最需要的技术。

这些就是彼得的天性,虽然他年轻时做过一些蠢事。与此同时,他发现国内的派系斗争和不安分的射击军妨碍了他,而且俄罗斯与鞑靼克里米亚的战争几乎连续不断。虽然1689年签订了停战协议,敌对状态暂时中止,和平并未持续很久。

在这段间隔时期,彼得确立了在俄罗斯引进技艺的规划。

他的父亲阿列克谢毕生都有这样的想法,但是缺少空闲时间,也没有实施的好机会。他的天赋遗传给了儿子,彼得更聪明、更有活力,面对困难和障碍更加坚定不移。

阿列克谢曾经花重金聘请一位荷兰造船工程师兼船长布兰特[30]以及若干名造船工匠和水手。他们造了一艘大型快速战列舰和一艘快艇,沿着伏尔加河顺流而下直到阿斯特拉罕,准备在那里建造更多舰船,渡过里海跟波斯做一笔有利的交易。正在那时,斯捷潘·拉辛的叛乱爆发,叛军打算夺占这两艘船,结果摧毁了船只又杀害了船长。其余船员逃往波斯,在那里达成协议,加入荷属东印度公司。其中一位优秀的造船大师留在俄罗斯,默默无闻地生活了多年。

伊兹梅洛沃有一座彼得的祖父修建的夏宫,有一天彼得散步的时候注意到,在各种珍品中有一艘被彻底忽略的陈旧的英国浅水敞舱帆船。于是他询问他的日耳曼数学教师蒂默曼(Timmerman),这艘小船的结构为什么与他在莫斯科见过的船截然不同？蒂默曼回答说，它是靠帆和桨航行的。年轻的王子希望立刻试航，但是首先需要装配帆和索具并修理这艘船。前面提到的那位造船工匠布兰特碰巧在莫斯科过退休生活；他很快修理好这艘船，在流经郊区的亚乌扎（Yauza）河上试航。

彼得下令把他的船转移到圣三一修道院附近的一个大湖上，让布兰特另外建造两艘快速帆桨战舰和三艘快艇，由他亲自驾驶。过了很长一段时间，也就是在 1694 年，彼得旅行到阿尔汉格尔斯克，又命令布兰特在港口建造了一艘小船，从那里乘船抵达北冰洋。他是第一位见到北冰洋的君主。当时护送他的是一艘荷兰军舰，由乔尔森（Jolson）船长指挥，随行的包括阿尔汉格尔斯克港口的全部商船。彼得已经懂得船的运作方式，尽管他的廷臣们努力效仿主人，精通此道的只有他一人。

彼得发现与建立一支海军相比，培养可以依靠的、纪律良好的陆军同样困难。在阿尔汉格尔斯克之旅以前，他在湖上的第一次航行仅被视为一位有天赋的年轻王子的娱乐，他组织一支遵守纪律的部队的最早尝试看来也不过是一种消遣。这发生在索菲娅公主执政期间，倘若她怀疑彼得的这些娱乐有任何严肃的含义，就可能有致命的后果。

他只能信任一个外国人，著名的勒福尔（Le Fort）。勒福尔来自皮埃蒙特（Piedmont）的一个古老的贵族家庭，大约两个世纪前这个家族移居日内瓦，占据了当地的重要职位。他从小受到经商的教育，而这座城市如今崭露头角正是得益于贸易，以前它仅仅被当成宗教论战的场所。

但是勒福尔的天赋促使他追求丰功伟绩。他 14 岁就离开了父亲家，在马赛的城堡作为后备役军官服务了 4 个月。[31] 随后他去了荷兰,作为志愿兵服役,在围攻守备森严的赫拉弗(Grave)的战斗中受伤,后来的英格兰国王、荷兰的奥兰治亲王1674年从路易十四手中夺回了这座默兹河(Meuse)上的城镇。勒福尔希望升迁,无论在哪里都行,于是搭乘一位德国上校费斯廷(Verstin)的船出发了。那位上校受彼得的父亲阿列克谢沙皇的委托,要在荷兰训练士兵,把他们带到阿尔汉格尔斯克去。然而经过令人疲惫不堪的危险航行,终于抵达那个港口的时候,沙皇阿列克谢驾崩了。政权已经易主,俄罗斯陷入混乱之中。阿尔汉格尔斯克的行政长官迫使费斯廷、勒福尔和整支部队滞留了很长时间,处境极度窘迫,这位官员甚至威胁说要把他们流放到西伯利亚的尽头。每个人都只能自寻出路。一无所有的勒福尔来到莫斯科,一位丹麦居民德霍恩聘用他当秘书。他一边侍奉德霍恩,一边学习俄语。一段时间以后,他又设法找人把自己引荐给沙皇彼得,因为沙皇伊凡无助于他达到目的。彼得与他相处融洽,立即给了他一个步兵连。勒福尔几乎没有当公务员的经验,大字不识几个,也没有学习过特定的技艺或科学;但是他见多识广,有一种充分利用经历的才能。他和沙皇一样完全自力更生,也同样会德语和荷兰语,因为这两个国家可能在他的计划中发挥作用。一切因素都导致彼得欣赏他,他也紧紧攀附沙皇。他先是沙皇的娱乐伙伴,慢慢成了沙皇的宠臣,并靠自己的能力巩固这种地位。彼得把他当成心腹,告诉他这个帝国的王子可能构想的最危险的计划——占据有利地位,有朝一日摧毁射击军这个煽动叛乱的野蛮残暴的组织。为了解散禁卫军,伟大的苏丹——奥斯曼帕夏[①]耗费了毕生的精力。

[①] 指奥斯曼二世。帕夏(basha)是敬称,相当于英国的"勋爵",指伊斯兰国家(尤其奥斯曼帝国)行政系统中的高级文武官员,通常是总督、将军等。

第六章 彼得一世的初步改革

彼得虽然很年轻,采取的方式却比奥斯曼更有效。

彼得开始从他在普列奥布拉津斯基(Preobrazinski)的乡间别墅中挑选出 50 个最年轻的家仆组成一支队伍,又挑选一些波雅尔贵族的年轻子弟担任军官。但是这些年轻贵族完全不习惯当下属,为了教育他们,彼得让他们从最低军衔逐级晋升,并亲自示范,首先当鼓手,接着当列兵,然后当士官和连队里的中尉。这种管理方式比什么都有用,也最非同凡响。此前俄罗斯人作战的方式与封建采邑制时代的法国人一样,没有经验的贵族指挥他们既缺乏训练又缺乏精良武装的仆从。那种野蛮的方法确实足以对付类似的军队,却不是正规部队的对手。

这支部队完全由彼得亲自组织起来,人数很快增多,成为后来的普列奥布拉津斯基警卫团。另一支按照相同计划组建起来的部队就是谢苗诺夫斯基(Semenovski)警卫团。

沙皇已经拥有一支 5000 人的可信赖的军团,成员几乎全部是外国人,苏格兰人戈登(Gordon)将军负责训练他们。勒福尔刚开始在军队工作,但是他能胜任一切,他着手培养 1.2 万人的军团并实现了目标;他任命 5 位上校在他手下效力,俨然成了将军。组建这支小小的军队既是为了对抗外敌,也是为了对付射击军。

有一点值得注意[32],他的军队(仅仅被称作军团)中有三分之一是法国难民,这一点完全驳倒了声称南特敕令的废除几乎没有导致法国流失居民的人的草率错误。勒福尔开始训练他的新部队,仿佛他天生是个军人。

彼得渴望看看战争的样子,于是组织了和平时期刚引入的模拟战争;建起一座堡垒,让一组新士兵进攻,另一组士兵防御。这种战斗与其他性质类似的战斗的区别在于不是假装,而是真刀真枪,因此有士兵被杀,还有许多人受伤。[33]指挥进攻的勒福尔受伤不轻。这种血腥的运动旨在教年轻的士兵学习实战技能;但是为了达到这个目标,还需要更多努力和一定程度的痛苦。

这些战争游戏并未转移沙皇对自己的海军计划的注意力。沙皇已任命勒福尔为陆军将军,尽管他从未指挥过一兵一卒;现在又任命勒福尔为海军司令,虽然他毫无指挥船只的经验。彼得知道他能够胜任。确实如此,他是一个没有舰队的舰队司令,也是仅有一个军团的陆军将军。

沙皇逐渐改革军队中的恶习,即波雅尔贵族的依赖性,他们习惯在战时把大量仆从和农民带上战场。这恰恰是法兰克人、匈奴人、哥特人和汪达尔人的古老统治方式,他们确实征服了日薄西山的古罗马帝国,但是假如他们遇到了受过良好训练的尚武的古罗马军团或现代的军队,就会被彻底击溃。

然而不久以后,勒福尔就会得到舰队司令这个头衔之外的东西。在流入顿河的沃罗涅日河口,他雇了一些荷兰人和威尼斯人,建造了许多长帆船(barcolongo,即一种长型三桅帆船),以及各自装备30门炮的两艘战船。这些船将顺流而下,威慑那些再度与俄罗斯人敌对的克里米亚鞑靼人。

1689年,沙皇要决定向哪个强国宣战,土耳其、瑞典还是中国?不过,这里先谈谈他与中国谈判的条件以及与中国缔结的第一个和平条约比较合适。

第七章　与康熙皇帝谈判[34]

我们必须首先对中国和俄罗斯帝国在这一时期的边界有恰当的理解。我们从西伯利亚出发向南,把成群的鞑靼人、白卡尔梅克人和黑卡尔梅克人以及伊斯兰教徒或无宗教信仰的蒙古人留在身后,来到东经130度、北纬52度的阿穆尔河(Amur)[35]。北边是一直延伸到北冰洋、覆盖北极圈的一连串山脉。这条河向北流过500法里[36],穿越西伯利亚和中国东北地区,蜿蜒曲折地流入鄂霍茨克海。在这条河的入海口有时能捕捉到一种巨型的鱼,它比尼罗河的河马大得多,牙齿可以做成最好的象牙,这是已经证实的真事。而且,这种象牙据说以前是一种商品,经过西伯利亚运输,因此在该地区的地下至今仍可以发现一些象牙碎片。这是象牙化石的最可能的成因,否则如果声称西伯利亚地区以前有过大象,未免显得太荒诞不经。①

鞑靼人又把阿穆尔河称作黑河,中国人则叫它黑龙江。

在这些长期不为人知的地区,俄罗斯人和中国人为帝国的边界问题发生了争执[37]。在距离长城大约300法里的阿穆尔河上,俄罗

---

① 西伯利亚有完整的猛犸象化石。

斯人修建了几座堡垒。这些堡垒多次引起过两个国家的敌对行动，最后双方对自己的利益开始有了更充分的理解。康熙皇帝希望结束无益的战争，恢复和平与贸易，于是派遣几位大使去这些移居地之一的尼布楚谈判。包括护卫队在内，大使的随员多达一万人，这是亚洲的隆重仪式。不过最引人注目的是，这个帝国历史上从未有过向其他君主派遣大使的先例，更奇特的是自从建立君主国以来，中国从未与外国缔结过和平条约。虽然鞑靼人两次进攻并征服过中国，除了少数很快被降伏或融入汉族、没有签订条约的游牧民族之外，中国人从未与外国人交战过。因此这个以道德著称的民族对我们所谓的"国际法"一无所知；也就是说，他们不知道那些战争与和平的含糊规则，不知道外国使节的特权，不知道条约的正式性或条约带来的后果，也不知道涉及座次先后和荣誉的争议。

不过在大片不毛之地中间，中国人和俄罗斯人要用什么语言谈判？两名耶稣会会士解决了这一难题，其中一个是葡萄牙人佩雷拉（Pereira），另一个是法国人热尔比永（Gerbillon）；[1]他们是真正的谈判专家，跟着中国大使从北京出发。他们与一个属于俄罗斯大使馆的日耳曼人用拉丁语商谈。为首的俄罗斯大使名叫戈洛温[2]，是西伯利亚地方长官，他的表现比中国人气派堂皇得多。中国人以为太阳底下只有他们自己是伟大的民族，戈洛温的表现为俄罗斯帝国赢得了很高评价。

两名耶稣会会士商定，两个帝国以格尔必齐（Kerbechi）河为边

---

[1] 当时的两位来华传教士徐日升和张诚。

[2] 费奥多尔·阿列克谢耶维奇·戈洛温（Theodorus Alexieviez Golowin）伯爵，有的中文文献称他"费要多罗""费岳多"。

界,签订条约的地点就在这条河附近。分界线南边的地区被判给中国,北边的地区归俄罗斯,俄罗斯仅仅损失了边界以南的一座小堡垒。和约得到一致赞同,稍经争辩之后,双方都以同一位上帝的名义发誓遵守。[38] 措辞是这样的:"倘若任何人动一下重燃战火的念头,我们恳求主宰万物、洞察一切的主降下惩罚,让背信弃义者暴毙。"

根据中国人和基督徒都使用的这个条约,我们可以推断出两个重要事实:第一,中国的统治者既不是无神论者也不崇拜偶像,虽然常常有人提出自相矛盾的错误指控;第二,凡是具备理性和认知力的民族,实际上都承认同一位上帝,尽管由于缺乏恰当的指导,会有偏离常规的特殊现象。

条约用拉丁文起草,抄写了两份副本。俄罗斯大使首先在他们保管的那份副本上签了名,中国人也在他们那份上先签了名,符合欧洲的两个平等的强国之间签订条约时的惯例。通过这件事,我们还注意到亚洲国家另一个由来已久的习俗:条约的内容镌刻在两根大理石柱上,柱子竖立在划定两国边界的地点。

三年后,沙皇任命丹麦人伊兹勃兰特·伊台斯(Isbrand Ides)① 为大使前往中国。伊兹勃兰特在两国之间确立的贸易关系使双方持续获益,直到1722年两国关系破裂。但是在短暂的间隔之后,贸易重新恢复,而且活力倍增。

---

① 也译作雅布兰。他的国籍有丹麦、德国、荷兰三种说法,他是荷兰人的可能性较大。他出使中国的笔记,被整理为《俄国使团使华笔记(1692—1695)》,有中译本。

第八章　俄罗斯有了海军

远征亚速海，征服亚速／派青年贵族去外国学习

与土耳其人议和可没那么容易，不过俄罗斯人重新崛起的时机确实到了。威尼斯共和国长期以来饱受土耳其的折磨，现在开始反抗。共和国总督莫罗西尼（Morosini）曾经将干地亚（Candia）①拱手让与土耳其人，后来又从土耳其人那里夺取了伯罗奔尼撒，因而获得"伯罗奔尼撒人"的头衔，这项荣誉令人回想起罗马共和国。神圣罗马帝国皇帝利奥波德②在匈牙利成功抵御了土耳其帝国的军队；波兰人反守为攻，遏止克里米亚鞑靼人的侵犯。

彼得利用有利的国际环境，训练自己的部队，设法使帝国扩张到黑海。戈登将军率领5000人的军团，沿着顿河朝亚速进军；勒福尔将军的1.2万人的军团跟随其后；还有舍列梅捷夫（Sheremeto 或 Scheremetoff）和普鲁士出身的沙因（Schein）指挥的射击军、一支哥萨克骑兵队以及大量火炮辎重，远征的准备已经全部就绪。（1694年）

---

① 伊拉克城市利翁的旧称。
② 利奥波德一世（1640—1705）是奥地利哈布斯堡王朝的神圣罗马帝国皇帝（在位时间1658—1705）、奥地利大公、匈牙利和波希米亚国王。后面章节中的约瑟夫一世（1678—1711）和查理六世（1685—1740）都是他的儿子。

1695 年夏初,舍列梅捷夫元帅指挥的这支大军开始进攻亚速,向顿河河口和亚速海(即今天的扎巴什[Zaback]海)尽头进军。沙皇也随军同行,不过身份只是志愿兵,因为他决定在亲自指挥之前先学习经验。在进军途中,他们袭击了顿河边的土耳其人的两个堡垒。

这次远征遇到了相当多的困难。这个地区守备森严,有很多部队驻防。威尼斯人制造的类似土耳其双桅纵帆船的长型帆船和预定从沃罗涅日起航的两艘小型荷兰战舰没有及时准备好,未能驶入亚速海。万事开头难,俄罗斯人从来没有组织起正常的围攻,他们的第一次尝试没能取得胜利。

沙因将军的部下有一个但泽人雅各布(Jacob),负责指挥炮兵;因为当时他们的部队只有外国军官,工兵和舵手也全部是外国人。沙因将军用笞刑处罚过雅各布。那个时代的人认为巩固指挥权的唯一方法是严厉的惩罚。尽管俄罗斯人天性容易犯上作乱,却也默默地接受惩罚,然后像平常一样继续履行职责。然而这个但泽人的思考方式不同,他决心报复如此对待他的人,就钉住大炮,逃往土耳其人那边。他皈依伊斯兰教,加入亚速的守军,而且成功抵御了以前的主子的进攻。这个例子说明,如今俄罗斯实行的宽宥规则比过去的严刑峻法更可取,而且更有助于使受过良好教育的有正确荣誉感的人忠于职守。在那个时代,用极度严厉的措施对待平民百姓是绝对必要的;但是民风改变以后,伊丽莎白女皇①[39]用宽容仁慈的方式完成了他的父亲通过法律权威开始的事业。这位女皇的仁慈达到了

---

① 彼得大帝唯一的孙子彼得二世病死后,其侄女安娜(1693—1740)在 1730 年继位。1741 年,彼得一世的小女儿伊丽莎白(1709—1762)发动宫廷政变登基,在位期间加强中央集权,发展贸易和工商业,赢得七年战争的胜利。

史无前例的程度。她承诺在她执政期间不判处任何人死刑，而且遵守了诺言。她是第一位如此尊重人命的君主。有了这种既明智又人道的制度，现在所有犯罪分子都被判在矿山或其他公共工程服劳役，其处罚措施本身对国家有益。其他国家只知道用各种各样的刑具处决罪犯，却不知道如何预先防止犯罪。那些恶棍歹徒大多好逸恶劳，与担忧死刑相比，他们更害怕的惩罚或许是日复一日的重体力劳动。

让我们回到围攻亚速的话题。以前指挥进攻亚速的人现在变成了守军的指挥官；俄罗斯人试图强取，却徒劳无功，损兵折将之后，被迫放弃包围。

对于事业坚持不懈，是彼得大帝的显著性格特征。1696年春天，他率领一支规模更大的军队来到亚速。这时他的哥哥伊凡沙皇已经去世，虽然伊凡在世时对彼得的权力毫无影响，只是挂着沙皇的称号而已，不过表面上看，他的存在对彼得多少有些制约。现在可以挪用本来用于维持伊凡的尊贵地位的开销去维持军队。当时国家的财政收入远不及目前这么多，这笔钱对政府是不小的帮助。彼得写信给神圣罗马帝国皇帝利奥波德、荷兰的国家议会和勃兰登堡选帝侯，请他们提供工兵、炮兵和水兵。他还雇了卡尔梅克人，用他们的轻骑兵对付克里米亚鞑靼人的骑兵，结果非常有效。

最让沙皇满意的成就是他的小型舰队终于完成，而且指挥起来得心应手。小型舰队击败了君士坦丁堡派来的土耳其双桅纵帆船队，并俘获了几艘。围城战以常规方式进行，部队挖了战壕，不过与我们法国的不完全相同；他们的战壕比我们的深三倍，胸墙跟城堡周围的防御墙一样高。1696年7月28日，守备部队终于投降，他们没有得到作战的荣誉，也未能带走武器弹药，还被迫把叛徒雅各布交给了征服者。

沙皇立即着手强化亚速的防御工事，修筑坚固的堡垒守卫它，建造了一个可以停泊大型船舰的港口。他的计划是掌握卡法(Caffa)①海峡，控制通向黑海入口的要冲克里米亚博斯普鲁斯(Cimmerian Bosphorus)海峡；由于米特拉达梯(Mithridates)的海上军事力量，这个地区在古代相当著名。彼得让32艘武装双桅纵帆船停靠在亚速，[40]做好了对抗土耳其人必需的一切准备，组成一支舰队，有9艘装备60门大炮的军舰和41艘装备30到50门大炮的军舰。他强迫大贵族和富裕的商人捐资购买战备物资；他认为教士的财产理应用于共同事业，就强迫牧首、主教和主要神职人员捐献一大笔现金，支持为祖国的荣誉和基督教世界的利益而发动的远征。哥萨克人受雇制造他们习惯操纵的轻型船只，在克里米亚鞑靼的海岸巡游时表现出色。亚速海上从未有过如此大规模的备战行动，土耳其帝国感到非常惊慌。沙皇计划把土耳其人和鞑靼人永远驱逐出陶里斯半岛，然后建立一条经由格鲁吉亚与波斯进行自由方便的贸易的路线。从前希腊人在科尔基斯(Colchos)和现在彼得打算征服的克里米亚鞑靼半岛上也进行过这种贸易活动。

征服了土耳其人和鞑靼人之后，沙皇愿意让他的人民像习惯军事劳役一样习惯辉煌灿烂的表演。伴随着五光十色的焰火和其他一切给庆典增光添彩的东西，他的军队通过凯旋门进入莫斯科。驾驶威尼斯双桅纵帆船击败土耳其人的士兵最先进军，他们与其他部队截然不同。在这个行列中，舍列梅捷夫元帅、戈登将军、沙因将军和勒福尔海军司令及其他将领走在他们的君主前面。彼得声称自己没有军衔，他急于通过自己的示范让贵族们明白，在军队里晋升的唯一

---

① 也写作 Kaffa，今克里米亚半岛东南岸的费奥多西亚。

途径是立下相应的功劳。[41]

这次凯旋仪式在有些方面类似于古罗马人的,比如征服者在公众面前展示战俘,有时还处决他们;在这次远征中俘获的奴隶也这样跟在军队后面。背叛他们的逃兵雅各布就在一辆四轮马车上,他被处以车轮刑①,尸体固定在马车搭载的绞刑架上。

为了纪念这次非同寻常的胜利,俄罗斯铸造了第一枚奖章,上面刻着俄语的铭文,正面是"彼得一世,莫斯科大公国的皇帝",反面是亚速城和一行字:"穿越火焰和海水的凯旋"。

沉浸在胜利之中的彼得还是有一种合理的忧虑,因为他在亚速海的船舰和帆桨完全是由外国工匠制造的;在黑海拥有港口之后,他同样渴望在波罗的海找到一个入海口。

于是1697年3月,沙皇从勒福尔的军团中挑选了60名年轻的俄罗斯人送往意大利学习航海技术和制造帆桨战船的方法,其中大多数人前往威尼斯,其他人去了来航(Leghorn)。此外他还派遣40个年轻人去荷兰,[42]学习制造和操纵大型舰船的技术,其他人到德意志的陆军中服役,学习那个国家的军队纪律。为了学习治国方略,彼得终于下定决心离开自己的领土几年。在一种无法抗拒的爱好的驱使下,他想通过自己的观察和实践学习航海事务,并提升他渴望在本国发展的几种技艺的水平。他准备隐瞒真实身份,去丹麦、勃兰登堡、荷兰、维也纳、威尼斯和罗马旅行。只有法国和西班牙在他的计划之外,因为西班牙人过度忽视他要寻求的技艺;法国人又太讲排场喜欢卖弄,况且路易十四的炫耀和高傲招致许多君主反感,不符合他

---

① 车轮刑是从欧洲古代到18世纪的一种用于处决的酷刑,犯人被绑在大车轮上,刽子手用大棍子或铁锤敲碎受刑者的骨头。

微服私访的旅行方式。而且,除了法国和罗马之外,他已经与他打算造访的大多数地域的统治者结盟。他记得1687年路易十四怠慢过他派遣的大使,那次出访很著名却并不成功,令彼得至今耿耿于怀。最后,他已经开始拥护萨克森选帝侯奥古斯特(Augustus),近来选帝侯正在与法国的孔代(Conti)亲王争夺波兰的王位。

第九章 沙皇变身荷兰工匠

彼得大帝的海外之旅

彼得决定私下造访前面提到的几个国家和宫廷，因此他混进了三名大使的随员中间，就像他得胜回莫斯科时混在将军们的队伍中一样。[43]

这三名大使是勒福尔将军，战争委员长兼西伯利亚总督、波雅尔贵族阿列克谢·戈洛温和长期派驻外国宫廷的国务秘书沃兹尼岑①，当年在帝国边界与中国的全权代表签订永久性和约的正是戈洛温。这个使团的全体成员有两百人，主要随员包括4名首席秘书、12名贵族、伺候三位大使的6名随从以及由50名卫兵和军官组成的一个连队（官兵全部来自普列奥布拉津斯基军团）。沙皇混在这一大群人之中，自己只保留了一个贴身男仆、一个穿号衣的仆役和一个矮人②。一位25岁的国王为了学习治国技艺而离开自己的领土，这是史无前例的事。他战胜了土耳其人和鞑靼人，在莫斯科荣耀凯旋，大批外国部队为他效命，还有他的哥哥沙皇伊凡已死，他的姐姐禁闭在一

---

① 普罗科菲·博格达诺维奇·沃兹尼岑（Prokopii B. Voznitsyn，1643—1703），彼得大帝访欧时大使团的全权大使。

② 古代帝王为了取乐在宫里豢养矮人。

座修道院隐居，最主要的是俄罗斯人民普遍崇拜他，这些因素可以确保王国在他离开期间风平浪静。他把摄政权交托给波雅尔贵族斯特列什涅夫(Strechnef)和罗莫达诺夫斯基(Romadonowski)亲王①，遇到重要问题时他们会与其他波雅尔贵族商议。

戈登将军组建的两支部队留在莫斯科，维持首都的治安。鉴于射击军可能制造骚乱，他们被分派到克里米亚边境，抵御鞑靼人的入侵，维护征服亚速的成果。在对一切事故采取了预防措施之后，彼得开始自由地投身自己的爱好，满足追求进步的渴望。

这次旅行成了一场血腥战争的起因——或者至少是借口。那场战争旷日持久，最后却使沙皇的宏图伟略得以实现。这场战争使波兰国王奥古斯特被赶下王位，给斯坦尼斯瓦夫(Stanislaus)戴上王冠，然后又让他失去了王冠。瑞典国王卡尔十二(Charles XII)在最初9年中是春风得意的征服者，在接下来的9年里又成了最不幸的国王。在谈论这些事件的细节之前，有必要先说明一下那个时代的欧洲的概况。

那时，土耳其帝国的君主是苏丹穆斯塔法(Mustapha)二世。他的政府机构软弱无能，无论是面对在匈牙利获胜的神圣罗马帝国皇帝利奥波德，还是刚从他手上夺取亚速、扬言要成为黑海主人的沙皇彼得，都不能进行有效的抵抗，甚至连已经占领了整个伯罗奔尼撒半岛的威尼斯人都对付不了。

1696年6月17日，波兰国王扬·索别斯基去世，他由于霍齐姆

---

① 蒂洪·尼基季奇·斯特列什涅夫(Tikhon Nikitich Streshnev, 1644—1719)，彼得大帝建立的俄罗斯参议院首批议员之一。费奥多尔·罗莫达诺夫斯基(Fyodor Romodanovsky, 1640—1717)，俄罗斯首位秘密警察局长，1686年被任命为普列奥布拉津斯基警卫团团长，是彼得大帝现代化改革的得力助手。

之战的胜利和拯救维也纳而名垂青史。萨克森选帝侯奥古斯特与孔代亲王阿蒙（Armond）争夺王位的继承权，前者占上风，后者仅有幸成为候选人。

［1697年］前不久瑞典失去了国王卡尔十一，不过这一损失并不令人遗憾。卡尔十一是瑞典第一个真正专制的君主，他的儿子更专制，但是这对父子死后，专制权力也随之断绝。卡尔十一的儿子卡尔十二年仅15岁就继承了王位。表面上看，这样的局面非常有利于沙皇的计划；彼得想在能力范围内朝芬兰湾和利沃尼亚那边扩张领土。然而，仅仅在黑海骚扰土耳其人是不够的，仅仅在亚速海和里海边上建立移民地，也不足以实现他的海运、贸易和强化权力的计划。况且荣誉是每个改革者珍视的目标，它既不在波斯也不在土耳其，而是在欧洲，伟大的天才人物都在欧洲永垂不朽。换言之，彼得并不打算把波斯或土耳其的社会风尚引入他的领土。

当时神圣罗马帝国正在与土耳其和法国交战，与西班牙、英格兰和荷兰结盟对抗没有盟友的路易十四。双方即将订立和约，各自派遣的全权代表已经来到海牙附近的里斯维克（Ryswick）城堡。

在这样的国际形势下，1697年4月彼得和他的大使团踏上了旅程，取道诺夫哥罗德，从那里穿过爱沙尼亚和利沃尼亚。俄罗斯人、瑞典人和波兰人之前激烈争夺过爱沙尼亚和利沃尼亚两个行政区，最后瑞典人凭借武力优势获胜。

沙皇觉得利沃尼亚的肥沃土地和它的首府里加（Riga）的地理位置十分诱人，想据为己有。他装作好奇，请求参观城堡的防御工事。里加总督达尔贝格伯爵感到不快，拒绝满足他的愿望，而且装腔作势，轻蔑地对待大使团。但是这种做法完全无助于改变沙皇的意向，他仍然希望有朝一日成为这些行政区的主人。

他们离开利沃尼亚前往勃兰登堡－普鲁士,古代的汪达尔人曾经在这个地区居住。波兰属普鲁士(Polish Prussia)①是欧洲萨尔马提亚的一部分,勃兰登堡－普鲁士是个贫穷的地区,人口很少;可是勃兰登堡选帝侯(后来改称国王)却摆阔炫耀,对自己的领土造成新的毁灭性打击。他在柯尼斯堡城用王家的隆重仪式接待俄罗斯的使团,双方交换了最豪华奢侈的礼物。柏林宫廷偏爱的法国服装,与俄罗斯人的亚洲长袍、他们点缀着珍珠和宝石的帽子以及腰带上挂着的土耳其弯刀交相辉映,产生一种奇特的效果。沙皇身穿日耳曼风格的服装,陪伴他的一位格鲁吉亚亲王却穿着波斯风格的衣服,表现出不同的华丽。那位亲王后来在纳尔瓦战役中被俘,死在了瑞典。

彼得鄙视这些摆阔的行为。想必他对享用美食的快乐也显示出同样的轻蔑,尽管那时的日耳曼人将餐桌旁的饮宴视为最重要的光荣。那种宴请相当流行,但是对健康和道德习惯都有害。正是在某一次宴席上,[44]彼得拔剑指向他的宠臣勒福尔;不过后来他对自己冲动驱使下的行为表示愧疚,正如马其顿王亚历山大对杀害克莱特斯(Clytus)感到痛悔一样。彼得请求勒福尔原谅,说他希望改造臣民,却未能改造自己。勒福尔将军在手稿中赞美了沙皇的善良心灵,没有责备他一时冲动的过分行为。

使团一行经过波美拉尼亚(Pomerania)和柏林,然后一部分人员取道马格德堡(Magdeburg),另一部分人员取道汉堡(由于大规模的贸易,汉堡已经开始繁荣,不过还不如现在富裕,人口

---

① 条顿骑士团败给波兰,1466年在第二次托伦和约中割让包括但泽和马林堡在内的西普鲁士领土,这些地区被称为"王室普鲁士"(Royal Prussia),即波兰属普鲁士。1772年第一次瓜分波兰后,这些土地归属普鲁士王国。

也没那么稠密)。随后他们的路线转向明登(Minden),途经威斯特伐利亚(Westphalia),最后经由克里夫斯(Cleves)抵达阿姆斯特丹。

沙皇比他的大使早15天抵达这座城市。最初他在属于东印度公司的一间屋子里借宿；不久之后,他在荷兰海军部的码头找到了一个套间。彼得穿着荷兰船长的衣服来到萨尔达姆村(Saardam)①,当时这个地方正在制造大量船舶(比如今多得多)。这个村庄在面积、人口和富裕程度方面都不亚于许多富庶的城镇,而且更整洁。沙皇目睹不停劳作的人群,井然有序的操作过程,制造、装配和调度船只的惊人速度,还看到使工作更加方便安全的数量惊人的仓库和机器,对这一切赞不绝口。沙皇的第一步行动是购买一艘三桅帆船,亲手装上一根桅杆。然后他参与制造船舶的各个部分,跟萨尔达姆的工匠们同吃同住同穿,在铁匠铺、制绳工场和几家磨坊工作,那里有数量惊人的风磨,用于锯木头、榨油、造纸、拉金属丝。他用彼得·米哈伊洛夫(Peter Mikhailov)这个名字在木工名册上登记,通常被称为"彼得师傅"(Peter Bas)。工人们发现一位君王跟他们一起劳动,起初感到惊慌失措,不过很快就习以为常了。

彼得在萨尔达姆村学习使用罗盘和斧头的时候,有可靠消息称波兰正面临分裂的危机,选帝侯奥古斯特和孔代亲王都是王位的候选人。这位萨尔达姆的木工立即承诺派3万人协助奥古斯特争取王位,并在他的工作车间传达命令,调遣正集结在乌克兰抵御土耳其人的军队。

(1697年8月11日)沙皇的部队在亚速附近战胜了鞑靼人,几

---

① 现在称赞丹(Zaandam)。

个月以后，又从鞑靼人手里夺取了奥卡皮城（Or kapi），即我们所说的彼列科普（Precop）①[45]。他自己则继续在不同方面取得进步：他常常从萨尔达姆去阿姆斯特丹，听著名解剖学家勒伊斯（Ruysch）的讲座；他还掌握了一些外科手术的技巧，必要时对他自己和部下的军官都可能有用。他还在市长维岑（Witzen）家学习自然哲学课程。那是一位可敬的市长，有爱国心，又像世界公民一样将巨额财产用于高尚的事业，花费巨资送有才能的人去世界各地寻找最罕见、最有价值的东西，还自己出钱装备船只去探索新大陆。

只有在前往乌得勒支和海牙私下造访英格兰国王、联省共和国执政威廉的时候，"彼得师傅"才暂停劳动。两位君主私下会谈时，勒福尔将军是唯一获准在场的人。彼得后来出席了他的大使上任和受接见的仪式，他们以沙皇的名义向荷兰各邦州的代表赠送了600张能取得的最美丽的紫貂皮；荷兰人除了按照惯例赠送每位使节一条金链和一枚奖章之外，还送给他们三辆华丽的四轮马车。俄罗斯大使招待了正在里斯维克参加会议的所有全权代表，唯独法国代表例外。他们抵达时没有通知法国人，不仅因为沙皇拥护奥古斯特对抗孔代亲王，而且因为威廉国王不愿意与法国和平相处，而彼得渴望获得威廉的友谊。

彼得返回阿姆斯特丹之后重操旧业，亲手完成了一艘他自己动工的装备60门火炮的战船，让它起航去阿尔汉格尔斯克，因为当时俄罗斯只有这一个濒临大洋的港口。

他不仅聘用法国难民、瑞士人和日耳曼人替他效力，而且派遣各

---

① 彼列科普（Prekep）是连接克里米亚半岛和乌克兰大陆的地峡，奥卡皮（应该是 Or Qapi）是彼列科普地峡上的定居点的一座堡垒。

种各样的技师去莫斯科,并且事先亲自测试他们的能力。他几乎熟悉所有的行业或技艺,包括最细小的分支;他尤其喜欢亲手修改地图,那时他的广大领土还不为人知,那些地图往往胡乱标记城镇和河流的位置。他亲手标注了自己规划的里海与黑海之间的交通,让日耳曼人工程师布雷克尔(Brekel)先生负责实施这项规划,那幅地图保存至今。法国已经实现了连接地中海与大西洋的计划,其实连接里海和黑海的难度更小一些,但是连接亚速与里海这个念头本身就令当时的人们震惊。不过新的希望随着新的胜利产生,现在沙皇关注的是在那个地区建立新据点。

不久前,沙因将军和多尔戈罗斯基亲王指挥的部队在亚速附近击败了鞑靼人,又击败了苏丹穆斯塔法派来增援的一支土耳其禁卫军(1696年7月)。这次胜利为彼得赢得了更多尊重,甚至那些因他离开自己的领土到阿姆斯特丹去当工匠而指责过他的人,也只得尊重这位君王。现在他们明白,思考、旅行和学习技术并未损害君主处理国家事务的能力。

彼得继续留在阿姆斯特丹,始终如一地从事日常工作,学习造船和工程,研究地理和自然哲学,直至1698年1月中旬,他作为大使团的随员之一出发去英格兰。

威廉国王派自己的快艇迎接他,还有两艘战舰护航。彼得在英格兰继续遵循在阿姆斯特丹和萨尔达姆的生活方式:他在德特福德(Deptford)的王家造船厂附近找了一个套间,全心全意地投入学习。荷兰工匠只教给他造船的方法和实践部分。他发现英国人更好地解释了理论,因为他们按照数学比例造船。他不久就完全掌握了这门科学,能够给别人上课。他开始按照英国人的建造方法,造出了一艘一流的船。已经趋于完美的制表工艺,是第二个吸引他的注意力的领域,他完全掌握了制表理论。从伦敦跟随他到俄罗斯的工程师佩里船长说,他仔细观察造船过程的每个细节,从铸造大炮到编制绳索,只要他到造船现场就会亲自动手尝试。

为了培养友谊,彼得像在荷兰时那样雇了一些英国技工;不过除了技工之外,他还雇了一些在阿姆斯特丹较难找到的人才,例如数学家。苏格兰人弗格森(Ferguson)是一位优秀的几何学家,他为沙皇工作之后,最早在俄罗斯财政部引进了算术方法。此前俄罗斯人只能学鞑靼人靠串在金属丝上的小球进行计算,那种方法可以代替手写,但是非常复杂而且存在缺陷,因为计算以后不能验证,无法知道结果是否正确。直到9世纪,我们法国人才通过阿拉伯人引进了现在使用的印度数字;又过了将近1000年后,它们才传入俄罗斯帝国。以前技术的命运就是如此,缓慢地传遍全球。他从数学学校带走了两名年轻学生[46],这就是彼得大帝后来创建的航海学校的开端。他跟弗格森一起观察并计算日月食的时间。工程师佩里虽然对自己没有获得足够多的报酬感到非常不满,却也承认彼得精通天文学,完全理解天体的运行,也理解指引天体运行的万有引力法则。这种如今已被明显证明的力量使所有行星互相吸引,在各自的轨道上运转。虽然它在伟大的牛顿的时代以前不为人知,其他国家的人沉迷于空想的世界,在伽利略的国度还有一群愚昧无知的人命令其他愚昧无知的人相信地球是静止不动的,可是俄罗斯的一位君主已经熟知这种力量了。

为了在河流之间建立联系,佩里开始着手建造桥梁和水闸。沙皇的计划是利用运河沟通大西洋、里海和黑海。

我们必须要注意,以卡马森(Carmarthen)侯爵[47]为首的一批英国商人付出了1.5万英镑,换取沙皇允许他们在俄罗斯售卖烟草。

俄罗斯教会禁止吸烟，认为吸烟是不洁的罪恶行为，因此牧首禁止烟草贸易。这种严厉的做法是错的。彼得见识较广，况且改革教会也是他的计划之一，于是开始把烟草贸易引进他的领土。

在彼得离开英格兰之前，威廉国王用符合贵宾身份的壮观方式招待了他：上演一场模拟海战。当时没人料想到，将来沙皇会对瑞典人发动一场真正的海战，并在波罗的海赢得胜利。临别时威廉赠送了一艘船，那是一艘装饰华丽的漂亮快艇，名叫"皇家运输"号，威廉曾经乘坐它去荷兰。1698年5月底，彼得乘这艘船返回荷兰，带走了战船船长3人、商船船长25人、副手40人、领航员30人、外科医生30人、炮手250人以及工匠300多人。这群各个领域的能工巧匠乘坐"皇家运输"号从荷兰来到阿尔汉格尔斯克，又从那里分散到需要他们的不同地方。那些从阿姆斯特丹雇用的人则经过当时属于瑞典的纳尔瓦前往俄罗斯。

他就这样把荷兰和英国的技艺和手工业移植到自己的国家，与此同时，他派往意大利的罗马等地的官员们也聘请了一些能工巧匠。意大利的使团以舍列梅捷夫将军为首，巡游了罗马、那不勒斯、威尼斯和马耳他，同时沙皇和其他大使一起来到维也纳。参观过英国的舰队和荷兰的船坞之后，现在他要看看德意志军队的纪律。在这趟旅行中，政治和接受教育同样重要。在反对土耳其方面，神圣罗马帝国皇帝是沙皇的天然盟友。彼得与利奥波德进行了私下谈话，为了避免礼节的麻烦问题，两位君主站着商谈。

在他逗留维也纳期间，没发生什么值得记录的事情——除了古老的节日庆祝活动"老板和老板娘"。这种活动已经废弃了很长时间，利奥波德为了欢迎沙皇而重新恢复。这种庆典的德语名称是"Wurtchafft"，方式如下：

皇帝扮演旅馆老板,皇后扮演老板娘,他们的助手通常扮演古罗马皇帝、大公和大公夫人。他们招待来自各个国家、身穿各国最古老的服装的宾客。宾客应邀参加庆典活动,每个人都抽签领一张纸,纸上写着国家的名称和需要扮演的角色。有的人抽到中国高级官员,有的人抽到鞑靼米尔扎①,有的人抽到波斯行省总督,有的人抽到罗马元老院议员。公主可能要扮演园丁的妻子或挤奶的女佣,王子可能要扮演农民或普通士兵。适合所有角色的舞蹈都已经设计好,老板和老板娘全家坐在桌旁等待。这是古老的惯例,不过这次[48]神圣罗马帝国的约瑟夫和特劳恩(Traun)伯爵夫人扮演古埃及人。卡尔(Charles)大公和瓦尔斯泰因(Walstein)伯爵夫人扮演查理五世时代的佛兰芒人(Fleming)②。玛丽·伊丽莎白(Mary Elizabeth)女大公和特劳恩伯爵装扮成鞑靼米尔扎,约瑟菲娜(Josephina)女大公和沃克斯拉夫(Workslaw)伯爵穿上了波斯人的服装,玛丽亚姆娜(Mariamne)女大公和汉诺威的马克西米利安(Maximilian of Hanover)亲王扮演北荷兰省的农民。彼得穿着弗里斯兰省(Friesland)③乡巴佬的衣服出场,跟他谈话的人都把他当成那个角色对待,还对他谈起莫斯科的伟大沙皇。这些只是无关紧要的细节,却令人回想起古老的风俗习惯,凡是这样的事物某种程度上都值得记载。

彼得准备离开维也纳去威尼斯完成他的教育旅行,却收到了他的领土上再次爆发叛乱的消息。

---

① 米尔扎(mirza)是波斯等国的王子、贵族和文人的荣誉称号。
② 佛兰芒人是比利时的一个民族。
③ 弗里斯兰是荷兰靠近北海的一个行政区。

第十章　近卫军临刑的早晨

密谋者遭到惩罚／废除射击军／改变风俗习惯／
改革教会和国家

沙皇彼得离开自己的领土去旅行时,已经准备好应付一切意外事故,甚至包括叛乱。但是他从事的对国家有益的重要事业,正是引起这场叛乱的原因。

有些年老的波雅尔贵族认为古老的风俗习惯依旧珍贵,有些神父认为新的风俗习惯无异于亵渎神圣,他们开始发动骚乱。索菲娅公主的旧党羽抓住这个机会,企图卷土重来。据说跟索菲娅公主软禁在同一家修道院的一个修女为煽动叛乱出了不少力。他们散播恐慌,说引进外国人教育国民是非常危险的事。简单地说,造反的主要动机之一竟然是沙皇不顾教士的反对,准许俄罗斯帝国进口烟草,谁会相信呢?[49]迷信给每个国家带来灾祸,却受到民众欢迎,其影响波及平民百姓和分散在立陶宛边境的射击军。他们聚集起来,朝莫斯科进军,打算拥戴索菲娅公主坐上王位,永远不让沙皇彼得回国,因为他自作主张向外国人学习,违背既存的习俗。[50]射击军远不如沙因和戈登指挥的部队那么训练有素,在距离莫斯科15法里的地方被打得一败涂地。但是一个外国将军战胜了古老的部队

（有些部队成员是莫斯科的有产者），这一事实使人们更加恼火。

为了镇压骚乱，沙皇从维也纳秘密出发，途经波兰，与奥古斯特私下面谈，商量向波罗的海那边扩张俄罗斯疆域的合作措施。他最终抵达莫斯科的时候，所有人都吃了一惊。他奖赏了击败射击军的部队（1698年9月）。现在监狱里关满了造反的射击军士兵，如果说这些倒霉的坏蛋罪大恶极，他们受到的惩罚也同样严厉。为首的一些军官和神父被判死刑；有些被车轮刑处死[51]，两个女人被活埋。射击军的2000多个士兵被处决，其中一些人被吊在城墙上，另一些人以不同的方式被杀，尸体在大路两旁曝光两天。[52]在索菲娅公主和叶夫多西亚居住的修道院附近的路旁的尸体尤其多。[53]沙皇下令树起石头纪念碑，记载叛乱者的罪行和他们受到的惩罚。其中许多人的妻子儿女住在莫斯科，他们全家被放逐到西伯利亚、阿斯特拉罕王国和亚速等地。这种惩罚至少有益于国家，因为他们帮助开发大片荒无人烟的土地，增加了那里的人口。

如果沙皇不认为绝对有必要用恐怖手段杀一儆百，他本来或许会利用射击军的一部分人建设公共工程。现在他们已被处决，对他和国家都没有用处了。如果一个国家的立法者关心的首要问题是增加居民人口，就尤其应该尊重人的生命。可是彼得认为有必要用公开处决把国民吓得心惊胆战、唯命是从。他的前任甚至从来不敢去想减少射击军的人数，现在他废除了整个射击军，永远抹除了这个名字。这项变革没有遇到任何阻力，因为他预先做好了充分的准备。我前面提到过的土耳其苏丹奥斯曼二世仅仅因为禁卫军怀疑他企图减少他们的人数，就遭到废黜和谋杀，这是在同一个世纪中发生的事情。彼得采取了恰当的措施，因而获得成功。

他解散了人数众多的强大的射击军，只保留两个实力很弱的兵团，它们不再有任何危险性。不过这些兵团成员仍然生着反骨，1705年又在阿斯特拉罕造反，但是迅速遭到镇压。

在记述彼得处理国家事务时如何严厉的同时，我们不要忘记补充，不久以后失去宠臣勒福尔时，他表现出了非同一般的仁慈。1699年3月12日，46岁的勒福尔英年早逝。彼得为他举办了与大国君主同规格的隆重葬礼，亲自加入送葬队伍，手持长矛，走在将军们后面，因为他在去世将军的部队里只有副将军衔。他以身作则，告诉贵族们要尊重军功和军衔。

导致国家发生变化的不是那位将军，而是沙皇本人，这一事实在勒福尔死后变得显而易见。彼得与勒福尔的几次交谈确实巩固了他的信心，但是他的计划是自己构想的，实施时也没有依靠将军协助。

沙皇刚镇压完射击军，就按照德国模式建设正规军团，让士兵穿宽松的短制服，不再穿以前那种麻烦的长大衣。同时，军事操练也比以前更加正规。

普列奥布拉津斯基警卫团已经建立，它的名字取自最初的50人组成的连队。在沙皇的姐姐索菲娅公主执政期间，隐居在普列奥布拉津斯基的少年彼得组织并训练了这个连队，还建立了另一个警卫团。

他自己在军队中从最低的级别开始晋升，因此决定让波雅尔贵族和其他权贵子弟也从普通士兵开始服役，然后升为军官。他派一些年轻贵族去沃罗涅日和亚速的舰队服役，强制要求他们先作为普通水手学习实践。既然君主已经以身作则，没人敢质疑他的命令。他带回国的英国人和荷兰人负责舰队的装备，修建船闸和码头，把船倾侧过来清洗修理，还继续从事日耳曼人布雷克尔放弃的连接顿河与伏尔加河的大型工程。现在沙皇开始着手实行自己的计划,改革枢密院、财政、教会,甚至社会本身。

在此之前,俄罗斯的税收管理方式与土耳其的相同。所有波雅尔贵族都要为自己的土地交纳一笔约定的税金,这笔钱来自农奴。沙皇任命一些有产市民和市长担任税务员,他们没有足够的权力,不能贪污应该交给国库的税款。这种新的管理方式是彼得最大的烦恼,他不得不先尝试多种方法,才能敲定一种合适的方案。

在其他国家,教会改革都是既危险又艰难的尝试,不过对他而言并非如此。牧首和射击军一样,多次反对过沙皇的权威;尼康傲慢无礼,他的继任者之一约阿希姆(Joachim)比较诡诈狡猾。

过去主教擅自攫取了宣判徒刑和死刑的权力,这种特权直接违背宗教精神,也违反治理的主从关系。现在沙皇剥夺了他们长期以来一直盗用的非分权力。牧首阿德里安(Adrian)在17世纪即将结束时去世,彼得宣布从此以后不再有牧首。

于是他彻底撤销了这个尊贵的圣职,以前属于牧首的巨额收入统一收归国库,国库正需要这笔额外财富。虽然大不列颠的国王自封为国教的领袖,沙皇却没有自命为俄罗斯教会的领袖。不过事实上,他拥有控制教会的绝对权力,因为宗教会议既不敢违抗一位专制君主的命令,也不敢与比他们更有远见卓识的国王争论。

1721年,沙皇颁布了关于教会规章的敕令,我们只需浏览一下序文,就会明白他是以主人和立法者的身份在发号施令:"如果在改革军事部门和民政部门以后忽略宗教部门,朕就会觉得自己忘恩负义,愧对最高主宰。为此朕效仿以虔诚著称的古代国王的榜样,当仁不让,给神职人员制定一些有益的规章条例。"为了执行他的教会法令,他确实召集了一个主教会议,但是主教会议的成员在就职时必须宣读沙皇亲自草拟和签署的誓词。誓词的意思就是表示屈服和顺从,措辞如下:"我发誓,我愿意作为忠实顺从的仆人,服从我真正的天生的君主,以及他根据自己的喜好和无可争议的权利任命的令人生畏的继承人。我承认他是这个精神团体的最高裁判。我对全知全能的主发誓,我充分理解这段誓词的效力和它传达的意思。"这段誓词比英国的《至尊法案》①更强硬。俄罗斯的君主其实不是主教会议的创始人,但是他制定教会的法规;虽然他自己不碰触圣坛,却指挥碰触圣坛的人。

在这项重要改革实施之前,彼得想到他的国家需要增加人口,而修士的独身生活既违背自然又违背公共利益。俄罗斯教会有一种古老习俗,在俗司铎必须至少结一次婚,甚至有结婚的义务,以前他们一旦失去妻子就不再是神父。可是沙皇认为,让众多年轻男女在修道院里隐居,依靠别人过着无价值的生活,是一种危险的制度。因此他下令,禁止任何未满50岁的人进修道院,而到了那个年纪的人极少会受修道生活的诱惑。他还禁止目前担任公职的人进修道院,无论年龄多大都不允许。

他去世以后,政府认为应该讨好修道院,就废除了这项规章。但是牧首的尊贵地位再也没有恢复,牧首辖区的财政收入用来补贴军费开支了。

这些改变最初激起了一些牢骚。某位神父写道,彼得不认可牧首,所以他是敌基督者;有人用沙皇鼓励在帝国发展的印刷技术发表诽谤他的文章。不过另一方面,也有神父出面证明彼得不可能是敌

---

① 英国国王亨利八世促使国会通过的法令,该法令使得国王成为英国教会首领。

基督者，因为他的名字中没有666这个数字①，而且他没有野兽的标记。然而人们的抱怨不久就全部平息了。事实上，彼得给予教会的比剥夺的更多，因为他使教士逐渐变得比过去更正规、更有学问。他在莫斯科建了三所教授语言的专门学校，准备从事神职工作的人必须在那里学习。

最必要的改革之一是取消四旬斋——希腊正教的一种古老的迷信仪式，或至少减轻其影响。对于从事公共事业的人，尤其是士兵，封斋期和犹太人不在安息日打仗的古老迷信一样有害。于是沙皇至少在自己的工人和士兵中间尝试取消斋日的部分限制，工人和士兵们不能进食，但是他们习惯了喝酒。他同样取消了守斋日的限制；舰队和陆军的随军神父有以身作则的义务，他们也没有那么不情愿。

改革历法是另一个重要目标。以前，所有国家的历法都由宗教领袖负责调整，不仅是因为要庆祝宗教节日，而且因为在古代只有神职人员能理解天文学。

按照俄罗斯的历法，一年从9月1日开始。彼得大帝下令，从此以后新年从1月1日开始，与其他欧洲国家一样。历法的改变从新世纪之初的1700年开始，他用大赦年和隆重的仪式庆祝新的开端。平民百姓惊讶地看到沙皇竟能改变太阳的进程。一些顽固不化的人相信上帝是在9月创造世界的，继续坚持他们的旧习惯；但是新变化波及所有公共机关和大法官法庭，不久就传遍了整个帝国。由于英国人摈弃了格列高利的历法②，彼得也没有采用，不过后来世界各国

---

① 据《圣经·启示录》记载，数字666代表魔鬼，后来泛指恶魔、撒旦和敌基督者。
② 指罗马教皇格列高利根据儒略历修订的历法，1582年颁布，即现在全世界通用的公历。

都会采纳这种历法。

从公元 5 世纪开始，俄罗斯人掌握了字母的用法，习惯把字母写在树皮或羊皮——后来用纸张——制作的长卷上。沙皇不得不颁布敕令，命令以后所有人都用我们法国人的方式书写。

改革开始走向全面。从前俄罗斯人缔结婚约的方式类似于土耳其人和波斯人，在签订婚约之前新郎见不到新娘，而且不可反悔。在一夫多妻制盛行、女人一直关在家里的国家，或许有这种习俗就够了；但是在男人只能娶一个妻子，而且很少允许离婚的国家，这种习俗就非常糟糕。

沙皇希望人民逐渐习惯他在旅程中造访过的外国的风俗习惯，他从那些国家带回来的导师正在指导他们。

人类的排外心理是十分自然的，服装的差异又会加深这种感觉，因此在外国人教俄罗斯人技艺和科学的时候，似乎有必要让他们穿上同样的服装。我们在前面提到过，那时他们的礼服式样很高雅，与波兰人、鞑靼人和古代匈牙利人的服装相似。可是有产市民和普通民众的服装就像我们法国人至今仍在一些济贫院发给穷孩子的腰部带褶皱的夹克。[54]总体而言，那时长袍是各民族共通的服装，而且需要的劳力和裁缝技巧最少；出于同样的理由，人们任凭胡须变长。沙皇轻而易举地在宫廷里引进了刮胡子的习惯和法国的服装；但是人民比较顽固，他不得不对长大衣和长胡子征税。公共场所悬挂起男式齐膝紧身外衣的样品，凡是拒绝交税的人就会被迫剪短长袍和胡子。这项工作在滑稽的气氛中完成，多亏这种欢乐的氛围阻止了骚乱。

所有立法者的目标都是使人类友好相处，但仅仅让人聚居在城镇还不足以达成这个目标，还必须让人们文明礼貌地互相交往。这种人际交往能缓和生活的辛酸苦涩。因此沙皇引进了"聚会"(意大利文是"ridotti")。他邀请宫廷里的所有贵妇人和她们的女儿参加这种聚会,身穿南欧国家的服装出场。他甚至不厌其烦地亲自起草了在社交娱乐活动中所有礼仪的详细规则。为了培养臣民的良好习惯,他甚至亲自编制了敬语。

从前俄罗斯人有事向沙皇启奏或呈递请愿书的时候总是自称"奴隶"(golut),为了让人民享受这些革新,他下令废除这个词,今后改用"臣民"(raab)这个词。这种改变无损于君主的威严,反而安抚了人民的情感,使他们更乐意顺从。每个月都会产生新的变化或制度。事无巨细,他甚至下令在从莫斯科到沃罗涅日的道路两旁设置表示里程的柱子,间隔一俄里即700步,并且每隔20俄里建造一间公共商旅客栈。

沙皇关注平民百姓、商人和旅行者的事务,同时他也认为应该给自己的宫廷增光添彩;他个人虽然讨厌排场或炫耀,却觉得这些对其他人而言是必需的。于是他模仿充斥欧洲各国宫廷的骑士团,建立了圣安德烈(St. Andrew)骑士团。[55]该骑士团的第一位骑士是戈洛温,他接替勒福尔担任海军大将这一显赫职位。获准加入这个团体是一种荣誉,被视为很大的奖赏。其成员资格是一种象征,表示值得受到人民的尊敬。这种荣誉头衔无须君主花一分钱,既可以满足臣民的自恋心理,又不会增加他们的权力。

明智的国民鼓掌赞美这些有用的革新,具有健全判断力的民众的欢呼压倒了守旧派的牢骚和抱怨。

彼得在国内开始改革创新,同时与土耳其人缔结了有利的停战协定,可以在另一个方向上自由地扩张领土。1697年穆斯塔法二世在森塔(Zenta)之战中被欧根亲王①击败,又使摩里亚(Morea)②落入威尼斯人之手,他无力再保卫亚速,被迫与所有战胜国签订和约。1699年1月26日,和约在卡尔洛维茨(Carlowitz)签订,这个地点在由于苏丹战败而闻名的彼得罗瓦拉丁(Peterwaradin)和斯兰卡门(Slankamen)之间。③ 德意志的领地与土耳其的领土以泰梅什堡(Temeswar)④为界,卡缅涅茨归还波兰人;摩里亚和达尔马提亚(Dalmatia)的几座城市被威尼斯人占领,这种状态持续了一段时间;彼得一世继续占据卡萨伏(Casaph)及附近的几座堡垒。

沙皇不太可能在土耳其那边扩张领土,因为那个帝国过去四分五裂的武装力量,现在团结了起来。亚速海太小,不够容纳他的海军计划,里海岸边的设施又不适合舰队;因此他的注意力转向波罗的海,尽管他并未放弃顿河和伏尔加河的航运。

---

① 萨伏伊的欧根亲王(Prince Eugene of Savoy,1663—1736)是神圣罗马帝国的名将、陆军元帅,意大利血统,在法国出生成长,在奥地利加入军队。"欧根"用的是德语发音。

② 伯罗奔尼撒半岛的旧称。

③ 奥土战争期间,土军乘奥地利受到法国进攻之机,于1690年发起反攻,但次年8月在斯兰卡门(也译作斯兰托凯门)惨败,1697年9月在蒂萨河畔再遭惨败。1699年1月,双方签订《卡尔洛维茨和约》。

④ 即Timişoara,蒂米什瓦拉的旧称。

第十一章　宿　敌

俄罗斯与瑞典的战争／纳尔瓦战役

在俄罗斯和瑞典的边境，一场大戏正拉开帷幕。从因格里亚到德累斯顿（Dresden），18年来频繁发生动乱，导致诸多地区田园荒芜。动乱的一个主要原因是瑞典国王卡尔十二的父亲卡尔十一滥用最高权力。这一事实无论复述几次也不算多，因为它涉及每位君王和每个国家的臣民。波兰把利沃尼亚的几乎全部土地和整个爱沙尼亚割让给了卡尔十一，恰巧在签订奥利瓦条约的时候，卡尔十一继承了父亲卡尔十世的王位。按照惯例，割让利沃尼亚的条件是容许它保留权利和特权。可是卡尔十一从不尊重这些特权。1692年，利沃尼亚贵族约翰·赖因霍尔德·帕特库尔（John Reinhold Patkul）率领当地的6名代表来到斯德哥尔摩，在王座脚下用强烈的语气毕恭毕敬地陈情。[56]瑞典国王非但没有给出答复，反而下令监禁这些代表，处决帕特库尔并剥夺其荣誉。但是帕特库尔没有失去生命和名誉，他逃到瑞士的沃州（Vaud）逗留了一段时间。后来他获悉，萨克森选帝侯奥古斯特承诺一旦坐上波兰的王位就收复被瑞典夺去的领土。于是他匆匆赶赴德累斯顿，告诉亲王他可以轻而易举地主宰利沃尼亚，向那个17岁的国王复仇，洗刷卡尔十二的祖先使波兰蒙受的耻辱。

恰在此时，沙皇彼得正在考虑夺取因格里亚和卡累利阿。这两个行政区从前属于俄罗斯，但是瑞典人在伪德米特里扰乱俄罗斯的时候用武力占领了它们，然后凭条约一直占据这些地区。再打一场战争，签订新的条约，就可以使瑞典人归还这两个行政区。帕特库尔又从德累斯顿赶往莫斯科，为了替自己报仇，他巩固了两位君主的同盟关系，指导他们做好准备入侵芬兰东边和南边的全部地区。

与此同时，丹麦新国王弗雷德里克四世加入了沙皇彼得和波兰国王的同盟，对抗年轻的瑞典国王，看来卡尔十二无力抵御敌人的联合兵力。帕特库尔在利沃尼亚的首府里加围攻瑞典人，以少将的身份指挥进攻，感到心满意足。

沙皇派8万人的部队进军因格里亚。这支军队人数虽多，却仅有不到1.2万人是他亲自训练过的精兵，亦即两个警卫团以及少数其他士兵，其余都是装备简陋的民兵，包括哥萨克人和切尔卡西亚的鞑靼人。不过他们有145门火炮。他们包围了因格里亚的一座小城纳尔瓦，那里有一个非常宽敞的港口，人们普遍认定，俄罗斯人会轻松攻下这个地方。

（9月）然而，未满18岁的卡尔十二接连战胜所有敌人的消息传遍了整个欧洲。消息称他进军丹麦，在不到6个星期的时间内结束了那个王国的战争；又援助里加，迫使敌军撤掉包围；在冰天雪地的11月，他冒着严寒挑战纳尔瓦城下的俄罗斯军队。

沙皇以为纳尔瓦已经是囊中之物，带着他最喜欢的缅希科夫（Menzikoff）①到诺夫哥罗德去了（11月18日）。当时缅希科夫属于

---

① 也作Menshikov。

普列奥布拉津斯基警卫团,是炮兵连的一名副职军官,后来晋升为陆军元帅和亲王。他非凡的幸运值得我们在别处用更多篇幅详细叙述。

彼得把军队的指挥权和关于围城的指示交给了克鲁瓦(Croix)亲王,此人来自佛兰德(Flanders)①,不久前开始为沙皇效力。[57]多尔戈罗斯基亲王是军队特派员。这两位将领之间的猜忌以及沙皇的离去,是俄罗斯人在纳尔瓦遭到前所未有的惨败的部分原因。

卡尔十二率领的部队10月在利沃尼亚的派尔努(Pärnau)登陆,随后向北挺进,在雷瓦尔击败了俄罗斯的一支前哨部队。他继续前进,又击败了另一支前哨部队。失控的逃兵返回纳尔瓦前的营地,其他俄罗斯人也开始惊慌失措。这时已经是11月下旬,虽然俄罗斯人的围困缺乏技巧,纳尔瓦快要投降了。年轻的瑞典国王只带了9000人,而且只有6门炮,要对抗俄罗斯人架在壕沟周围的145门炮。当时的记述和所有历史学家都无一例外地同意,纳尔瓦城下的俄罗斯军队有8万人;根据我收到的回忆录的记载是6万人。无论如何,可以肯定的是卡尔十二只有不到9000人。自从埃尔比勒(Arbela)战役以来[58],人数较少的军队时常赢得重大胜利,纳尔瓦也是以少胜多的实例之一。

(11月30日)卡尔十二毫不犹豫地率军进攻人数远远超过己方的敌军。当时猛烈的暴风雪直接吹打着俄罗斯人的脸,瑞典人利用这个优势布置了几门大炮,在炮火掩护下进攻敌人的堑壕。俄罗斯人在铺天盖地的风雪中来不及反击,突如其来的炮火令他们震惊,分

---

① 佛兰德是欧洲中世纪的一个伯爵领地,包括比利时的东佛兰德省和西佛兰德省以及法国北部的部分地区。

不清方向,根本没想到他们面对的只是一支小部队。

克鲁瓦公爵试图发号施令,多尔戈罗斯基亲王却拒绝接受。俄罗斯军官开始反抗日耳曼军官,杀死了公爵的秘书利翁(Lyon)上校和另外几个军官。人人擅离职守,骚动、混乱和恐慌情绪蔓延到整个部队。瑞典军队要做的只是杀死正在逃跑的俄罗斯人。有些士兵跳进纳尔瓦河,许多人淹死了;其他人放下武器,跪倒在瑞典征服者面前。

克鲁瓦公爵、阿兰德(Alland)将军和其他一般军官最害怕的不是瑞典人而是造反的俄罗斯人,于是集体向斯滕博克(Stenbock)伯爵①投降。现在大炮全部落入了瑞典国王手中。3万名战败的俘虏在他面前放下武器,光着脑袋、赤手空拳,排成纵队行进。多尔戈罗斯基亲王和所有俄罗斯将军以及日耳曼军官也投降了,这时他们才得知自己败给了一支8000多人的部队。格鲁吉亚国王的儿子也成了战俘,卡尔十二把他送去斯德哥尔摩。此人被称作米特勒斯基·沙罗维奇(Mittelesky Czarovits),意思是沙皇之子,这是沙皇(或tzar)这个头衔并非来源于古罗马的"恺撒"的又一个证据。

瑞典军队在这场战斗中的损失不超过1200人。根据从彼得堡寄给本书作者的沙皇日志,在纳尔瓦围城战中阵亡和在逃跑时淹死的士兵总共不超过6000人。因此纪律涣散和惊慌失措导致了那一天的致命灾难。战俘的人数是战胜者人数的4倍;假如努尔贝里(Norberg)的说法可信[59],后来被俄罗斯人俘虏的皮佩(Piper)伯爵指责说,瑞典人在这场战斗中俘虏的俄罗斯人是瑞典全军人数的8

---

① 马格努斯·斯滕博克是瑞典陆军元帅,1700年随卡尔十二参加大北方战争,在纳尔瓦战役中立有战功。1713年率军入侵荷尔斯泰因,战败被俘。

倍以上。如果此话当真,那么瑞典人抓住的战俘想必超过7.2万人。这说明极少有作家能了解特定历史环境下的真相。不过有一点是既非同寻常又无可争议的事实:瑞典国王允许一半俄罗斯士兵解除武装后回国,又放另一半士兵带着武器渡河。由于他这种无法解释、鲁莽自大的纵虎归山行为,这些士兵后来变成了纪律严明、难以战胜的军队。[60]

卡尔十二获得了一场完全胜利能带来的全部益处。大量弹药、满载储备物资的运输船、撤离或占领的据点,以及任凭瑞典军队处置的整个地区,全部是这幸运之日的成果。纳尔瓦的包围解除了,残余的俄罗斯部队不再出现,远至普利斯科夫(Pleskow)①的整个地区都敞开了大门。沙皇似乎失去了所有资源,无法继续作战。瑞典国王用不到一年的时间战胜了丹麦、波兰和俄罗斯的君主,被视为欧洲第一的君王,其他君主在这个年龄几乎都默默无闻。可是彼得坚定不移、不屈不挠,任何挫折都不会使他半途而废放弃计划。

由于纳尔瓦的失败,俄罗斯的一位主教写了一篇致圣尼古拉斯(St. Nicholas)的祈祷文,[61]在全国各地的教堂公开宣读。那篇文章反映了时代精神和俄罗斯人难以形容的愚昧,声称狂暴恐怖的瑞典人是男巫,抱怨圣尼古拉斯遗弃了俄罗斯人。多亏彼得使他的国家摆脱了愚昧无知的状态,如今的高级教士再写那种东西的话一定会感到羞愧。虽然无意冒犯圣尼古拉斯,俄罗斯人很快察觉,为了挽回损失,最适当的办法是向沙皇求助。

---

① 即俄罗斯西北部古城普斯科夫(Pskov),曾经是宗教中心,彼得大帝将其建设成一座要塞。

第十二章 战利品:土地和妻子

纳尔瓦战役后的攻略／这场灾难完全得到补救／在纳尔瓦附近赢得胜利／在一次袭击中俘获后来成为皇后的女人／彼得的成功和莫斯科凯旋[62]

如前所述,1700年11月底,沙皇为了与波兰国王商议协调行动,离开了他在纳尔瓦的围城部队,却在途中收到瑞典人获胜的消息。他面对不测事态时坚定不移、不屈不挠的性格不亚于卡尔十二的英勇无畏。他推迟与奥古斯特的会谈,匆匆赶回去处理混乱的状况,采取补救措施。四散奔逃的俄罗斯部队在大诺夫哥罗德重新集结,向佩普西(Peipus)湖边的普利斯科夫进军。

一败涂地之后重新站起来巩固防御并不容易。"我非常清楚,"彼得说,"在一段时间内瑞典人会占优势,但是他们最终会教我们如何战胜他们。"

(1701年)为了应付目前的紧急状况,他先进行补给,命令各地补充征兵,又派人去莫斯科铸造新炮,因为他在纳尔瓦之战中失去了所有火炮。金属材料短缺,他就下令拆掉莫斯科所有教堂和宗教设施的钟。这一举动没有迷信的味道,却也不表示他不敬上帝。他用那些钟铸造了100门大型火炮和143门野战炮,还有重量从3磅到

6磅不等的炮弹以及迫击炮和榴弹炮,全部运往普利斯科夫。其他国家的君主只发号施令,让别人执行,沙皇却不得不亲力亲为。在加快准备的同时,他与丹麦国王谈判,商定由丹麦人提供3个步兵团和3个骑兵团,但是丹麦国王没有履行约定。

刚签订好协议,沙皇就匆匆赶赴战场。2月27日,他在库尔兰和立陶宛边界上的比尔岑(Birzen)与奥古斯特国王面谈,打算说服对方下定决心坚持战斗,反对卡尔十二,同时吸引波兰国会参战。众所周知,波兰国王只是一个共和国的首脑而已。沙皇的优势是臣民总是服从他的旨意,可是波兰国王、英国国王和如今的瑞典国王却不得不与臣民讨价还价。[63]帕特库尔和拥护国王的几个波兰人也参加了会谈。彼得承诺提供补助金并派2.5万人的部队协助他们,如果国会同意国王的决定并协助收复利沃尼亚,他就把这个地区归还波兰。然而国会只知畏惧,不听沙皇的提议。波兰人担心萨克森人和俄罗斯人限制他们的自由,而且害怕卡尔十二。于是波兰国会多数派的意见是不支持国王,不要打仗。

国会的反对激怒了拥护奥古斯特的派系,波兰的君主意图收复一个相当大的省份,结果却引起了一场内战。

(2月)彼得的同盟只有奥古斯特那个有名无实的国王,以及萨克森的软弱无力的援军;加上对卡尔十二的恐惧到处蔓延,他陷入了必须完全靠自己进行防御的境地。

(3月1日)沙皇从莫斯科远赴库尔兰与奥古斯特商谈之后,为了兑现承诺,又从库尔兰赶回莫斯科。他确实派列普宁(Repnin)亲王①

---

① 阿尼基塔·伊万诺维奇·列普宁(1668—1726),俄罗斯陆军元帅、沙皇御前大臣,少年时代即追随彼得大帝,屡获战功,是彼得大帝的亲密战友。

率领4000人支援德维纳河边的里加，萨克森人在那里挖壕沟防守。

（7月）普遍的恐慌进一步加剧，尽管萨克森人驻守在德维纳河对岸，占据地形优势，卡尔十二仍然成功渡河，大获全胜。然后他马不停蹄地征服了库尔兰，向立陶宛前进，反对奥古斯特的波兰人大受鼓舞。

尽管形势不利，彼得还是按照计划行事。帕特库尔将军是比尔岑会议的灵魂人物，现在为沙皇效力，他代替勒福尔将军，训练俄罗斯部队，招揽了一些日耳曼军官。沙皇命令给他麾下的所有军官——包括日耳曼人、利沃尼亚人和波兰士兵——提供轮换的驿马，还亲自检查他们的武器、衣服和生活物资等一切细节。

在利沃尼亚和爱沙尼亚边界，诺夫哥罗德省东边有一个大湖佩普西，来自利沃尼亚中部的维利卡（Velika）河的水流入这个湖，经过纳尔瓦城流向北方的纳尔瓦河又从这个湖流出，瑞典人在附近打了一场著名的胜仗。这个湖纵长30法里，宽至15法里。有必要在此驻扎一支舰队，防止瑞典军队侵犯诺夫哥罗德省；最主要的目的是培养水手，此外还可以准备反攻瑞典的海岸。彼得用1701年的绝大部分时间在这个湖上制造了100艘缩半型帆桨战船，每艘能运载50人，还在拉多加湖上装备其他全副武装的三桅帆船。他亲自指导这些行动，让新水手操纵船只，1697年在亚速海雇的那些水手这时正在波罗的海附近。为了监督实施他近来引进的习俗或进行新的改革，他经常放下海军工作去莫斯科和其他行政区。

利用和平的闲暇时间建设公共工程的君主都获得了名声，不过在纳尔瓦遭遇不幸失败之后，彼得致力于开挖运河，连接波罗的海、里海和黑海，这些功绩比赢得一场最大的胜利更光荣。连接顿河与伏尔加河的运河的工程从1702年开始，此外还将借助湖泊在顿河与在里加附近流入波罗的海的德维纳河之间建立联系。但是第二个计划似乎遥遥无期,因为沙皇还远未实现占据里加的目标。

波兰的土地因卡尔十二的破坏而荒芜,彼得下令把波兰和萨克森的牧羊人和绵羊带到俄罗斯,用羊毛织造优质的衣服。他还设立亚麻厂和造纸厂,下令召集各种技工,例如铁匠、黄铜匠、铸造枪械的工匠和翻砂工,彻底搜索西伯利亚的矿产。他就这样不断努力,守卫自己的领土,使之繁荣昌盛。

卡尔十二在战场上连连获胜,他按照设想在沙皇领土的边界留下足够多的部队,守住瑞典占有的土地。他已经计划废黜奥古斯特,然后对沙皇乘胜追击,兵临莫斯科城下。

这一年,俄罗斯人与瑞典人之间发生过几次小规模的冲突,占上风的并非总是瑞典人;即使在瑞典人占优势的场合,俄罗斯人也学到了战争的经验。简单地说,纳尔瓦之战后仅仅过了一年,沙皇的部队就变得纪律严明,能够击败瑞典国王手下最优秀的将领。

彼得正在普利斯科夫,从四面八方调遣部队进攻瑞典人;现在击败瑞典人的是正宗俄罗斯人,而不是外国人。在杰尔普特(Derpt)[1]附近的利沃尼亚边境地区,舍列梅捷夫将军运用娴熟的指挥技巧几次击败瑞典将军施利彭巴赫(Schlippenbach)[2]的部队,最后战胜了那位将军(1702年1月11日)。俄罗斯人第一次缴获了瑞典人的4面军旗,可以算是相当大的战果。

(5月)不久之后,佩普西湖和拉多加湖成为水战的战场。无论

---

[1] 又称尤里耶夫,现名塔尔图,为爱沙尼亚重要的文化古城。
[2] 瑞典陆军将领,在波尔塔瓦之战中被俄军将领缅希科夫所俘。

水战还是陆战,在军队纪律和作战经验方面,瑞典人都有优势。俄罗斯人依靠缩半型帆桨战船赢得了几次胜利,在佩普西湖上,舍列梅捷夫元帅俘获了瑞典人的一艘快速帆桨战舰。

沙皇利用佩普西湖,使利沃尼亚和爱沙尼亚不断受到战争的威胁。他的帆桨战船常常送几个军团在这些地区登陆,如果行动失败,他们就回到战船上;如果形势有利,他们就乘胜追击。瑞典人在别的地方战无不胜,却在杰尔普特附近两次遭遇挫折(6月和7月)。

在这些战斗中,俄罗斯军队的人数总是占优势;为此,在别处所向披靡的卡尔十二以为沙皇的这些优势微不足道,无须担忧。然而他掉以轻心了,其实沙皇的军队每天都在进步,变得能征善战,不久就会成为难以应付的敌手。

双方正在利沃尼亚、因格里亚和爱沙尼亚的水上和陆上交战时,沙皇获悉有一支瑞典舰队已经出发,意图摧毁阿尔汉格尔斯克。于是他立即赶往那座城市,人人都以为他在莫斯科,听说他出现在北冰洋岸边十分震惊。他让阿尔汉格尔斯克采取防守态势,阻止瑞典人登陆,设计了一座名叫新德维纳(New Dwina)的堡垒,亲自给它奠基。然后他返回莫斯科,又从那里奔赴战场。

卡尔十二在波兰找到了一些同盟者,但是另一方面,俄罗斯人正在因格里亚和利沃尼亚取得进展。舍列梅捷夫元帅遇到施利彭巴赫将军指挥的瑞典军队,双方在一条小河埃姆巴克河附近交战。最后俄罗斯人获胜,缴获了16面军旗和20门火炮。努尔贝里说这场战斗发生在1701年12月1日,不过彼得大帝的日志将时间修正为1702年7月19日。

(8月6日)这次胜利之后,俄罗斯军队继续前进,控制整个地区,攻占了利沃尼亚和因格里亚边界上的小镇马林堡(Marienburg)。

欧洲北部还有几座同名的小镇，不过由于叶卡捷琳娜皇后的奇遇，这座小镇在历史上最有名，虽然它如今不复存在了。

这座小镇已经无条件投降，瑞典守军不知是搞错还是有意，放火烧掉了弹药库。被激怒的俄罗斯人摧毁了小镇，劫走了全部居民。俘虏中有一个年轻的利沃尼亚女人名叫格卢克（Gluck），她在当地一个路德宗牧师家庭中长大，后来将成为俘虏她的那些人的君主，以叶卡捷琳娜女皇的名字统治俄罗斯。

女人坐上王位的例子并不少见。在俄罗斯和所有亚洲的王国，君王跟女臣民结婚也是最常见的事情。不过，在一次袭击中被俘的贫穷的外国女人却变成俘获她的那个帝国的专制君主，这种例子在世界历史上可以说是空前绝后。

俄罗斯军队在因格里亚也很成功。他们的缩半型帆桨战船在拉多加湖上迫使瑞典舰队撤退到这个大湖另一头的维堡[64]，瑞典军队眼睁睁地看着敌军在舍列梅捷夫的指挥下围攻诺特堡（Noteburg）要塞。这一行动的重要程度远远超过当时人们的想象，它有助于实现彼得大帝一直追求的目标，即得到通往波罗的海的入海口。

诺特堡要塞建造在湖中的一个岛上，俯瞰整个拉多加湖，因此凡是占据这座要塞的人，就必定可以控制在不远处流入大海的涅瓦河。从9月18日到10月12日，俄罗斯人不分昼夜地炮轰诺特堡，最后通过三个缺口发动猛攻。瑞典守备部队只剩下100个能战斗的人，非常令人惊讶的是他们坚持防守，甚至在缺口那里提出光荣的有条件投降。此外，指挥官施利彭巴赫上校提出投降的条件是允许从最近的瑞典据点派两名军官来查看缺口（10月16日），在国王面前替他作证，守备部队只剩下83个能战斗的士兵，还有150个伤病员，直到不可能再战斗或守住要塞，才迫不得已向整支敌军投降。这表明了沙皇是在与什么样的敌人斗争,他必须全力以赴,必须整顿军队纪律。这次战斗结束后他给军官颁发金质奖章,并奖赏所有士兵——除了少数临阵脱逃的士兵。对逃兵的惩罚是耻辱加死亡,其他士兵朝他们脸上吐口水,然后射杀了他们。

诺特堡得到整修,改名为施吕瑟尔堡(Shlusselburg①),意思是钥匙之城,因为它是通向因格里亚和芬兰的钥匙。它的第一任总督是前面提到过的缅希科夫,此人是一名优秀的军官,在围城战期间表现勇敢,应该获得这一荣誉。他的例子可以鼓励所有不靠出身门第,凭自己的功勋扬名的人。

1702年的这场战役之后,沙皇决定让舍列梅捷夫和立下功劳的所有军官凯旋进入莫斯科。(12月17日)这次的战俘跟随胜利者的队伍行进,带着瑞典的军旗,以及在佩普西湖上缴获的瑞典快速帆桨战舰上的旗帜。彼得亲自参与准备凯旋仪式,就像他参与了这个仪式庆祝的重大胜利一样。

这样的表演自然会激起好胜心,否则就只是无聊的炫耀而已。卡尔十二鄙视这种仪式,自从纳尔瓦之战以后,他对他的敌人、敌人的努力和敌人的胜利都一概藐视。

---

① 应该是 Schlüsselburg。

第十三章　以彼得命名的新城市

莫斯科的改革／进一步的成就／建造彼得堡／沙皇攻占纳尔瓦及其他

1703年初的那个冬天，沙皇在莫斯科暂时逗留，监督他的新规章的实施，并改进民用和军用机构的管理方式。连他的娱乐活动也有意让臣民体验他引进的新生活方式。出于这种考虑，他邀请莫斯科的所有波雅尔贵族和主要贵夫人参加他的一个姐妹的婚礼，并要求所有人都穿旧式服装出席。宴会完全仿照16世纪的样式。[65]有一种迷信的旧习俗规定，婚礼那天不可以点火，哪怕在最冷的季节也不行。他们要严格遵守这种习俗。俄罗斯人过去从不喝葡萄酒，只喝蜂蜜酒和白兰地，因此婚宴上不允许喝其他饮料。宾客抱怨的时候，彼得用开玩笑的语气回答说："这就是你们的老祖宗的习惯，旧习惯总是最好的。"这句善意的嘲弄在很大程度上改变了那些崇古贬今的人的偏见，至少能阻止他们发牢骚；现在的某些国家需要这种榜样。

一项最有用的建设是印刷厂，设备全部从荷兰引进，使用俄文和拉丁文的活字。他们开始印刷一些翻译成俄文的关于道德和风雅文学的书籍。弗格森创建了教授几何学、天文学和航海技术的学校。

建立一家大型济贫院是同样必要的。它不是那种鼓励懒惰、使穷人的痛苦永远持续的机构,而是沙皇在阿姆斯特丹见过的那种济贫院,老人和儿童都要工作,凡是院内的人都以某种形式发挥作用。

彼得还开设了几家手工工场,一旦他在莫斯科引进的各种技艺都开始发挥作用,他就匆匆赶去沃罗涅日指导两艘大船的制造工作。每艘船装备 80 门炮,船的骨架上匹配一种很长的支架,使船身吃水较浅,可以安全驶过亚速附近的沙洲和浅滩。这种灵巧的方法与荷兰人使大船通过潘普斯(Pampus)的发明如出一辙。

做好对付土耳其人的必要准备之后,沙皇的注意力又转向瑞典人。他在拉多加湖与奥涅加湖(Onega)之间的小镇奥洛尼茨(Olonitz)开设过一家铸造厂,制造各种武器。现在(1703 年 3 月 30 日)他去察看制造船只的情况,那里的一切都充满战争的气氛;而在莫斯科,各种和平的技艺呈现繁荣兴盛的景象。由于前不久在奥洛尼茨发现了一处矿泉水源,那个地方更有名了。随后他又前往新整修的要塞施吕瑟尔堡。

我们已经提及,彼得下定决心走常规途径在军队中逐级晋升。在任命缅希科夫亲王担任施吕瑟尔堡总督之前,他作为炮兵中尉在这个宠臣的部队服役;现在他的军衔是上尉,在舍列梅捷夫元帅麾下服役。

在拉多加湖和涅瓦河附近,有一个要塞叫尼扬茨(Nyantz)或尼亚(Nya)[66]。为了确保胜利,帮助他实施其他计划,彼得必须掌握这个要塞。因此,在舍列梅捷夫进攻敌人战壕的时候,彼得派出许多满载士兵的小型三桅帆船,驱逐瑞典军队运输补给的船只。(5 月 22 日)这座堡垒投降,瑞典援军的两艘船赶到时已经太迟,不但没能解围,反而遭到攻击,被沙皇俘获。据沙皇的日志记录,为了嘉奖这次行动,"圣安德烈骑士团的首席骑士、舰队司令戈洛温册封炮兵队上尉为骑士"。

夺取尼亚堡之后,沙皇决定在芬兰湾的涅瓦河口建造他的城市彼得堡。

奥古斯特国王的形势十分危急。由于瑞典人在波兰战无不胜攻无不克,反对奥古斯特的派别胆大起来,连他的朋友也逼迫他遣散沙皇派去增援的两万名俄罗斯士兵。他们以为只要做出如此牺牲,不满的波兰人就会失去与瑞典国王联手的借口。然而只有力量才能使敌人放下武器,示弱只会使敌人更加侮慢张狂。在奥古斯特不断丧失领土的时候,经过帕特库尔训练的这支两万人的部队却在利沃尼亚和因格里亚大显身手。由于这支援军,尤其因为占领了尼亚堡,沙皇有能力建设他的新首都了。

位于北纬60度、东经44.5度的这片土地寸草不生,遍布沼泽,仅有一条路与大陆相连,彼得却选择在此打下彼得堡的基础。尼亚的一些棱堡的废墟上,残存着曾经用来给这座城市奠基的石块。[67] 最初在一座岛屿上建造的小堡垒,现在位于城市的中央。新基地建造在沼泽的中央,大型船只无法接近,因此瑞典人一点都不担心。可是没过多长时间,防御工事就扩展开来,一座城镇逐渐成形。到了1704年,城镇对面的小岛喀琅施塔得变成了一座固若金汤的堡垒,在炮火掩护下,最大的舰队也可以安全航行。

这些工程似乎需要一段非常和平的时间,其实却是在战火连天的背景下进行的。莫斯科、阿斯特拉罕、喀山和乌克兰等地的不同工种的工人都应召来到这里,共同建设新城市。必须夯实地面并抬高地基,要从远方运输必需的材料,所有伟大事业都会遇到的出乎意料的障碍,最后还有传染病引起混乱、夺去大量劳动力,这一切困难都不能使沙皇沮丧气馁。在短短5个月间,一座新城市拔地而起。当时的彼得堡其实只是防御工事围绕着的一些棚屋和两幢砖瓦房而已,但是最初这样就足够了。只要有时间和坚持不懈的努力,其余的自然会完成。彼得堡建成后过了不到5个月,有一艘荷兰船来做生意(11月),船长收获颇丰,荷兰人很快找到了通向彼得堡的路线。

在主持建设这个移居地的同时,为了保证它的安全,彼得始终注意控制邻近地区的据点。瑞典上校克隆吉奥特已经在谢斯特拉河(Sestra)岸边设置岗哨,威胁新兴的城市。彼得毫不耽搁,率领两个射击军击败了他(7月8日),迫使他退到河对岸。他确保了彼得堡的安全之后,在9月回到奥洛尼茨,指导制造一批小船,然后乘坐根据他的指示制造的一艘快速帆桨战舰返回彼得堡,带着目前可用的6艘运输船同行(其他船尚未准备好)。在这个紧要关头,他也没有忘记他的盟友,派1.2万名步兵援助波兰国王(11月),还送去30万卢布的补助金,大约相当于150万法郎[68]。我们在前面说过,当时俄罗斯全国一年的税收不超过500万卢布;这笔钱似乎不够,舰队、陆军以及各种新设施的开支会耗尽他的收入。他几乎同时巩固了诺夫哥罗德、普利斯科夫、基辅、斯摩棱斯克、亚速和阿尔汉格尔斯克的防御,还在建造新首都。尽管如此,他仍然有充足的人力和财力去协助盟友。当时荷兰人科内利斯·布勒因(Cornelius le Bruine)①在旅途中造访俄罗斯,沙皇经常与来访的外国客人随意交谈。这个荷兰人跟沙皇谈过话之后说,沙皇亲口承认,支付了战争的全部费用后,他的金库里还剩下30万卢布。

---

① 即Cornelis de Bruijn/Bruyn(1652—1726/1727),荷兰画家、旅行家,到访莫斯科期间与彼得大帝相熟。

为了保护新生的彼得堡免遭侵犯,彼得亲自测量附近的水深,确定建造喀琅施塔得要塞的地点。他还亲手制作城堡的木头模型,委托缅希科夫亲王实施这项工程。然后他返回莫斯科过冬(11月5日),逐渐巩固他在法律、行为举止和风俗习惯方面的变革成果。他还整顿财政,在新的基础上进行管理。沃罗涅日和亚速的工程以及按照他的指示在塔甘罗格(Taganrog)要塞俯瞰的亚速海边建设的港口,都在他的督促下迅速完工。

1704年1月,这些战备活动使土耳其宫廷警觉起来。土耳其于是派一位大使向沙皇抱怨,沙皇回答说他是自己领土的主人,正如大君是土耳其的主人,就算俄罗斯的势力在黑海发展壮大,也不会损害和平。

(3月30日)沙皇返回彼得堡,发现喀琅施塔得的新城堡已经完全竣工,矗立在海面上,他又添置了必要的火炮。不过为了在因格里亚站稳脚跟,彻底洗刷在纳尔瓦蒙受的耻辱,他认为必须拿下那座城市。他正在做围城的准备时,瑞典的一支小型舰队出现在佩普西湖上,干扰他的计划。俄罗斯的缩半型帆桨战船出发迎战,俘获了整个船队,包括甲板上的98门火炮。这次胜利之后,沙皇开始从水陆两面围攻纳尔瓦(4月),最非同寻常的是,他同时又在围攻爱沙尼亚的杰尔普特城。

谁会想到杰尔普特有一所大学?它的创立者是古斯塔夫·阿道夫,但是它和那座城市一样默默无闻——世人由于这两次围攻才知道杰尔普特。彼得在两个战场之间来回奔波,指挥全部行动并督促进攻。瑞典将军施利彭巴赫率领2500人的部队驻扎在杰尔普特附近的地区。

被围困的人一直在期待施利彭巴赫前来救援。可是彼得玩弄了一个值得我们多加模仿的花招:他命令两个步兵团和一个骑兵团穿上瑞典人的制服,举着瑞典的军旗和旗帜,假装进攻俄罗斯军队的战壕(6月27日),俄罗斯人假装逃跑。上当受骗的瑞典守城部队打开城门想要突围,这时伪装的援军却跟逃走的俄罗斯人一起向他们猛扑,有一半瑞典人当场被杀,另一半退回了城内。不久之后施利彭巴赫带领援军前来解围,却一败涂地。最后,正当沙皇准备就绪要发动总攻的时候,杰尔普特被迫投降了(7月23日)。

与此同时,沙皇在新城彼得堡那边遇到了相当大的阻碍,但是他没有停止修建彼得堡的工程,并继续积极围攻纳尔瓦。如前所述,敌人正在驱逐奥古斯特的时候,他给波兰国王送去了增援部队和钱财,然而这些帮助都无济于事。瑞典将军莱文豪普特(Lewenhaupt)在库尔兰彻底击败了俄罗斯军队和拥护奥古斯特的利沃尼亚人(7月31日);假如瑞典人乘胜追击,进攻利沃尼亚、爱沙尼亚和因格里亚,就可能摧毁沙皇的新工程,破坏他的宏图伟业的全部成果。彼得每天都在挖瑞典人的墙脚,卡尔十二却追求虚名轻视实利,忽略敌人的所有反抗。

1704年7月13日,一名瑞典上校率领他的分队,强迫波兰贵族在华沙附近的一个场地科沃(Kolo)选举新国王。尽管罗马教皇发出开除教籍的威胁,波兰的首席枢机主教和另外几位主教还是屈从了一位路德派君主的旨意,简单地说,一切都向武力屈服。① 世人都知道斯坦尼斯瓦夫·莱什琴斯基(Stanislaus Leczinsky)是如何当选国王的,也知道卡尔十二如何强迫波兰大部分地区承认这个国王。

然而彼得没有离弃遭到废黜的国王,反而进一步加强援助;同盟

---

① 罗马教皇是天主教的,瑞典国王是新教路德派,双方对立。

者越是需要，他提供的帮助就越多。他的敌人忙于扶植国王的时候，他在爱沙尼亚和因格里亚接连击败瑞典的将领；然后他包围纳尔瓦，发动了几次有力的进攻。那儿有三座堡垒，至少它们的名字很有名："胜利""荣誉"和"荣耀"。沙皇亲自上阵，攻克了这三座堡垒。围城部队冲进纳尔瓦，到处烧杀抢掠，无恶不作。在瑞典和俄罗斯不断交战的那个时代，这种事情是司空见惯的。

（8月20日）这次彼得做出的榜样足以赢得所有新臣民的爱戴。他到处奔走，阻止抢劫和屠杀，从一群群野蛮士兵的手里营救出一些女人，亲手杀死了两个拒绝服从命令的暴徒。然后他走进联建住宅，看见聚集在那里避难的市民，把染血的剑放在桌子上，告诉他们："染红这柄剑的不是你们的同胞平民的血，而是我的士兵的血，我为了救你们的命使他们流的血。"

第十四章 鏖 战

卡尔十二在别处胜利时,彼得大帝继续占据整个因格里亚／缅希科夫晋升／彼得堡安然无恙／尽管瑞典国王获胜,沙皇仍在执行他的计划[69]

彼得征服整个因格里亚之后,委托缅希科夫治理这个行政区,同时授予他亲王封号和少将军衔。糕点师的儿子竟然被提升为将军和总督,并拥有亲王的尊贵地位,如果在其他国家,人们或许会出于傲慢和偏见否定这种做法。但是彼得一向论功行赏,不会优待徒具贵族身份的人,他的臣民已经习惯了,再也不会惊讶。缅希科夫原先默默无闻,少年时遇到一个幸运的机会当上沙皇家的侍从,[70]学会几种语言,掌握了处理公务的知识,无论内阁还是战场的工作都能胜任。他有讨好主子的手段,又找到了成为国王心腹的方法。彼得堡的工程在他的指导下进展加快,已经建成了一些砖瓦和石头房屋,还有兵工厂和军火库;防御工事也竣工了,不过一段时间以后才开始建造宫殿。

纳尔瓦的事情尚未尘埃落定,彼得就向遭到废黜的波兰国王提供新的援助。除了已经派去的1.2万人之外,他承诺再派一支部队,命令列普宁将军率领骑兵和步兵各6000人从立陶宛边境出发(8月

19日)。与此同时,他还在关注彼得堡移民地。建筑工程的进度非常快,海军的规模日渐扩大。一批船只和快速帆桨战舰正在奥尔米茨(Olmütz)制造,他监督这些船只完工,亲自带它们驶进彼得堡的港口。

(10月11日)沙皇每次回莫斯科都是大张旗鼓地凯旋,这一年也不例外。然后他从那里出发只做过一次短途旅行,(12月30日)去沃罗涅日出席第一艘装备80门火炮的军舰的下水仪式,前一年他亲自设计了这艘船的尺寸。

(1705年5月)波兰战役刚一开始,他就急忙赶去加入他派遣到边境协助奥古斯特的军队。可是当他支持盟友的时候,一支瑞典舰队起航了,意图摧毁尚未竣工的彼得堡和喀琅施塔得要塞。这支舰队由装备54到64门火炮的22艘主力战舰、6艘快速帆桨战舰、2艘小型臼炮船和2艘火攻船组成。瑞典远征部队在一个小岛科特林(Kotin)①登陆,他们接近岸边的时候,俄罗斯上校托尔博格温(Tolbogwin)命令他的军团的士兵卧倒,然后突然跳起来射击。猛烈又精准的火力使瑞典人晕头转向,极度仓促地撤退回船上,留下许多具尸体,还有300多名俘虏(6月7日)。

然而瑞典舰队仍继续在岸边徘徊,威胁彼得堡。他们再次尝试登陆,照旧被击退了(6月25日)。瑞典将军迈德尔指挥的一支陆军从维堡(Wiburn)[71]向施吕瑟尔堡前进,这是卡尔十二对彼得已经征服的地盘或新建辖区发动的最大规模的攻势。瑞典人到处节节败退,彼得堡安然无恙。

另一方面,沙皇向库尔兰进军,计划深入到里加一带。卡尔十二

---

① 应该是 Kotlin。

正忙于使波兰人完全顺从他扶植的傀儡国王,而彼得的目标是成为利沃尼亚的主人。这时他仍在立陶宛的维尔纽斯(Wilnaw),舍列梅捷夫元帅正在逼近库尔兰的首府米塔乌(Mittau)。但是他在维尔纽斯遇到了有名的常胜将军莱文豪普特,在一个叫盖马乌埃尔托夫(Gemauerthoff 或 Gemauers)的地方,两支军队陷入激烈的对阵战。

在这种经验和纪律发挥决定作用的战斗中,瑞典军队虽然人数较少,却占据优势。俄罗斯军队一败涂地(6月28日),失去了全部火炮。尽管彼得在盖马乌埃尔托夫、雅各布施塔特(Jacobstadt)和纳尔瓦打了三次败仗,却总能挽回损失,甚至将损失转化成益处。

盖马乌埃尔托夫之战以后,他进军库尔兰,来到米塔乌,先占领城市,后围攻城堡,守军有条件投降。

(1705年9月14日)那个时代的俄罗斯部队以烧杀抢掠而闻名,胜者对败者的掠夺也是所有民族非常古老的习俗。彼得在占领纳尔瓦时开始改变这种习俗,指派部下去米塔乌的城堡守卫埋葬库尔兰大公的墓地。士兵们发觉尸体已经被拖出坟墓,装饰品被剥掉,但他们没有趁火打劫。直到一名瑞典上校来查看状况,替他们证明做出这些暴行的是瑞典人。

沙皇在盖马乌埃尔托夫被彻底击败的谣言传遍了整个帝国。谣言造成的损害比打败仗本身更大。驻防阿斯特拉罕的前射击军的余党听说这个假消息后胆子大了起来,发动兵变,杀害了地方长官。彼得只好派舍列梅捷夫元帅率领部队镇压叛乱,惩罚哗变的士兵。

似乎一切都在与沙皇作对:卡尔十二的才能和勇气;奥古斯特的厄运;丹麦被迫中立;前射击军的叛乱;人民只感觉到改革措施的限制,没有感到改革的作用,一味抱怨;不想受军纪约束的显贵们的不满;最后还有耗竭的国库资金。这些足以使任何君主气馁,唯独彼得例外。他没有沮丧失望，哪怕一瞬间都没有。他迅速镇压了造反的士兵，确保因格里亚的安全，占领米塔乌的城堡。尽管瑞典将军莱文豪普特打了胜仗，却没有足够的兵力阻止他，他可以自由地穿过萨莫吉提亚（Samogitia）和立陶宛继续进军。

现在彼得与卡尔十二分享统治波兰的荣耀。他前进到蒂科钦，第二次与奥古斯特面谈，竭力安抚这个倒霉的国王，承诺帮他复仇，同时送给他几面缅希科夫缴获的敌军旗帜。然后两位君主一起去立陶宛的首府格罗德诺（Grodno），在那里逗留至12月15日。分别时彼得送给对方军队和钱，然后按照往常的习惯，在经历非常艰难的战斗之后，他又返回莫斯科过冬（12月30日），在那儿鼓励技艺和科学的发展，并实施他的新法律。

第十五章　输给瑞典四次后，俄罗斯赢了一局

彼得巩固征服的成果，加强领土的警备；卡尔打了几场胜仗，统治波兰和萨克森／俄罗斯赢得一次胜利，奥古斯特仍然放弃波兰王位并交出沙皇的大使帕特库尔／帕特库尔被判车轮刑，惨遭杀害

彼得刚刚返回莫斯科，就获悉卡尔十二战无不胜，正在向格罗德诺进军，攻击俄罗斯部队。奥古斯特国王被迫逃离格罗德诺，仓促地带着4个团的俄罗斯龙骑兵向萨克森撤退。他的行动有损士气，削弱了保护他的军队。彼得发现瑞典人占据了通往格罗德诺的全部道路，他的部队则孤立分散。

沙皇大费周折才在立陶宛重新集结部队。著名的波兰将领舒伦堡（Schulenburg）①是奥古斯特的最后一个支持者，后来由于守卫科孚（Corfu）抵御土耳其人而赢得殊荣，这时他正率领1.2万名萨克森士兵和沙皇派去援助那位不幸君主的部队中的6000名俄罗斯士兵

---

① 舒伦堡（Johann Matthias von der Schulenburg）元帅是德国贵族，1702年加入波兰－萨克森军队，与卡尔十二领导的瑞典军队对抗，两遭败绩。后来在1716年的科孚之围中，成功击退土耳其军队。

向大波兰(Great Poland)地区前进。他预计能够挽救奥古斯特这艘即将沉没的船,因为他察觉卡尔十二正在立陶宛无暇他顾,只有瑞典将领赖因希尔德(Renschild)的1万人的部队可以阻挠他们进军。因此他放心前进到西里西亚边境,那里是从萨克森通往上波兰(Upper Poland)的通道;然后在波兰边界的弗劳恩施塔特(Fraustadt)村①,遇到了截击他们的赖因希尔德元帅。

尽管我小心避免重复在《卡尔十二传》②中讲述过的历史,仍然不得不在这里重提这件事:萨克森军队中有一个法国人组成的团队,他们在著名的赫希施泰特(Hochstadt,或布伦海姆[Blenheim])战役中集体成为俘虏,被迫在萨克森军队中服役。我得到的回忆录记述,该团队负责掌管大炮,还说这些法国人敬畏卡尔十二的鼎鼎大名,不满萨克森军队的待遇,故而一看见敌人出现就放下武器(2月),请求加入瑞典军队,后来就为瑞典人服役直到战争结束。这次叛变是俄罗斯军队全面溃败的开端或信号,只有不到三个营的俄罗斯人得以逃生,而且几乎全部负伤。其余俄罗斯人没有得到瑞典人的宽待,全部被杀。

随军神父努尔贝里声称,这场战斗中瑞典人的口号是"以上帝的名义",俄罗斯人的口号是"杀光他们";不过,以上帝的名义杀光敌人的是瑞典人。沙皇本人发表宣言称,[72]包括俄罗斯人、哥萨克和卡尔梅克人在内的大量战俘在战斗结束三天后被残酷地杀害。以前在最野蛮的时代也从未发生过如此残忍的暴行,但是双方都有非正规部队,将军们已经对这种事习以为常。我有幸听到斯坦尼斯瓦

---

① 现波兰西部城镇弗斯霍瓦(Wschowa)。
② 伏尔泰著有《卡尔十二传》。

夫国王亲口讲述,在某次波兰常常发生的那种交战中,一名俄罗斯军官(他以前的朋友)打了败仗之后寻求他的保护,可是瑞典将军斯滕博克开枪打死了那个军官,军官最后死在国王怀里。

不算卡尔十二在波兰境内赢得的胜利,这是俄罗斯人第四次输给瑞典人。在格罗德诺的俄罗斯部队还被四面包围,面临受到更大屈辱的风险。幸运的是沙皇设法将部队集中起来,甚至等到了新的援军。不过,当务之急是保障这支部队和已经征服的因格里亚地区的安全,他命令缅希科夫亲王率军先向东再向南前进,直到基辅。

当缅希科夫的部队进军时,沙皇来到施吕瑟尔堡,又前往纳尔瓦和彼得堡定居点(8月),巩固这些地方的防御。然后他从波罗的海赶赴博里西尼河岸边,经由基辅重返波兰,虽然他不能阻止卡尔十二打胜仗,却尽可能减少敌人的收获,使他们得不到益处。与此同时,他还策划新的攻势,目标是位于芬兰湾的卡累利阿的首府维堡。他亲自指挥围攻,但是这次守军顶住了他的攻击,敌人的援军及时赶到,他被迫撤掉包围(10月)。事实上,他的竞争对手卡尔十二虽然打了许多次胜仗,却连一寸领土都没有征服;那时卡尔正在萨克森追捕奥古斯特,一心想要羞辱那个国王,想用他的强大力量和显赫名声压垮对方,而不关心如何收复被手下败将彼得攫取的因格里亚。

瑞典国王将恐怖传遍了上波兰、西里西亚和萨克森。奥古斯特国王带着全家(包括母亲和妻儿)与波兰的主要贵族撤退到帝国的核心地带。现在他乞求和平,宁可选择任凭征服者处置,也不愿意信任他的保护者。他签订了使他既失去波兰王位又蒙受耻辱的条约。条约内容是保密的,必须瞒着俄罗斯将领,虽然他与这些将领一起在波兰避难,而卡尔十二正在莱比锡发号施令,仿佛他才是奥古斯特的选帝侯领地的专制君主。

奥古斯特的全权代表已经签署了这份自杀式条约（9月14日），他不仅要放弃波兰的王位，而且要承诺永远不再自称波兰国王，同时承认斯坦尼斯瓦夫是国王，宣布放弃与恩人沙皇的同盟。对他而言最大的耻辱是必须向卡尔十二交出实际上为他战斗的约翰·赖因霍尔德·帕特库尔，俄罗斯将领和沙皇的大使。前些时候他由于错误的怀疑下令逮捕帕特库尔的行为已经不合国际法，现在又直接违反国际法，把他移交给敌人。与其签订这种条约，他还不如持剑战死沙场。现在他不仅失去王位和名誉，而且由于当时他在缅希科夫亲王的势力范围波兹南（Posnania）①内，跟随他的寥寥无几的萨克森士兵从俄罗斯人那里领军饷，他还面临失去自由的危险。

在那个地区，与缅希科夫对抗的瑞典军队由马德费尔德将军②指挥，并得到了支持新国王斯坦尼斯瓦夫的波兰党派的有力增援。亲王不知道奥古斯特私下与俄罗斯的敌人签订了条约，建议发动进攻，奥古斯特不敢拒绝。战场位于卡利什（Kalish），在属于斯坦尼斯瓦夫的伯爵领地附近。（10月19日）这是俄罗斯人在对阵战中第一次击败瑞典人，缅希科夫亲王赢得了胜利的全部光荣，敌军留下了4000具尸体和2598名俘虏。

我们很难理解奥古斯特在大获全胜之后，为什么还要批准那个剥夺他的全部胜利果实的条约。不过卡尔十二依旧在萨克森所向无敌，单凭他的名字就令人恐惧。俄罗斯人的胜利显得无足轻重，反对奥古斯特的波兰人势力太强大，总而言之，那位君主太没头脑，才签

---

① 即 Poznań，Posnania 是其拉丁语写法。
② 即卡利什战役中的瑞典军队统帅阿尔维德·阿克塞尔·马德费尔德（Arvid Axel Mardefelt）。

署了那份致命的协议。不仅如此，他还给波兰公使芬克施泰因（Finkstein）写了一封比条约本身更可耻（如果可能的话）的信。他在信中请求瑞典国王宽恕他赢得了胜利，声明这场战斗违背他的意愿，是受俄罗斯人和拥戴他的波兰人所迫；为了阻止这次行动，他其实采取过一些措施，试图离弃缅希科夫；假如马德费尔德充分利用这个机会，本来可以击败俄罗斯人；他情愿归还全部瑞典战俘，或与俄罗斯断绝关系。总而言之，他为他们胆敢打败瑞典军队道歉，愿意尽一切可能补偿瑞典国王。

尽管整个事件史无前例而且不可思议，却是千真万确的。如果考虑到奥古斯特虽然有各种弱点，却是欧洲最勇敢的君主之一，我们就会明白，失去或保住领土，帝国的兴起或衰落，完全取决于精神是否坚韧。

由于另外两个情况，波兰国王、萨克森选帝侯的耻辱无以复加，卡尔十二变本加厉地滥用他的好运。卡尔十二提出了两个条件，第一个是迫使奥古斯特写信祝贺新国王斯坦尼斯瓦夫当选；第二个很可怕，他甚至强迫奥古斯特交出俄罗斯将领和沙皇的大使帕特库尔。[73]整个欧洲都知道，后来这位使臣于1707年9月在卡齐米日（Casimir）惨死于车轮刑。随军神父努尔贝里坦承，处决他的命令完全出自卡尔十二。

看到这种野蛮的不公正行为，欧洲公民无不深恶痛绝，连最卑贱的奴隶也不例外。这个不幸者的主要罪行是率领代表整个行政区的六位利沃尼亚贵族，为同胞的权利和特权谦恭地陈情；他只是履行了自己的首要义务，即依据法律为国家服务的义务，却被判处死刑。由于这种极不公正的判决，他有充分理由行使人类天生拥有的权利，即选择自己的国家的权利。后来他成为世界上最伟大的君主之一的大使,他的人身安全是不可侵犯的。然而强权法则侵犯了自然法和国际法。在过去的时代,胜利的光辉可以掩盖这类残酷行为,如今这种残酷行径却玷污了征服者的荣耀。

第十六章　三王角逐波兰

在波兰扶植第三个国王的企图／卡尔十二率领强大的军队从萨克森出发，以胜者之姿穿越波兰国土，犯下累累暴行／沙皇的作为／瑞典国王赢得胜利，终于向俄罗斯进军

卡尔十二在莱比锡附近的阿尔特兰施泰特（Altranstädt）尽情享受他的好运带来的成果，德意志各邦的新教诸侯纷纷赶来向他致敬，乞求他的庇护。欧洲的君主几乎都派来大使。神圣罗马帝国皇帝约瑟夫对他唯命是从。彼得察觉奥古斯特宣布放弃王位和他的保护，波兰的部分国民已经承认斯坦尼斯瓦夫是国王，就听取约尔科瓦（Yolkova）的建议，打算选择第三位国王。

在卢布林（Lublin）召开的波兰国会提名了几位候选人，拉戈斯基（Ragotski）亲王榜上有名。此人年轻时曾经被神圣罗马帝国皇帝利奥波德长期监禁，在设法重获自由之后与利奥波德争夺匈牙利王位。

谈判拖延了很长时间，波兰差点同时有三个国王。拉戈斯基亲王未能成功，沙皇又考虑把波兰王冠授予共和国大将军西尼亚夫斯基（Siniauski）。此人势力强大又有声望，是第三方的首领，既不承认

遭到废黜的国王,也不承认反对党选择的斯坦尼斯瓦夫。

在一片混乱之中,像往常一样,有人开始谈论和平。为了让沙皇与瑞典国王和解,法国驻萨克森的公使贝塞瓦尔(Besseval)出面调停。那时法国宫廷认为,如果卡尔十二不再与俄罗斯或波兰交战,他就可能调转矛头对付神圣罗马帝国皇帝约瑟夫,因为他在萨克森逗留期间强加给约瑟夫一些法律,与那位皇帝关系不好。然而卡尔十二的答复是他将在莫斯科与沙皇谈判。彼得回应道:"我的兄弟卡尔想扮演亚历山大,可是我不会配合他扮演大流士①。"

然而当卡尔十二扶植的波兰国王勉强得到国民的承认,同时用从萨克森获得的战利品充实瑞典军队的时候,俄罗斯军队依旧留在波兰,甚至在华沙城里。

(8月22日)瑞典国王终于率领4500人的部队离开阿尔特兰施泰特的大本营;鉴于他仅凭8000人就在纳尔瓦彻底击败了俄罗斯人,沙皇似乎不可能抵抗他们的进攻。

(8月27日)在途经德累斯顿的时候,卡尔十二临时起意造访了奥古斯特国王,按照努尔贝里的说法,这次会见"将令后代景仰"。他可能会落到被他剥夺王位的人手里,却不负责任冒险造访。然后他继续进军,穿过西里西亚,再次进入波兰。

波兰受到各种灾祸折磨,战争和派系斗争毁掉了这个国家,土地已经荒废。卡尔十二率军继续前进,穿过莫斯科维亚(Muscovia),选择了最难走的路。在沼泽地区避难的居民们决定至少要他付买路钱。6000名农民派一个老人作为代表去谈判,这个老人长相异常古

---

① 指波斯国王大流士三世(约前380—前330),号称万王之王,最后败给劲敌马其顿君主亚历山大大帝,波斯帝国覆灭。

怪,身穿白衣,携带两支卡宾枪,开始发表演说。可是瑞典人不怎么听得懂他的语言,于是不由分说,当着国王的面干掉了老人。被激怒的农民立即撤退,拿起武器反抗。瑞典人抓住了能找到的所有农民,逼迫他们互相吊死,最后一个人被迫用绳索套住自己的脖子,执行自己的死刑。他们的房子全部被烧毁。努尔贝里是目击证人,谁都不可能否认这件事的真实性,谁在讲述这件事时都会感到毛骨悚然。

1708年2月6日,卡尔十二已经进入立陶宛,抵达距离格罗德诺仅数法里的地方,获悉沙皇本人就在城内。他没有深思熟虑,率领800名卫兵直奔格罗德诺。日耳曼军官穆尔费尔斯(Mulfels)指挥的一支部队负责守卫一个城门,他看见卡尔十二,确信大军就跟在后面,完全没有抵抗就留下洞开的城门逃跑了。警报传遍整座城市,人人都以为整支瑞典大军已经进城;瑞典警卫队杀光了进行抵抗的少数俄罗斯人。所有军官都使沙皇相信瑞典军队已经征服这个地方,于是彼得撤退到城堡围墙外,卡尔十二在沙皇刚刚离开的那个城门口安排了30名卫兵。

瑞典人占据了一群耶稣会教士的房子供国王住宿,因为那是全城最漂亮的建筑。一片混乱之中,那些耶稣会教士在夜里找到沙皇,告知了事情真相。于是彼得立即返回城内,驱赶瑞典警卫队。双方在街道上和公共场所发生战斗,但是最后瑞典援军出现了。面对数量占优势的敌人,沙皇被迫放弃这座城市,把它丢给了那个令所有波兰人颤抖的胜利者。

卡尔十二在利沃尼亚和芬兰的兵力增强了,彼得为所有事务都感到担忧,不仅为他在那两个地区和立陶宛新征服的领土,而且为他原有的地盘,甚至为莫斯科本身而担忧。他不得不同时保障这些相隔很远的地方的安全。当时正值隆冬,这个地区沼泽遍布,而且从华沙到明斯克，贫穷和饥荒给疫病的流行推波助澜，卡尔十二不可能越过立陶宛向东迅速进军。彼得部署军队控制河流的渡口，(4月8日)守卫所有重要据点，竭尽所能阻碍敌人前进，然后加速巩固彼得堡的防御。

虽然卡尔十二主宰波兰，却没有从沙皇那里得到任何好处。而彼得用他的新舰队在芬兰登陆，攻占并摧毁博尔戈(Borgå)①，(5月22日)夺取了大量战利品，在获得许多实际利益的同时损害了敌人。

由于连日降雨，卡尔十二在立陶宛滞留了很长时间，最后终于抵达距离博里西尼数法里的小河别列津纳(Berezina)岸边。他的军队势不可挡，在俄罗斯人看得见的地方架桥，击败守卫渡口的一个分队，抵达比比奇(Bibitsch)河边的霍洛津(Holozin)。沙皇在那里部署了人数可观的部队，牵制迅速前进的敌手。比比奇河在干旱季节只是一条小溪，这时水位上涨，水流变得既深又湍急。河对岸是一片沼泽地，俄罗斯人在后面修筑了四分之一法里长的防御工事，围绕着深而宽的壕沟，沟前有胸墙掩护，还布置了火炮。9个骑兵团和11个步兵团占据着有利地形，这条河边的防线似乎无法逾越。

瑞典人按照惯例准备用浮舟架设浮桥，并布置排炮掩护渡河；但是卡尔十二对战斗急不可耐，不能再忍受任何耽搁，已经等不及浮桥架好了。在他麾下长期服役的什未林(Schwerin)元帅对我反复讲述过这样一个故事。有一天，行动即将开始，国王看见将领们正在做必要的安排，尖刻地问他们："你们什么时候搞定这些小玩意儿？"随即率领他的警卫队亲自前进，在这场值得纪念的战斗中，他的表现尤其

---

① 波尔沃(Porvoo)的瑞典语名称，建于13世纪，现为继图尔库之后芬兰第二大古城。

如此。

他带着警卫队冲进河里,劈开汹涌的急流,但是河水深及肩膀,他们不能使用燧发枪。假如胸墙后面的俄罗斯炮手技术熟练一点,抑或步兵射击的准头好一些,瑞典人就会全军覆没。

(7月25日)卡尔十二涉水渡河,又徒步穿过沼泽。他们当着俄罗斯人的面克服了这些障碍,随即开始战斗,向敌军的战壕发起七次进攻,直到第七次俄罗斯人才退却。根据瑞典历史学家的记述,瑞典人只缴获了12门野战炮和24门迫击炮。

显而易见,沙皇训练部队的努力终于成功了。霍洛津的这次胜利尽管为卡尔十二增添了荣耀,却也可能让他感觉到在如此遥远的国度冒险必定遭遇各种危机。他的军队只能分成小队前进,穿越树林和沼泽,每前进一步都不得不战斗。但是瑞典人习惯除掉挡路的一切,无惧危险,也不怕劳累。[74]

第十七章　瑞典人深入沙俄腹地

卡尔十二渡过博里西尼河,深入乌克兰,由于策略拙劣,他的一支军队被彼得大帝击败／他失去了补给和武器／他继续在荒芜之地前进／他在乌克兰的冒险经历

卡尔十二终于抵达博里西尼河岸边的一个小镇莫吉廖夫(Mohilow)。必须在这里做出重要的抉择:究竟应该向东去莫斯科,还是向南去乌克兰。他的部下、朋友和敌人全都预料他会直接向俄罗斯的首都进军。无论他选哪条路,彼得都带着大军从斯摩棱斯克开始跟在后面。没人料到他会转向乌克兰。他做出这个奇怪的决定,是因为受到哥萨克酋长马泽帕(Mazepa)的诱导。那个老人已经70岁了,没有子女,本来应该只考虑如何安享天年,多亏沙皇他才拥有尊贵的地位,理应心存感激。可是或许他真的有理由对沙皇不满,抑或卡尔十二的光辉业绩蒙蔽了他,抑或他想争取独立,总之他背叛恩主,私下拥护瑞典国王,自以为有希望煽动整个民族跟他一起造反。

卡尔十二毫不怀疑,一旦得到尚武的哥萨克人的支持,他的部队肯定能征服俄罗斯帝国。马泽帕会提供他需要的粮食、武器和火炮;

除了这些强有力的援军之外，还有莱文豪普特将军指挥的1.6万至1.7万人的部队将从利沃尼亚赶到，送来大量战争物资和粮食补给。卡尔十二没有费心考虑，沙皇是否可以攻击那支部队，夺去那些必需的物资。他也不考虑马泽帕是否有条件遵守诺言，那个酋长是否有足够的威信改变整个民族的天性，哥萨克通常是我行我素的；他也不知道自己的军队万一遇到意外状况是否还有充足的物资。倘若马泽帕能力不足或背信弃义，他能信赖的就只有自己的勇猛和好运气了。瑞典军队越过博里西尼河，向杰斯纳河（Desna）前进，指望在两条河之间等到马泽帕的援军。俄罗斯人在这些地区不时出没，而且路况糟糕，瑞典人遇到了种种困难和危险。

（9月11日）缅希科夫率领一些骑兵和步兵进攻瑞典国王的先锋部队，使之溃不成军，伤亡甚众。其实俄罗斯人的损失也很大，不过缅希科夫并未气馁。卡尔十二立即赶往战场，陷入一群龙骑兵的包围，冒着生命危险才艰难地击退了俄罗斯人。然而马泽帕没有出现，粮食开始短缺。瑞典士兵目睹国王与他们同甘共苦，一起冒险一起挨饿，都钦佩他的勇敢，士气没有消沉。但是他们不禁开始发牢骚，抱怨国王的轻率举动。

国王指示莱文豪普特带着必需的物资火速前来会合。本应在12天之内传到的命令却延误了，在当时的境况下，等待显得特别漫长。不过莱文豪普特终于出发，彼得任凭他渡过博里西尼河。但是他的军队抵达那条河与其支流之间的地带时，沙皇也跟在后面渡河，指挥等距排列、组成梯队的联合部队进攻瑞典人。战斗就在博里西尼河和索日河（Sossa）[75]之间打响。

缅希科夫亲王正率领前不久与卡尔十二交战的那批骑兵返回，鲍尔（Bauer）将军尾随其后，沙皇亲自率领精兵。瑞典人以为他们必须对付4万人的敌军,根据他们的叙述,他们长期以来都这么认为。但是我得到的回忆录告诉我,参加这天战斗的俄罗斯军队仅有2万人,与瑞典人相比并无显著优势。但是彼得的魄力和毅力,坚持不懈、不屈不挠的意志,加上他身先士卒激励部下,决定了这场战斗的结局。这场战斗进行了不止一天,而是断断续续地持续了三天。

在列斯纳亚村(Lesnaya)附近,俄罗斯军队对瑞典后卫部队发起了第一波攻击,列斯纳亚之战由此得名。第一波攻击的结果十分血腥,却未分胜负。莱文豪普特撤退进一片树林,保存他的辎重。(10月7日)第二天早晨,俄罗斯人试图把瑞典人赶出树林,战斗更加血腥,不过这回俄罗斯人占据优势。沙皇看见部队陷入混乱,就呼吁向失控的逃兵开枪,如果他转身逃走,就向他本人开枪。瑞典人退却了,但是阵脚未乱。

4000名俄罗斯龙骑兵终于赶来增援,向瑞典人发动第三次攻击,迫使敌军撤退到一个小镇普罗波伊斯①,然后再次进攻。瑞典人又转向杰斯纳河,俄罗斯人仍然穷追猛打。瑞典人没有溃不成军,却失去了8000多名士兵、17门火炮和44面旗帜。沙皇俘虏了56名军官和将近900名士兵,准备送给卡尔十二的大批粮食和武器弹药全部落到俄罗斯人手里。

这是彼得第一次亲自赢得一场对阵战,打败了那个以百战百胜著称的敌人。在他像往常一样做感恩祈祷的时候,从因格里亚传来消息说,阿普拉克辛(Apraksin)将军前不久(9月17日)在距离纳尔瓦数法里的地方打了一场胜仗。其实那只是一次小胜,比不上列斯

---

① 今斯拉夫哥罗德。

纳亚之战，不过幸运的事接二连三，大大增加了他们的希望，也鼓舞了部队的士气。

卡尔十二正在乌克兰准备渡过杰斯纳河，却听说了不幸的消息。马泽帕终于姗姗来迟，他本应带来两万人和大量补给物资，却只带着两个军团，而且比较像一个请求援助的逃亡者，而不是送来强大援军的同盟者。其实最初有1.5万或1.6万人跟随这个哥萨克，出发时他告诉他们，此行是为了抵御瑞典国王，他们将获得阻止那个瑞典英雄的荣誉，沙皇将为他们的功劳永远感激他们。

可是行进到距离杰斯纳河数法里的地方，马泽帕透露了他的真实计划。这些勇士对酋长的宣告表示轻蔑，他们拒绝为一个瑞典人背叛君主，他们没理由抱怨沙皇，那个瑞典人却率领大军入侵他们的国家。况且卡尔十二离开之后就不会再保护他们，任凭被激怒的俄罗斯人和曾经是他们的主人、始终是他们仇敌的波兰人报复他们。于是这些哥萨克掉头回家，并向沙皇报告了首领的变节，只有两个军团留在马泽帕身边，那些人是他自己雇用的。

马泽帕依旧是乌克兰的几个要塞的主人，尤其掌握着他的驻地——相当于哥萨克首府的巴图林（Baturyn）。这座要塞位于杰斯纳河流域的森林附近，距离彼得击败莱文豪普特的战场很远。一直有几个俄罗斯军团驻守在这些地区。沙皇派缅希科夫亲王率军暂时离开，绕道抵达那里。卡尔十二不可能占据所有通道，他甚至不了解那些通道，忽略了斯塔罗杜布（Starodub）这个重要据点。这条路沿着杰斯纳河，在森林中穿越七八法里，直接通向巴图林。敌人比他熟悉这个地区的地形，因而始终拥有优势。

缅希科夫和随行的戈利岑亲王轻松穿过这个地区，出现在巴图林要塞前（11月14日），要塞几乎没有抵抗就投降了。俄罗斯人把它洗劫一空,烧成了废墟,还抢走了预定给瑞典国王使用的一个大军火库和马泽帕的全部财宝。哥萨克人选出新酋长斯科罗帕斯基(Skoropadsky),得到了沙皇的批准。为了使人民对叛逆这种严重罪行留下深刻印象,用制裁震慑众人,他命令基辅主教和另外两名高级教士公开宣布开除马泽帕的教籍,(11月22日)然后把马泽帕的模拟像吊起来,用车轮刑处决了一些同谋犯。

在此期间,卡尔十二麾下仍有大约2.5万至2.7万名瑞典士兵,由于得到莱文豪普特的残余部队的增援,再加上马泽帕带来的两三千人,主宰整个乌克兰的梦想冲昏了他的头脑。他在远离巴图林、靠近博里西尼河的地方渡过杰斯纳河,但是沙皇的军队正从四面八方包围他们,其中一些部队紧跟在他们后方,还有一些散布在河对岸,阻止他们渡河。

瑞典国王继续前进,穿过一片荒无人烟的区域,沿途只有已化为灰烬或废墟的村庄。时值12月初,刺骨寒冷开始侵袭,瑞典人缺衣少食,肯定饱受恶劣天气的折磨,国王眼看着将近2000人丧生。沙皇的部队后勤供应较好,受严寒影响的程度较轻。

瑞典大臣皮佩伯爵向来只为主人提出有益的忠告,现在面临如此恶劣的处境,他恳求国王停止进军,至少在乌克兰小镇罗姆纳度过冬季最寒冷的时段,一边固守,一边靠马泽帕的帮助取得一些粮草。可是卡尔十二回答说,他不是那种愿意把自己关起来的人。皮佩又劝说他再次渡过杰斯纳河和博里西尼河返回波兰,部队急需回到冬季营地休息;波兰轻骑兵也是必不可少的,要利用他们支持亲瑞派的波兰国王,镇压蠢蠢欲动的奥古斯特的党羽。可是卡尔十二又回答说,那样等于从沙皇面前逃跑,天气会变温和的,他必须平定乌克兰,向莫斯科进军。[76]

1709年1月,由于极度严寒,冰天雪地,两支军队有几个星期一直按兵不动。不过一旦能够使用武器,卡尔十二就开始攻击沿途发现的所有小据点。他不得不派兵到处寻找粮食,也就是说,在方圆20法里内抢劫所有农民赖以为生的口粮。彼得并不着急,只是严密监视敌人的动向,任凭瑞典军队逐渐变弱。

读者不可能追溯瑞典人在这些地区的行踪,他们渡过的几条河在地图上没有标记。我们不能以为地理学家像我们熟悉意大利、法兰西和德意志一样熟悉这些地区。在所有技艺中,地理学仍是最需要改进的,然而到目前为止,人类的野心只是毁坏地球的环境,而不是描述它。

我们只得满足于知道,卡尔十二在2月穿越了整个乌克兰,沿途烧毁村庄,也遇到一些被俄罗斯人烧成灰烬的村庄。他向东南方前进,抵达一片荒漠,周围环绕着分隔诺盖(Nogay)草原的鞑靼人和顿河流域的哥萨克人的群山,那些山的东边就是亚历山大的圣坛。现在卡尔十二把乌克兰抛在身后,沿着鞑靼人的路向俄罗斯前进。可是为了获得维生的物资,他刚到那里又被迫返回。居民们都带着牲畜躲进洞穴和隐蔽处,有时与抢夺维生物资的士兵发生争斗。瑞典人只要能抓住这些可怜的贫民就处死他们,声称这就是战争的规则。我忍不住在此引述努尔贝里神父的几句话。[77]"为了举例说明这位国王的公正,我将在这里插进他亲手写给海尔曼(Heilmen)上校的一张便条:

'上校,听说你逮捕了抓走一名瑞典士兵的农民,我感到很高兴;一旦证实他们的罪行,就根据情况的紧急程度进行惩罚,处决他们。

'卡尔;布迪斯(Budis)下游。'"

第十七章 瑞典人深入沙俄腹地

这就是一位国王的告解神父关于公正和人道的观念。不过,如果乌克兰农民有能力吊死那些自以为有资格成群结队不远千里来抢劫他们全家的生存物资的东约特兰(East Gothland)农民,那么这些乌克兰人的告解神父或礼拜堂牧师不也有理由赞扬他们的公正吗?

相当长一段时间以来,马泽帕一直在与扎波罗热人谈判,那些哥萨克居住在博里西尼河两岸。其中一部分住在河心的岛上,就是我们在第一章提到的那个民族,他们既没有妻子也没有家庭,完全靠抢劫为生。他们冬季在岛上囤积储备物资,夏季就拿到小镇波尔塔瓦出售。其他人住在河两岸的小村落。他们一起选出一个特别酋长,此人从属于乌克兰的酋长。当时扎波罗热人的那个首领去见马泽帕,这两个蛮族面谈的时候每人面前放一根马尾和一根大头棒,作为荣誉的标志。

为了说明扎波罗热人的酋长和他的民众是什么样的人,我认为值得用一些篇幅来描述他们缔结协议的方式。马泽帕设盛宴款待扎波罗热人的酋长和主要官员,全部用金属碗碟上菜。这些首领喝多了白兰地酒,就把手放在福音书上发誓(没有从桌边起身)向卡尔十二提供人力和物资援助,然后就要把碗碟等餐具全部带走。马泽帕的膳食总管追上他们,抗议说这种行为不符合福音书的教义,他们刚凭福音书起过誓。马泽帕的一些家仆试图强行夺回餐具,可是扎波罗热人集体向马泽帕控诉说从未有人如此侮辱他们这些勇士,要求交出膳食总管,由他们按规矩惩罚。于是马泽帕照办了,扎波罗热人按照他们的规矩,把那个可怜的家伙像抛球一样扔来扔去,然后用刀捅死了他。

这就是卡尔十二被迫接受的新盟友。他用其中一部分组成一个两千人的军团,其余编成独立的分队,对抗当地支持沙皇的哥萨克和卡尔梅克人。

那些扎波罗热人在小镇波尔塔瓦做生意,那里到处都有储备物资,还可以供卡尔十二集结军队。波尔塔瓦位于沃尔斯克拉河(Worsklaw[①])岸边,北边有一系列山脉俯瞰小镇,东边是广阔的荒原,西边土地肥沃、人口最多。沃尔斯克拉河在南边大约15法里的地方汇入博里西尼河;从波尔塔瓦向北可以穿越峡谷,沿着鞑靼人走过的路线去莫斯科。这条路非常难走,而且沙皇采取了预防措施,使它几乎不可能通行。然而在卡尔十二眼中没有做不到的事,他决定一占领波尔塔瓦就向莫斯科进军,为此他在5月初开始围攻那个小镇。

---

① 应该是 Worskla 或 Vorskla。

第十八章　决战波尔塔瓦

彼得预料卡尔十二会来到波尔塔瓦。他把自己的军队分成几组,彼此相隔方便互相合作的距离,联合起来进攻围城的瑞典人。他造访过乌克兰周围地区,也就是西维利亚公爵领地,杰斯纳河灌溉的这片土地因他的胜利而闻名;他还考察过奥卡河的发源地博尔乔(Bolcho),以及与亚速海相连的群山和荒原。他不久前又抵达亚速地区,下令清理港口,建造新船,修理塔甘罗格要塞。他利用列斯纳亚之战和波尔塔瓦之战的间隙,巩固他的领土的防御。他一听说瑞典人围攻波尔塔瓦的消息,就召集所有部队、骑兵、龙骑兵、步兵、哥萨克和卡尔梅克人从四面八方进军。他的军队供应充足,各种必需品都有:大炮、野战炮、各种军火、粮草甚至药品,这是他获得的另一项优势。

1709年6月15日,沙皇率领6万人的大军在波尔塔瓦出现,与卡尔十二隔着沃尔斯克拉河对峙。围城的瑞典人在河的西北岸扎营,俄罗斯人在东南岸扎营。

彼得率军溯流而上,固定驳船,让军队渡河,(7月3日)一夜之间就在敌人面前修筑起一道长长的防御工事。即使卡尔十二很看不起彼得,想到莫斯科去废黜他,此时也应该能看出他是否懂得战争的艺术。彼得完成这些部署之后,把骑兵队安排在两个树林之间,用一些部署了大炮的棱堡掩护。采取了所有必要措施之后,(7月6日)为了准备进攻,他又去侦察敌人的营地。

这场战斗将决定俄罗斯、波兰和瑞典以及令整个欧洲瞩目的两位君主的命运。那些国家的绝大多数国民虽然关注这些重要事件,对于两位君主所在何处、处境如何却一无所知。不过人们看到卡尔十二率领他的常胜军队从萨克森出发,到处扫荡敌人,毫不怀疑他最终将彻底击溃彼得;深信他在对丹麦、波兰和德意志发号施令之后,将在莫斯科的克里姆林宫宣读他的议和条件,在扶植了新的波兰国王之后再扶植新的沙皇。我看过几位公使写给各自宫廷的信件,确认这是当时普遍的意见。

这两位竞争对手所冒的风险远非相当。卡尔十二经常不负责任地肆意冒险,假如他真的丧生,世界只不过会失去一名英雄而已。俄罗斯、立陶宛边境和乌克兰等行政区可以幸免于难,摆脱长期以来使那些地区满目疮痍的祸害。波兰将恢复平静,找回合法的君主,不久前那位国王已经与他的恩主沙皇和解。瑞典虽然耗尽了人力和财力,至少可以因自己摆脱惨重的损失而找到动力。

但是假如沙皇丧生,那些对人类有益的规模巨大的工程就会与他一起埋葬,全世界最幅员辽阔的帝国就会再次陷入几年前那种混乱状态。

瑞典和俄罗斯的一些小分队已经在波尔塔瓦城外发生过几次小规模战斗。在一次遭遇战中(6月27日),滑膛枪的子弹击碎了卡尔十二的脚骨。做了几次手术之后,尽管他以惯常的坚强忍受剧痛,也只得躺在床上养几天伤。在这种状况下,他获悉彼得意图进攻,他的荣誉观念不容许他躲在防御工事后面等待。于是他命令士兵用担架抬着他迎战。彼得大帝承认,瑞典人勇猛顽强地进攻掩护骑兵部队的棱堡,这些棱堡部署了大炮,尽管俄罗斯人强烈抵抗并不断开火,敌人还是夺取了两个棱堡。有些作者说,瑞典步兵占据两个棱堡后以为他们赢了,就开始喊叫"胜利"。随军神父努尔贝里当时远离战场,跟辎重在一起(他确实应该待在那儿),他声称此事纯属诽谤。不过不管瑞典人有没有喊叫,可以肯定的是他们并未获胜。其他棱堡持续开火,一刻都没有停歇,俄罗斯人的抵抗和敌人的进攻一样坚定有力。他们的行动完全符合规范,在防御工事外,沙皇以优秀的指挥调遣能力排出战斗阵形。

这场战斗变成了全面作战。彼得的职位是少将,鲍尔指挥右翼,缅希科夫指挥左翼,舍列梅捷夫指挥中军。战斗持续了两个小时,卡尔十二拿着手枪,让贴身卫士用担架抬着他,在阵列间来回穿行。一颗炮弹炸死了卫士,同时炸毁了担架,他就命令部下用枪矛抬起他;随便努尔贝里怎么说,在如此激烈的战斗中,很难准备一副新的担架。有几颗子弹射穿了彼得的衣服和帽子。在整个战斗过程中,两位君主始终在火力最猛烈的地方。经过两小时的拼命战斗,瑞典人的战线终于崩溃,陷入了混乱。卡尔十二迫不得已,在他以前如此轻蔑的人面前逃跑了。这位英雄在战斗中不能骑上马鞍,现在只得爬上马背逃命,紧急情况给了他力量。他忍受着剧痛撤退,无可挽回的失败和耻辱的感觉加剧了他的痛苦。瑞典人在战场上留下了9224具尸体,俄罗斯人还俘获了两三千名战俘,其中主要是骑兵。

卡尔十二带领残兵败将仓皇逃走,他们只剩下少量野战炮,粮食和弹药也所剩几无。在沃尔斯克拉河和索尔河(Psol 或 Sol)之间,在扎波罗热人生活的地区,他指挥军队向南,渡过博里西尼河。博里西尼河对岸是广阔的荒原,通向土耳其边境。努尔贝里证实胜者不敢追击，但是他承认，瑞典国王渡过博里西尼河的时候，缅希科夫亲王带着一万人马和许多大炮在附近的高地出现过(7月12日)。

1.4万瑞典人向1万俄罗斯人投降，成为战俘。他们的指挥官莱文豪普特签署了致命的有条件投降协议，交出了那些背叛主子的扎波罗热人，他们当时在亡命的瑞典军队中。根据这份协议，成为战俘的主要人物有首相皮佩伯爵、两名国务秘书和两名内阁成员、赖因希尔德陆军元帅、莱文豪普特将军、施利彭巴赫将军、罗森（Rozen）将军、斯塔克尔贝里（Stackelberg）将军、克罗伊茨（Creutz）将军、汉密尔顿（Hamilton）将军、3名副将、陆军审计长、59名参谋军官和5名上校［其中包括维滕贝格亲王］，还有16942名下级军官和士兵。简单地说，包括瑞典国王的家仆和其他随军人员在内，至少共有18746人落入胜者手中。如果再加上阵亡的9224人和跟随瑞典国王渡过博里西尼河的近2000人，我们就可以算出，在值得纪念的那一天，卡尔十二麾下的战斗人员至少有2.7万人。[78]

瑞典国王从萨克森出发时有4.5万人跟随他，莱文豪普特又从利沃尼亚带来1.6万人，可是这支大军已经所剩无几。他们的大炮一部分在行军途中丢失，一部分沉进了沼泽地，现在仅剩下18门黄铜炮、两门榴弹炮和两门迫击炮；他就靠这些微不足道的武器开始围攻波尔塔瓦，攻击有强大火炮装备的敌军。因此有人公正地指责他自从离开德意志以后就表现得有勇无谋。俄罗斯方面只有52名军官和1293名士兵阵亡；这是无可否认的证据，说明俄罗斯人的部署比瑞典人好，而且有远远超过瑞典人的火力。

根据俄罗斯宫廷派驻外国的一位公使的回忆录，彼得获悉卡尔十二计划去土耳其避难，就写了一封友好的信，劝说他不要做出如此孤注一掷的决定，与其信任所有基督教君主的天敌，不如信任他。彼得还以名誉担保,用合理的和约终结两国间的全部分歧,不会把他当成俘虏扣留。信使带着这封信抵达布格(Bug)河边,也就是乌克兰的荒原和土耳其领土的边界,可是卡尔十二已经越过边境进入土耳其,于是他又带着信回去了。那位公使进一步补充说,这是信使本人的记述。[79] 这段轶事也有可能是真的,但是我在彼得大帝的日志和交托给我的文件中都没有发现相关内容。

关于波尔塔瓦之战,最重要的是在无数血流成河、尸横遍野的战役之中,唯独这一次,战争不仅带来毁灭,而且对人类有所裨益,使沙皇能够将面积如此广大的土地建设成一个文明的国家。

从18世纪的开端到我写作本书的时候,欧洲发生过200多次对阵战。那些最非凡、最血腥的胜利也并未产生什么特殊的后果,只是减少几个行政区而已,某个国家签订条约割让某个行政区,后来又通过别的战争夺回它们。成千上万的士兵常常在战场上互相残杀,付出最大的努力,却只获得暂时的、微不足道的胜利;最琐碎平凡的事业却产生最重大的效果。在近代历史上,从来没有哪次战争带来的些许益处可以弥补它造成的诸多祸害。可是由于波尔塔瓦之战,世界上最大的帝国赢得了目前的幸福和繁荣。

第十九章　霸权、流亡、大洗牌

波尔塔瓦之战的结果／卡尔十二在土耳其避难／遭到废黜的奥古斯特重新获得他的领土／沙皇的征服成果

有地位的战俘前去拜见胜者，沙皇下令归还他们的刀剑，邀请他们一起用餐。他在祝酒的时候说："为我的战争艺术导师们的健康干杯！"这件事众所周知。然而不久以后，大多数"导师"——尤其是下级军官和全部士兵——都被遣送到西伯利亚去了。俄罗斯人和瑞典人事先没有签订交换战俘的协议，在围攻波尔塔瓦之前，沙皇其实提出过签订交换俘虏的协议，可是卡尔十二拒绝了。他的部队都成了他固执的自尊心的牺牲品。

正是这种不合时宜的固执，导致这位君主在土耳其遭遇种种不幸和险境，那些冒险经历更适合浪漫故事的主人公，而不是明智审慎的国王。卡尔十二刚抵达宾杰里（Bender）①，就有人建议他依照土耳其的惯例给帝国大宰相写信，可是他认为那样太自贬身份。正是由于这种固执，他与土耳其宫廷的所有大臣都发生了矛盾，简而言

---

① 即 Bendery，摩尔多瓦东南部城市，蒂吉纳的旧称。

之,他不懂如何顺应时势或环境。[80]

波尔塔瓦之战的消息传来,波兰、萨克森、瑞典、西里西亚的事态和人们的思想普遍产生了彻底变化。卡尔十二主宰那些地区的时候,曾经迫使神圣罗马帝国皇帝约瑟夫强占150座天主教堂,供西里西亚的奥格斯堡派教徒做告解。天主教徒一听说瑞典国王战败的消息,就从路德会教徒那里夺回了全部教堂。萨克森人只想着如何报复盘剥他们的胜者,他们声称瑞典人抢走了2300万克朗①。

他们的选帝侯波兰国王立即对卡尔十二逼迫他逊位表示抗议,现在他与沙皇和好(8月3日),可以顺利地重新坐上波兰的王位了。瑞典人普遍惊慌失措,有很长一段时间以为国王已死,由于没有确切消息,元老院也举棋不定。

在此期间,彼得下定决心充分利用这次胜利。为了扩大战果,他派遣舍列梅捷夫率军挺进利沃尼亚,这位元帅因经常在利沃尼亚边境作战而赫赫有名。缅希科夫亲王率领一支骑兵队匆匆赶往波兰,援助留在那里的少数部队,鼓励支持奥古斯特的贵族赶走他被当成叛徒的竞争对手,并驱逐仍然留在王国境内的克拉索(Crassau)将军指挥的瑞典部队。

不久,沙皇亲自率军出发,经过基辅以及海乌姆、上沃利尼亚(Upper Volhynia)等有主权的伯爵领地,最后抵达卢布林,与立陶宛的将领商量对策。然后他检阅了发誓效忠奥古斯特的王家军队,又前往华沙,在托伦(Thorn)享受胜利带来的最大光荣(9月18日):一位国王感谢彼得帮助他收复了领土。彼得在那里与丹麦、波兰和普鲁士的国王签订了对抗瑞典的协议(10月7日),决心从卡尔十二手

---

① 克朗(crown)是一种硬币,1克朗等于5先令。

中夺回古斯塔夫·阿道夫征服的土地。他效法历代沙皇,重新对利沃尼亚、因格里亚、卡累利阿以及芬兰的一部分提出领土要求;丹麦要求收回斯堪尼亚(Scania),普鲁士国王要求收回波美拉尼亚。

卡尔十二虽然勇敢却失败了,结果动摇了他的祖先古斯塔夫·阿道夫凭勇气建设起来的宏伟大厦。波兰贵族从四面八方赶来,重新向他们的国王宣誓效忠,或请求国王宽恕他们离弃他的罪行。几乎整个王国都承认彼得是他们的保护者。

面对沙皇的凯旋之师,面对新的协议和突然发生的变革,斯坦尼斯瓦夫无法反对,只得自愿逊位。他发表了一份公告,宣布如果共和国提出要求,他情愿退位。

彼得与波兰国王谈妥了全部必要的措施,批准了与丹麦国王的协议,就直接出发去与普鲁士国王谈判。君主亲自履行驻外大使的职责在当时并不常见,彼得首先引进了这种以前极少有人遵循的习惯。普鲁士第一代国王、勃兰登堡选帝侯在马林韦尔德(Marienverder)①与沙皇会谈,这个小镇由老条顿骑士团兴建,位于波美拉尼亚西部,在普鲁士境内。普鲁士不久前刚成为王国,其实很穷,而且面积很小,可是新国王无论到哪都要讲排场,极尽奢华。沙皇离开俄罗斯帝国去国外学习的途中第一次经过他的领土,他就用豪华的方式招待过彼得;这次他用更加夸张的方式款待了战胜卡尔十二的人。(10月20日)这次彼得仅与普鲁士国王签订了防御性条约,然而它后来导致了瑞典的沦亡。

如果换成别人,这场谈判会拖延很长时间,彼得却连片刻都没有

---

① 马林韦尔德是波兰北部城市克维曾的旧称,曾是西普鲁士马林韦尔德大区首府。

浪费,迅速完成他最重要的任务之后又前往利沃尼亚的首府里加,与他的军队会合。(11月21日)他开始炮轰那座城市,并亲自发射了最初三发炮弹,随后把包围改成封锁。因为确信里加已经是囊中之物,他又回到彼得堡,视察各项工程和新建筑的进度,并完成舰队的建设;他亲手放置了一艘装备54门大炮的船的龙骨(12月3日),然后返回莫斯科。他打算在首都展示胜利的成果,把协助筹备凯旋仪式作为一种娱乐。他指导这场庆典的一切相关工作,亲自担任首席策划和设计师。

他用这次隆重的仪式为1710年揭开序幕,激发自命不凡的感觉。他的臣民需要这种庆典活动,他们一直畏惧瑞典征服者进入城门,现在看见瑞典人战败,都感到非常愉悦。7座宏伟壮丽的凯旋门搭建了起来,在钟声和号角声中,伴随着100门火炮齐射,从敌人那里缴获的大炮、旗帜、军旗经过拱门亮相,成为俘虏的士兵、军官、将军和大臣也都徒步穿过7道拱门。每当轰鸣间歇,聚集围观的无数群众就发出欢呼。游行队伍末尾是将军们率领的凯旋之师,彼得按照他的少将军衔排在其中。几个等级的一些代表站在每座拱门两旁;一群身穿罗马式服装的波雅尔贵族子弟被挑选出来站在最后一道凯旋门旁,向凯旋的君主献上桂冠。

这次公开庆典结束之后又举行了另一次仪式,与这次一样令人满意。1708年俄罗斯军队失利的时候,发生过一次令沙皇不快的意外事件。沙皇派驻伦敦的大使马特维耶夫①觐见过安妮女王,正要离开时遭到逮捕,一些英国商人因债务问题起诉他,在治安法官面前

---

① 此处指安德烈·马特维耶夫(Andrey Matveyev)伯爵,外交家、最早的俄国驻伦敦及海牙大使,是在1682年射击军暴动期间被杀的马特维耶夫之子。

要求他为债务提供担保。那些商人坚持主张商业贸易法应该高于外国使节拥有的特权。沙皇的大使和所有外国公使一致抗议这场诉讼,辩称他们的人身自由不可侵犯,没有例外。沙皇写信给安妮女王,认为冒犯他的大使就是冒犯他,要求赔礼道歉。

但是女王无法用她的权力使沙皇满意,因为英格兰的法律允许商人起诉债务人,没有哪条法律能让外国公使免遭这种诉讼。[81]前一年卡尔十二下令处决沙皇的大使帕特库尔,那件事也鼓励了英国人,致使他们不尊重俄罗斯使节,残酷地侮辱他。当时在伦敦的其他外国公使被迫替沙皇的大使担保,最后女王能为沙皇做的只是推动议会通过一项法令,规定将来任何人都不得因债务问题逮捕外国使节。可是波尔塔瓦之战以后,英国宫廷考虑用恰当的方式补偿沙皇。

女王派一个正式的使团为过去的事情赔礼道歉,率领这个使团的惠特沃思(Whitworth)先生[82]发表了长篇演讲(2月16日),以"最崇高、最有权势的皇帝陛下"开头。他告诉沙皇,冒昧逮捕俄罗斯大使的人已经遭到监禁,声誉扫地。其实他的话不是真的,不过只要这么说就足够了。此外波尔塔瓦之战以后,女王开始用皇帝这个头衔称呼沙皇,表明了如今他在欧洲赢得的地位。

荷兰人已经称呼彼得为皇帝,不仅是曾经在萨尔达姆船坞和他一起工作的同伴——他们似乎最关心他的荣耀,荷兰的头面人物也一致称他为皇帝,对他的胜利公开表示欣喜,甚至当瑞典公使在场的时候也不讳言。

沙皇凭波尔塔瓦大捷赢得了普遍的声誉,他又抓紧一切机会加以利用,进一步扩大成果。他首先围攻王室普鲁士境内的汉萨同盟的小城埃尔宾(Elbing),瑞典守备部队仍在那里驻防,俄罗斯人攀爬城墙进入,瑞典部队投降,成为战俘(3月11日)。埃尔宾有一座卡尔十二非常大的军火库,胜者在那里发现了183门黄铜炮和157门迫击炮。埃尔宾陷落之后,彼得立即从莫斯科前往彼得堡(4月2日),刚刚抵达就在新的喀琅施塔得要塞乘船,沿着卡累利阿河行驶。尽管遇到猛烈的暴风雨,他的舰队仍然平安抵达位于芬兰湾的卡累利阿的首府维堡。在此期间,他的陆军在冰冻的沼泽地前进,很快封锁了利沃尼亚的首府(6月23日)。俄罗斯军队突破维堡的城墙之后,这座城市和4000人的守备部队投降了,虽然是有条件投降,他们并未得到战争的荣誉,沦为了俘虏。彼得控诉敌军的违法乱纪行径,承诺一旦让他满意,就给那些瑞典人自由。这种情况要征询瑞典国王的意见。本来只需小小的让步,那些士兵就可以获救,然而卡尔十二一如既往的顽固,于是他们仍是阶下囚。1695年也有类似的情况,尽管法军的布夫莱尔(Bouflers)元帅在那慕尔(Namur)投降,英国国王威廉三世仍然逮捕了他。此外还有一些违反战俘交换协议的实例,虽然我们希望从未发生过那种事情。

  攻占维堡之后,对里加的封锁迅速转变成常规的围攻,俄罗斯人积极推进,为此不得不打破城墙外的德维纳河上的坚冰。那些地区流行病肆虐,现在围城部队也被传染,损失了9000人。尽管如此,围攻行动丝毫没有松懈。双方僵持了相当长一段时间,最终守备部队有条件投降(7月15日),保住了战士的体面。但是投降协议规定,利沃尼亚的全部军官和士兵必须为俄罗斯服役,过去被卡尔十二的祖先霸占和瓜分的那个国家的人民也是同样的命运。不过利沃尼亚人恢复了被卡尔十二的父亲剥夺的特权,所有军官加入沙皇的军队。利沃尼亚人帕特库尔就是为维护那些特权而遭到处决的,这是沙皇能给予被害的大使的最高尚的补偿。守备部队由大约5000人组成。不久之后,俄罗斯军队攻占了彭纳蒙德(Pennamund)城堡,在城内和堡垒中发现了 800 多门不同类型的火炮。

要完全掌握卡累利阿行政区，现在差不多万事俱备，只要夺取位于拉多加湖的一座小岛上的凯克斯霍尔姆（Kexholm）①要塞；这座要塞被视为坚不可摧，但是俄罗斯人开始轰炸，不久它就投降了（9 月 19 日）。他们同样迅速地征服了利沃尼亚北方海边的厄赛尔岛（Oesel）②（9 月 23 日）。

派尔努和雷瓦尔位于利沃尼亚的爱沙尼亚行政区北边，靠近芬兰湾边缘，只要再占据这两座城市，彼得就能彻底征服利沃尼亚全境。派尔努在遭到围攻数日之后投降（8 月 25 日）。俄罗斯军队甚至未放一枪一炮，雷瓦尔就投降了（9 月 10 日）。但是败者设法逃出了胜者的掌心，在他们投降的同时，几艘瑞典船在夜幕掩护下停靠，守备部队和大部分市民乘船离开。征服者进城的时候，惊讶地发现这里已经是一座空城。卡尔十二赢得纳尔瓦战役的胜利时，没预料到有朝一日他的部队会被迫玩弄这种花招。

斯坦尼斯瓦夫发现他的党派彻底垮台，逃往仍属于瑞典国王的波美拉尼亚避难；奥古斯特重新掌权。卡尔十二废黜了奥古斯特，彼得归还了他的王位，很难断定谁比较光荣。

瑞典国王的臣民比君主本人更不幸。使利沃尼亚田园荒芜的传染病大瘟热也传播到瑞典，仅在首都斯德哥尔摩就夺去了 3 万人的生命。其他行政区同样遭到极大破坏，那些地方本来就人烟稀少，因为在过去 10 年间，绝大多数体格健全的男人都跟随他们的主人背井离乡，在异域丧生。

---

① 现名普里奥焦尔斯克（Priozersk）。
② 即爱沙尼亚萨雷马岛（Saaremaa）。

卡尔十二在波美拉尼亚也厄运缠身。他的军队从波兰撤退到那里,仅剩 1.1 万人。沙皇、丹麦国王、普鲁士国王、汉诺威选帝侯和荷尔斯泰因公爵联手,致使瑞典军队无力再战,逼迫指挥官克拉索将军屈服并保持中立。留在斯德哥尔摩的摄政没有国王的消息,又被城内肆虐的致命传染病分散了注意力,因此乐意签署中立协议,这样瑞典至少有一个行政区可以免受战争恐怖的影响。神圣罗马帝国皇帝赞同这项特别的协议,因为它规定当时在波美拉尼亚的瑞典军队不得去其他任何地方帮助他们的君主;此外他还决定在德意志招募一支军队来执行这项史无前例的协议。由于当时神圣罗马帝国正在与法国交战,皇帝希望瑞典军队为他效力。整个谈判期间,彼得正在征服利沃尼亚、爱沙尼亚和卡累利阿。

卡尔十二这时仍在宾杰里竭尽全力游说土耳其国务会议向沙皇宣战,听闻上述消息,已经很坎坷的命运无疑又遭到一次非常严厉的打击。斯德哥尔摩的元老院竟然自以为能管束他的军队,卡尔怒不可遏,写信告诉元老院,他要送一只靴子回去统治他们。

与此同时,丹麦正准备入侵瑞典,欧洲的每个国家都在参战。西班牙国王卡洛斯二世死后,西班牙、葡萄牙、意大利、法兰西、德意志、荷兰和英格兰都竞相争夺王位继承权;①整个北方都拿起武器反抗卡尔十二。欧洲的每个村庄都遭到战争的蹂躏,唯独没有与土耳其帝国发生争端。然而不久之后,当彼得的荣耀达到顶点的时候——显然正因为如此,他与土耳其的战争打响了。

---

① 此处指西班牙王位继承战争(1700—1714),欧洲各国争夺西班牙王位及其殖民地和海上霸权。签订《乌得勒支条约》之后,路易十四的孙子成为西班牙国王腓力五世,法国虽然赢得继承权,却在其他方面损失惨重。

第二十章　土耳其加入战局

普鲁特战役

苏丹艾哈迈德三世向彼得大帝宣战,当然不是为了瑞典国王,我们可以轻易地料想,他仅仅是为了自己的利益。克里米亚鞑靼人的可汗看到邻居变得如此强大,不可能不感到胆战心惊。一段时间以来,沙皇在亚速海和黑海布置舰队,巩固亚速城的防御,繁荣的塔甘罗格港口已经变得著名,最后还有沙皇的一系列重大胜利以及随着胜利不断膨胀的野心,这一切都令土耳其宫廷颇为不快。

据说土耳其宫廷在亚速海对俄罗斯发动战争的原因是有一艘瑞典船在波罗的海停泊,在船上发现了某位匿名公使写的一封信,这个故事既不真实也不可能。努尔贝里告诉我们,信的内容包括征服土耳其帝国的计划,被交给当时在土耳其的瑞典国王,卡尔十二又将信转交给国务会议,土耳其人一收到信就立即向俄罗斯宣战了。这个故事带有虚构性质。邻近亚速的鞑靼人的可汗比远在君士坦丁堡的国务会议更惶惶不安,由于他们的抗议,苏丹才下令发动战争。[83]

艾哈迈德三世在1710年8月下定决心宣战时,沙皇尚未彻底控制利沃尼亚。那时土耳其人不大可能得知攻占里加的消息,因此拆毁彼得堡的要求已经够荒唐,用金钱补偿瑞典国王在波尔塔瓦之战遭受的损失的提议就荒唐得几乎难以想象。关于卡尔十二在宾杰里的所作所为,传闻已经充满幻想色彩;不过假如土耳其国务会议确实提过此类要求,他们的行为就更有幻想色彩了。

(1710年11月)鞑靼人的可汗是这场战争的首谋,他造访过在宾杰里隐居的卡尔十二。由于小鞑靼(Little Tartary)①的边境与欧洲接壤,瑞典国王和鞑靼可汗是沙皇的胜利的最大受害者,双方的利益休戚相关。但是可汗无权指挥苏丹的军队,他的地位类似于德意志的封建诸侯,用自己的军队为帝国效力,服从帝国皇帝的将领调遣。

(1710年11月29日)土耳其国务会议的第一步行动是在君士坦丁堡大街上逮捕沙皇派驻土耳其的大使托尔斯泰和他的30名家仆,把他们全部关进七塔城堡(Seven Towers)的监狱。这种野蛮的习俗连野蛮人都会为之羞惭,因为各国宫廷派来的许多公使都在土耳其居住,土耳其却从不向外国派遣外交使节。在他们眼里,基督教君主的大使不过是商人充当的领事;他们自然地蔑视基督教徒,就像蔑视犹太人一样。他们极少屈尊注意国际法,除非在涉及自身利益的情况下才迫不得已遵守。至少到目前为止,他们仍继续坚持这种粗野傲慢的态度。

穆罕默德四世在位期间,攻占过干地亚岛的著名高官艾哈迈德·科普鲁律(Achmet Couprougli)②侮辱了法国大使的儿子,甚至野

---

① 小鞑靼在18世纪和19世纪初期常常用来指克里米亚汗国和诺盖汗国(位于里海钦察草原上)的领土,以区别于(大)鞑靼(北亚和中亚地区)。

② 科普鲁律家族是奥斯曼帝国著名的家族,产生了六位大维齐尔。艾哈迈德·科普鲁律(Achmet Kprülü,1635—1676)26岁(1661年)即在父亲推荐下当上了大维齐尔,他发动了对奥地利、威尼斯和波兰的战争,取得克里特和波兰属乌克兰等领地。

蛮地袭击他,后来又把他关进监狱。路易十四性格傲慢、自尊心强,却不敢表示愤怒,只得向土耳其宫廷派遣了另一名大使。基督教君主之间遇到涉及荣誉的问题总是相当敏感,甚至形成国际法条文,可是土耳其人败坏他们的荣誉时,他们似乎完全麻木了。

在所有君主之中,彼得派出的外交使节遭受的侮辱最多。短短数年间,他派驻伦敦宫廷的大使因债务问题遭到监禁;由于瑞典国王的命令,他派往波兰和萨克森的全权代表被车轮刑处死;现在,土耳其宫廷抓住他的公使,像对待普通重罪犯一样扔进君士坦丁堡的地牢。[84]

我们已经在前面提到,关于俄罗斯驻伦敦的大使遭受的冒犯,英国的安妮女王已经向沙皇赔礼道歉;通过波尔塔瓦之战,瑞典人的血洗刷了帕特库尔之死造成的可怕耻辱。然而命运还没有让土耳其人违反国际法的行为受到惩罚。

(1711年1月)沙皇被迫离开西边的战场,转向土耳其边境。他先派波兰的10个军团向摩尔达维亚(Moldavia)[85]进军,然后命令舍列梅捷夫元帅率领部队从利沃尼亚进发。他留下缅希科夫亲王掌管彼得堡的事务,自己返回莫斯科,为准备接下来的战争发号施令。

(1711年1月18日)彼得设立了一个摄政院,射击军开始进军,他颁布命令,号召所有年轻贵族跟随他上战场,学习战争技能,任命其中一些人当候补士官,另一些人当副官。海军上将阿普拉克辛前往亚速,指挥海陆两方面的行动。沙皇又采取一些措施,在莫斯科颁布法令承认一位新皇后,她就是1702年在马林堡被俘获的那个女人。1696年,彼得离弃了给他生过两个孩子的妻子叶夫多西亚·洛普金娜(Eudoxia Lopukhina)。教会法律允许离婚,不过纵然教会不允许，彼得也会自己制定法律允许离婚。

马林堡的女俘虏已经改名为叶卡捷琳娜。她的精神超越了她的性别和不幸。沙皇觉得她惹人喜爱，希望她永远陪伴在身边。她伴随沙皇南征北战，经历过最艰苦的战役；她与沙皇同甘共苦，以天生的快乐性格在他焦虑不安的时候抚慰他，随时殷切关心他。在其他国家，女性一般都需要奢侈品、服装和其他嗜好，她却毫不在乎那些东西。她的存在缓和了沙皇的激烈性情，使他变得更温和仁慈，成为真正伟大的君主。一言以蔽之，沙皇离不开她，在1707年就私下娶了她。他们已经有了两个女儿，次年又生了第三个，后来那位公主嫁给了荷尔斯泰因公爵。[86]

（1711年3月17日）沙皇在带叶卡捷琳娜一起出发进攻土耳其人的同一天，公布了他们的秘密婚姻。他的一些安排预示着这次远征会取得成功。哥萨克酋长已经开始在乌克兰到处劫掠，威慑鞑靼人。俄罗斯部队的主力向德涅斯特（Dniester）河挺进，戈利岑亲王率领的另一支部队经过波兰全速进军。起初一切都很顺利。在基辅附近，戈利岑亲王遇到鞑靼人的一支人数众多的队伍，其中包括一些哥萨克和拥护斯坦尼斯瓦夫国王的波兰人以及少数瑞典人。俄罗斯军队把他们打得一败涂地，杀死了将近5000人。这些鞑靼人经过地势平坦的乌克兰，途中俘获了1万人。他们用随身携带的大量绳索捆绑被意外抓住的倒霉蛋，而不是用土耳其的半月形弯刀，这是他们历史悠久的习俗。可是这次俘虏全部获释，捆绑他们的人反而成了刀下亡魂。俄罗斯军队集结起来总共有6万人，如果加上属于波兰国王的部队，人数还会更多。奥古斯特的一切都归功于沙皇，6月3日他到萨纳河（Sana）岸边的雅罗斯拉夫（Jaroslav）面见沙皇，承诺提供有力的援助。现在，他们以俄罗斯和波兰两国君主的名义向土耳其宣战,可是波兰国会不愿意与土耳其帝国决裂,拒绝批准国王约定的协议。波兰国王永远不能为沙皇效力,拥有这样一个同盟者就是彼得的命运。他还希望得到摩尔达维亚和瓦拉几亚(Walachia)①的君主的协助,结果也由于类似的原因落空了。

那两位君主本来应该抓住机会摆脱土耳其人的枷锁。古代时达契亚人(Dacians)居住在这些地区,他们与格皮德人(Gepids)两个民族融合,长期扰乱罗马帝国的平安。最终图拉真(Trajan)皇帝降伏了他们,君士坦丁一世使他们皈依了基督教,达契亚成了东罗马帝国的一个行省。但是不久以后,他们为奥多亚克(Odoacer)和狄奥多里克(Theodericus)效力,加快了西罗马帝国的灭亡。

后来这两个地区受希腊帝国管辖。土耳其人占领君士坦丁堡之后,摩尔达维亚和瓦拉几亚受到某些君主的统治和压迫;最终土耳其皇帝完全制服了他们,给他们授爵封地。土耳其宫廷总是选择希腊正教会的基督徒担任统治那些地区的大公(Hospodar 或 Waiwod)。这种选择证明了土耳其人的宽容,虽然某些无知的法国人抨击他们,指控他们搞宗教迫害。土耳其宫廷任命的统治者向大君管理的那些地区进贡,或者不如说是代替大君管理那些地区。这种显贵的职位总是授予出价最高的人,或者给宰相高官送礼最多的人,方式类似于任命希腊正教会在君士坦丁堡的牧首。有时,这一职位授予国务会议的口译员。为了确保那些行政区服从支配,土耳其宫廷分隔它们,因而极少选择同一位大公治理两个地区。当时德米特里·坎泰米尔

---

① 摩尔达维亚包括今罗马尼亚东北部、摩尔多瓦和乌克兰的局部地区。瓦拉几亚相当于现在的罗马尼亚,位于巴尔干半岛东北部,摩尔多瓦南边。1859年摩尔达维亚与瓦拉几亚合并,1861年改名罗马尼亚公国,后成为苏联的加盟共和国,1991年作为摩尔多瓦独立。

（Demetrius Cantemir）是摩尔达维亚的大公，据说此人是跛子帖木儿（Tamerlane）的后裔，因为跛子帖木儿的真名是帖木儿（Timur），帖木儿是鞑靼人的可汗；据说坎泰米尔这个姓氏来自帖木儿家族。

巴萨拉巴·布兰科万（Bassaraba Brancovan）得到的领地是瓦拉几亚，不过没有哪位谱系学学者推论出他的家族有鞑靼征服者的血统。坎泰米尔认为摆脱土耳其人控制的时机已至，想借助沙皇的保护独立。为此，他对沙皇采取的行动与马泽帕对卡尔十二采取的行动完全一致。他甚至拉拢巴萨拉巴一起参与阴谋，希望独占全部利益，计划当上摩尔达维亚和瓦拉几亚的主人。那时耶路撒冷主教在瓦拉几亚，是这场阴谋的核心人物。坎泰米尔向沙皇承诺提供人力和物资，正如马泽帕向瑞典国王承诺的一样，而且一样未能兑现。

舍列梅捷夫元帅抵达摩尔达维亚的首府雅西（Jassy），检查并偶尔协助这些计划的实施。坎泰米尔也到那里会见他，受到王侯规格的接待。但是只有在发布反对土耳其帝国的宣言的场合，他的表现才像个王侯。不久之后，瓦拉几亚大公识破了同僚的野心，退出同盟，重新开始尽自己的职责。耶路撒冷主教背信弃义之后又畏惧惩罚，逃跑躲了起来。摩尔达维亚和瓦拉几亚的人民依旧忠于奥斯曼土耳其，本来应该向俄罗斯军队提供粮食的人把粮食运送给了土耳其人。

帝国大宰相巴尔塔基·穆罕默德（Baltagi Mahomet）已率10万人越过多瑙河，沿普鲁特（Pruth）河岸向雅西挺进。普鲁特河是多瑙河的支流，旧称希耶拉苏斯（Hierasus）河，邻近摩尔达维亚和比萨拉比亚（Bessarabia）的边界。波兰贵族波尼亚托夫斯基（Poniatowsky）伯爵[87]与瑞典国王的命运休戚相关，巴尔塔基派他去请求卡尔十二来视察他的军队。可是卡尔十二始终觉得自尊比利益更重要，不同意这个提议,坚持要求宰相先到宾杰里附近的避难地来拜见他。波尼亚托夫斯基返回土耳其人的营地,竭力为他主人的拒绝辩解,宰相对鞑靼人的可汗说:"我早就料到这个傲慢的异教徒会是这种反应。"拥有权势的人互相瞧不起,总是导致互相疏远,这对瑞典国王的事业没有助益。其实卡尔十二从一开始就应该察觉,土耳其人并非为他的利益行动,而是为自己的利益行动。

当土耳其军队越过多瑙河的时候,沙皇穿过波兰边境,渡过博里西尼河,前往解救舍列梅捷夫。舍列梅捷夫元帅在雅西南边的普鲁特河畔,面临受到1万土耳其人和一支鞑靼军队包围的危险。在渡过博里西尼河之前,彼得看到危险与日俱增,犹豫是否应该带他最爱的叶卡捷琳娜深入险境。他关心叶卡捷琳娜的安全,可是在叶卡捷琳娜看来,这种关心是对她的爱和勇气的侮辱。皇后坚持随行,沙皇只得同意带她一起渡河。她骑着马走在行军队伍前头,很少乘坐马车,士兵们用高兴而仰慕的目光注视皇后。渡过博里西尼河之后,他们穿越一片不毛之地,接着渡过布格河,又渡过蒂拉斯河(Tiras,即现在的德涅斯特河),然后再经过一片荒原,才抵达普鲁特河岸边。在令人疲惫的远征过程中,生性快活、平易近人的叶卡捷琳娜鼓舞了整支军队的士气。她帮助生病的军官振作起来,甚至关心地位低微的士兵。

(1711年7月4日)沙皇终于率领军队抵达雅西,首先要在那里建立军火库。瓦拉几亚大公巴萨拉巴已经重投土耳其的怀抱,表面上却仍装作是沙皇的盟友,提议俄罗斯与土耳其议和,虽然大宰相并未授权他进行和谈。俄罗斯人不久就发现了他的欺诈行为。他只需要供应粮草沙皇就满足了,可是巴萨拉巴既没有能力也不愿意提供。从波兰运送补给非常困难。坎泰米尔承诺过负责后勤,希望设法从瓦拉几亚弄到粮草,结果却徒劳无功。这些事情令人失望,俄罗斯军队的处境变得非常不利。雪上加霜的是整个地区又发生自然灾害,大群蝗虫出没,吞噬和毁掉了所有庄稼。此外,他们途经荒漠地区,头顶有骄阳炙烤,经常缺少饮用水,被迫从相当远的地方运水到营地。

在危险而令人疲惫的行军过程中,由于命运的一次恶作剧,沙皇在不知不觉间来到了他的敌人和竞争对手卡尔十二身边。俄罗斯军队在雅西附近扎营,距离宾杰里不到25法里。一些哥萨克的队伍甚至远征到那位不幸君主的隐居地,但是克里米亚鞑靼人在附近地区巡逻,足以保护瑞典国王,阻止危害他的任何企图。卡尔十二在他的营地不耐烦地等待,却不担心即将来临的战争。

彼得刚建立好几个军火库,就匆忙向普鲁特河右岸进军。他的基本目标是阻止驻守在河左岸和上游的土耳其人渡河向他进攻。如果计划实现,他就能掌握摩尔达维亚和瓦拉几亚,为此他派亚努斯(Janus)将军率领先头部队去阻止土耳其人。然而将军赶到的时候,土耳其人已经开始搭桥过河,他被迫撤退,他的步兵遭到土耳其人的追击,直到沙皇亲自率军赶来协助。

大宰相沿河直接向沙皇进军。两支军队人数悬殊:土耳其方面得到鞑靼人的增援,共有将近25万人,俄罗斯部队仅有不到3.5万人。其实伦内将军[①]率领另一支人数相当多的部队正在摩尔达维亚的群山的对面前进,但是土耳其人切断了一切通信联系。

此时沙皇的军队粮草开始短缺,而且虽然就在河边不远处扎营,

---

① 卡尔·埃瓦尔德·冯·伦内(Carl Ewald von Ronne),德国出生的俄罗斯将领。

取水却非常困难。因为大宰相在河左岸布置了排炮,命令炮兵不断向俄罗斯军队开火,取水的人受到猛烈火力的阻击。这段叙述严谨、详细而真实,证明土耳其大宰相巴尔塔基·穆罕默德非常清楚他的工作,远不是瑞典人描述的那种懦弱无能的指挥官。他在敌人眼前渡过普鲁特河,迫使敌人撤退并趁机追击;切断沙皇的军队与来援的骑兵部队之间的联系;他包围沙皇的军队,不留丝毫退路,切断水和粮草的全部来源,用排炮从河对岸不断阻碍敌人取水。缺乏经验或懒惰无能的将军绝不可能采取这些熟练巧妙的策略。

现在,彼得的处境比他的竞争对手卡尔十二在波尔塔瓦的处境更糟糕:他也受到人数占优势的敌军的包围,而且粮草严重短缺。他和卡尔十二一样,信任了一个小君主的承诺,对方却太弱小无法兑现诺言。于是他决定撤退,为了选择比较有利的扎营环境,他设法向雅西返回。

(1711年7月20日)于是他趁着夜幕掩护撤营。但是拂晓时分,他的军队刚开始离去,土耳其人就突然袭击他的后方。普列奥布拉津斯基警卫团掉头反击,坚定抵抗了相当长时间,抑制住敌人的猛烈攻势。然后俄罗斯军队重整阵形,用运货车和辎重行李筑起一道防御工事。土耳其人在同一天(7月21日)再次回来全力进攻,企图突破防线却徒劳无功。俄罗斯人知道如何防御(尽管有相反的说法),证据就是他们也长时间抵抗人数远多于己方的敌军,杀死了大量土耳其人。

土耳其军队中有两名属于瑞典国王的军官,其中一人是前面提到过的波尼亚托夫斯基伯爵,另一人是斯帕雷(Sparre)伯爵,指挥一支拥护卡尔十二的哥萨克部队。据我收到的回忆录记述,这两名将领向大宰相建议避免与俄罗斯人交战,只要切断水和粮草的供应,就能迫使他们投降或饿死。与此相反,其他回忆录声称他们劝说大宰相乘虚而入,猛攻缺少粮食饮水、深陷困境的敌人,杀光他们。前一个建议显得比较审慎、考虑周全,不过后一个建议比较符合卡尔十二训练出来的将领的性格。

事实是大宰相在拂晓时分突袭敌军后方,俄罗斯人的后卫部队陷入混乱,仅有一条 400 人的战线继续抵挡土耳其人。阿拉德 (Alard) 指挥这支小部队迅速组织防御,在紧急情况下,他反应敏捷,做出了恰当的安排,使俄罗斯人在长达三个多小时的时间里顶住了整支土耳其大军的反复进攻,一步都没有后退。他足以因此赢得不朽的荣誉。

沙皇使他的军队习惯遵守严格的纪律,平时的辛苦由于这次战斗得到了充分的报偿。在纳尔瓦战役中,8000 瑞典人击败了 6 万俄罗斯人,原因正是后者纪律散漫;这次仅有 8000 俄罗斯人的后卫部队却承受住了 15 万土耳其军队的进攻,并杀死了 7000 人,迫使其余敌人撤退。

这次激战之后,双方夜间都在战壕中固守。但是俄罗斯人依旧受围困,而且失去了粮草甚至水源。尽管普鲁特河仅有咫尺之遥,他们却不敢靠近河边。一旦有人去取水,部署在河对岸的土耳其人就用火炮发射链锁弹,用猛烈的火力把他们赶回去。前一天攻击过他们的土耳其人带上所有炮兵部队,继续从另一个方向进攻。

由于处境艰难、兵力悬殊而且缺乏粮草,俄罗斯军队似乎面临全军覆没的危险。双方频繁发生小规模的流血冲突,俄罗斯骑兵几乎无马可骑,再也不能发挥作用,除非徒步战斗。总而言之,形势令人绝望。他们已经无路可退,只得孤注一掷,要么大获全胜,要么战斗到只剩最后一人,抑或沦为异教徒的奴隶。

当时的记述和回忆录都一致同意,沙皇犹豫不决,不知是否应该冒险一战;一旦失败,他的妻子、他的军队、他的帝国以及所有建设成果都可能面临无从避免的毁灭。他退进帐篷里,痛苦压倒了他,彼得天生患有惊厥病,目前的绝望形势导致病情加剧。在这种状况下,他独自留在帐篷内,明令禁止任何人进入,不让人目睹他心烦意乱的样子。但是叶卡捷琳娜听说他身心失调,强行进去见他。此时此刻,彼得发现有她陪伴在身边是多么幸福,庆幸允许妻子参加远征。

她和最普通的士兵一样冒着土耳其人的炮火行动,在战场上目睹最恐怖的死亡,这样的女人无疑有权对丈夫提意见,而且应该被听取。于是沙皇听了她的劝说,最后勉强同意向大宰相提议和谈。

东方全境有一种历史悠久的习俗,凡是求见君主或君主的代表的人,必须送礼才能得到接见。由于是军事远征,条件不允许带华丽奢侈的东西,为了准备礼物,叶卡捷琳娜收集随身携带的少量珠宝,加上两张黑狐皮,再加上能够筹到的现金,其中现金是打算送给基亚伊亚(kiaia)①的。她亲自挑选了一位忠诚可靠、头脑灵活的军官,派他带着两名仆人,先把礼物送给大宰相,然后把钱当面交给基亚伊亚。这名军官还受托转交了一封舍列梅捷夫元帅写给大宰相的信。彼得在回忆录中曾提及这封信,不过并未叙述叶卡捷琳娜参与此事的其他细节。但是 1723 年叶卡捷琳娜正式加冕为皇后时,沙皇彼得本人发布的宣言充分证实了她的作用,其中有这样一段话:"每当朕遇到危难,她总是提供极大帮助,尤其在普鲁特之战中,我们的军队减少至 2.2 万人……"如果当时沙皇麾下确实仅有这些战斗人员,那么叶卡捷琳娜立下的功劳就与沙皇授予她的荣誉和尊贵地位完全

---

① the kiaia 指帕夏的首席军官。

相当。据彼得大帝的日志记录，在7月20日那天发生血腥战斗时，他有步兵31554人，骑兵6692人，骑兵几乎都无马可骑，因此俄罗斯军队想必损失了16246人。相同的回忆录证实，土耳其人遭受的损失远远超过俄罗斯人；因为土耳其人冲锋时一拥而上，乱哄哄地不按照命令行动，俄罗斯人的射击几乎全部命中。如果上述数字属实，那么7月20日至7月21日的战斗就是数百年来最血腥的一场战斗。

彼得大帝在给皇后加冕的宣言中承认她"拯救了他的减少至2.2万人的军队"，我们要么怀疑他弄错了数字，要么指责他的日志作假。因为他在日记中说，上述战斗发生时，除了他期待的来自摩尔达维亚群山对面的援军之外，他的部队总共有步兵31554人，骑兵6692人。按照这些数字计算，普鲁特战役的恐怖程度想必远远超过历史学家和各种回忆录的记述，无论他们持肯定还是否定意见。这里肯定有一些错误或误解，在涉及战役的时候，这种情况并不罕见，尤其在谈论事情的具体细节的时候。因此在这种场合，最有把握的方法是集中关注最主要的事件，即胜利和失败；至于双方的确切损失，我们极少能够确定。

无论俄罗斯军队的损失多大，由于他们积极顽强的抵抗，大宰相有可能受到蒙蔽，同意双方议和。和约的条款既给土耳其人增光添彩，同时又避免让沙皇感到过于耻辱，这种希望是存在的。叶卡捷琳娜的重大功劳是察觉了这种可能性，虽然她的伴侣和将领们只预见到无可避免的毁灭。

努尔贝里在他的《卡尔十二传》中引用了一封沙皇写给大宰相的信，沙皇如此表示："若事与愿违，我不幸招致阁下不快，对于阁下可能控诉的任何事由，我愿意进行补偿；祈求您，最高贵的将军阻止更多的流血,恳请您下令大炮停止开火,接受随同此信送去的人质。"

其实这封信与努尔贝里随意拼凑的大部分文章一样,随处可见虚假的特征:它的日期是7月11日,但是在7月21日之前没人送信给巴尔塔基·穆罕默德;况且写信的人不是沙皇,而是舍列梅捷夫元帅,沙皇不会使用"不幸招致阁下不快"这种措辞,臣民触怒了君主要乞求宽恕的时候使用这种措辞才恰当。况且双方都没有提及过人质,也没人派遣过人质。在双方交战炮火最猛烈的时候,一名军官前去送信。战火方燃之际,经由英国和荷兰公使的调停,土耳其国务会议提出过某些和谈条件,要求俄罗斯放弃塔甘罗格的要塞和港口,那是他们发动战争的真实目标,舍列梅捷夫只是在信中重提此事而已。

(1711年7月21日)数小时之后,信使收到了大宰相的答复。在等待期间,有人担忧他被炮火炸死了,抑或被土耳其人扣留监禁了。于是他们派第二个信使带着前述信件的副本出发,又立刻召集一个战争委员会,叶卡捷琳娜也出席了。在会议上,十位将领签署了如下决议:

> 倘若敌人不接受我们提出的条件,坚持要求我们放下武器无条件投降,所有大臣和将领一致决定,我们就要杀开一条血路冲出重围。

按照这项决议,俄罗斯人在辎重周围挖了一道壕沟,离开阵营前进到敌军附近,这时大宰相正式宣布两军暂停交战。

所有支持瑞典的作家都指责土耳其大宰相是胆怯懦弱、卑鄙无耻的坏蛋,收受敌人的贿赂,出卖主子的名誉。与此类似,有些作家指控皮佩伯爵接受马尔伯勒(Marlborough)公爵①的贿赂,劝说瑞典国王继续与沙皇作战;他们还指责法国公使被人收买才签订塞维利亚条约。②除非有强有力的证据,否则决不应该提出这种指控。这种卑鄙无耻的事情迟早会曝光,受托付钱的人会揭发,公共登记册也绝不会说谎,因此达官贵人极少受贿。宰相作为公众人物,受到整个欧洲的瞩目。他的信誉和影响力完全取决于他的人格,况且他总是足够富裕,没必要为了金钱叛国。

　　土耳其帝国总督的职位非常显赫,尤其在战争时期可以带来极大利益,因此巴尔塔基·穆罕默德的军营中应有尽有,甚至称得上奢侈豪华。而在另一方面,沙皇的处境非常窘迫,连军粮都短缺。就物质条件而言,还不如说是大宰相送礼给沙皇。女人赠送少量毛皮和珠宝,这些微不足道的礼物只是依循所有宫廷的习俗(确切点说尤其是东方的习俗)赠送的,决不应该视为贿赂。众多作家抹黑双方之间的关系,但是巴尔塔基·穆罕默德行为坦荡、光明正大,立刻拆穿了他们的谎言。外务院副院长沙菲罗夫(Shafiroff)③公开造访大宰相的营帐,双方都以公开透明的方式协商处理一切事务,事实上也不可能隐瞒。经过谈判签署第一项条款时,完全忠于瑞典国王的一名军官在场负责口译工作,他是波兰贵族波尼亚托夫斯基伯爵的家

---

① 马尔伯勒公爵(1650—1722)是英国将领,在西班牙王位继承战争中统帅英荷联军击败法国国王路易十四,后来由于英国下议院指控他滥用公款而被撤职。
② 1729年11月9日,西班牙与法、英、荷在西班牙塞维利亚缔结和约,结束了1727年至1729年的英西战争。
③ 彼得·帕夫洛维奇·沙菲罗夫(1669—1739),彼得大帝时代重要的外交家,在普鲁特河征战期间进行了出色的外交谈判。1723年因受贿被判处死刑,后改为流放,在叶卡捷琳娜一世期间被召回。

臣和卡尔十二的部下;大宰相的首席秘书哈姆默·埃芬迪(Hummer Effendi)公开草拟了一些条款。况且波尼亚托夫斯基伯爵本人也在场。送给基亚伊亚的礼物是公开正式转交的,一切过程都符合东方人的习俗。土耳其人也另外准备了礼物回赠,因此丝毫没有背叛或阴谋诡计的表现。大宰相下定决心同意和谈的动机首先是伦内将军指挥的部队已经渡过三条河,抵达摩尔达维亚的锡雷特(Sireth)河畔,实际上伦内在多瑙河附近已经占领了一名帕夏指挥的卫戍部队驻防的布勒伊拉(Brǎila)城和城堡。其次,另外还有一支沙皇的部队正在穿过波兰边境进军。最后,大宰相很可能完全不了解俄罗斯军营中极度缺乏粮草的情况。军队一般不会让敌人知道粮草军火的确切情况,相反,习惯的做法是即使快要断粮了也要炫耀己方粮草充足。在土耳其人和俄罗斯人之间,不可能借助间谍刺探敌手的真实状况,靠玩弄诡计获取情报。双方的服装、宗教和语言差别太大,不容许有间谍活动。此外,开小差在我们的军队中盛行,对于土耳其人和俄罗斯人而言却很陌生。因此大宰相应该不知道沙皇的军队陷入了绝望处境。

巴尔塔基尽管擅长指挥,却并不喜欢战争,他认为只要让他的主人达到目的,占领他想要的城堡和港口,阻止伦内的军队的胜利势头,迫使敌人退回多瑙河畔并返回俄罗斯,永远关闭通向亚速海、克里米亚博斯普鲁斯海峡和黑海的大门,破坏沙皇的事业,他的远征就足够成功。最后,如果不用打一场新的战争,避免冒着失去这些切实可得的利益的风险(毕竟处于绝境中的一方可能以少胜多),那就是最好的结果。前一天他刚刚目睹他的禁卫军败退而且损失惨重,历史上以弱胜强的例子不胜枚举。这些就是穆罕默德接受和谈提议的理由。然而,在土耳其军队中服役的瑞典军官和鞑靼人的可汗都不认可他的做法。对于鞑靼人及其追随者来说，在俄罗斯和波兰的边界地区抢劫才符合他们的利益，凡是剥夺他们的抢劫机会的和解条件，他们都想拒绝。卡尔十二则渴望报复他的竞争对手——沙皇。但是，无论是驱使基督徒君主的私人复仇渴望，还是激励鞑靼人首领的掠夺战利品的贪欲，都没有影响土耳其帝国的将领和首相。

一旦达成并签订停战协议，俄罗斯人就向土耳其人购买他们急需的粮草。当时双方并没有签署和约，虽然拉莫特雷（La Motraye）①如此记述，努尔贝里又照抄了他的话。大宰相提出的条件之一是沙皇承诺再也不干预波兰的事务，波尼亚托夫斯基伯爵尤其坚持要求这一点。然而事实上，波兰王国继续保持无力自卫、四分五裂的状态才符合土耳其的利益；于是要求降低，变成俄罗斯部队撤离波兰边境。另一方面，鞑靼人的可汗索要 4 万西昆（sequin）②贡金，但是经过长时间辩论，最终放弃了这一要求。

大宰相一直坚持要求交出坎泰米尔大公，就像瑞典国王要求交出帕特库尔一样。坎泰米尔的处境与以前的马泽帕如出一辙。沙皇控告那个哥萨克酋长，审判他的叛变罪，然后对他的肖像进行模拟处决。土耳其人不了解那种法律程序，对缺席审判和公开定罪都一无所知。他们的律法禁止描绘任何人的肖像，因此张贴判决公告和对肖像模拟处决的做法更加罕见。大宰相坚持要求交出坎泰米尔却徒劳无功，彼得断然拒绝，亲自给他的外务院副院长沙菲罗夫写了这样一封信：

"朕宁愿将远至库尔斯克（Curtzka）的土地割让给土耳其人，因

---

① 指法国旅行作家奥布里·德拉莫特雷（Aubre de La Motraye）。
② 一种重 3.5 克的金币。

为还有希望收复那些土地;但是朕决不愿背弃信念,因为一旦背弃永远不可能挽回。属于朕一人之物,唯有荣誉而已。倘若舍弃荣誉,朕即不复为人君。"

在普鲁特河畔的村庄法尔克森(Falksen),双方终于缔结并签署了和约。条约规定,俄罗斯将亚速及其附属领土加上1696年沙皇占领亚速时的火炮弹药全部归还给土耳其;摧毁亚速海边的塔甘罗格港、萨马拉河畔的萨马拉港以及另外几个要塞。此外还有一项关于瑞典国王的附加条款,规定在卡尔十二返回他的领土时,沙皇不可骚扰,然后假如他们愿意,可以和平共处。单凭这一条款就足以表明大宰相对那位君主毫无敬意。

这一非常规条款的措辞相当清楚地表明,巴尔塔基·穆罕默德对不久前卡尔十二傲慢无礼、目中无人的态度耿耿于怀,瑞典国王的高傲态度或许正是大宰相轻易答应敌手的和谈提议的原因之一。卡尔十二的荣耀完全取决于沙皇的垮台,但是人类一般不愿意赞扬或帮助蔑视自己的人。瑞典国王无疑应该与大宰相搞好关系才符合自己的利益,却在受到邀请时拒绝造访大宰相的营帐。如今他的全部希望即将破灭、和约正在缔结,他又不请自来,匆匆赶往土耳其人的军营。大宰相没有亲自迎接,只派出两名帕夏,等卡尔十二来到他的营帐附近,才动身出去迎接。

众所周知,这次面谈双方只是在互相指责。瑞典国王责备大宰相本来可以轻易俘虏沙皇却不动手,穆罕默德回答说:"如果我把他抓起来,谁来统治他的领土呢?"

有些历史学家认为这个回答太软弱,但是我们可以轻易领会其中表达的愤恨不满。他接着又补充了一句:"每位君主都离开自己的领土可不合适啊!"这足以显示他想要羞辱在宾杰里避难的卡尔十二。

于是卡尔十二此行一无所获,仅仅用马刺扎破了大宰相的长袍;大宰相有条件使他后悔做出这种乖戾的冒犯行为,却装作没注意到,在这方面他无疑远比瑞典国王优秀。在波尔塔瓦,一名糕点师傅的儿子迫使卡尔十二的整支军队投降;在普鲁特,一名伐木工决定了他和他的竞争对手——沙皇的命运。在这位君主的一生之中,或许唯有在这种时刻,他才会察觉命运如何能轻易使伟大人物陷入窘境。正如他的名字所暗示的,巴尔塔基·穆罕默德曾经是大君后宫里的伐木工。他不仅不以为耻,反引以为荣,可见东方人的心态与我们的截然不同。

缔结条约的消息传至君士坦丁堡,大君龙颜大悦,下令公众欢庆整整一个星期。把好消息带回国务会议的中将名叫穆罕默德,那位基亚伊亚当即获得提升,成为尊贵的马厩总管(boujouk imraour),这无疑证明苏丹对大宰相的服务并无不满。

努尔贝里说,"巴尔塔基·穆罕默德难以应付,大君迫不得已只能谨慎地对待大宰相",这说明他不了解土耳其政府的情况。苏丹确实经常无法应付禁卫军,但是凭苏丹的意志或命令就可以轻易牺牲宰相,从来没有相反的例子,巴尔塔基·穆罕默德没有条件靠自己的权力维护自己。况且努尔贝里的叙述中自相矛盾之处显而易见,他在同一页既说盛怒的禁卫军士兵反对穆罕默德,又断言苏丹畏惧大宰相的权力。

于是,瑞典国王降格到了必须在土耳其宫廷内策划阴谋的地步。这位君主不久前还靠自己扶植别的国家的国王,现在却不得不等待苏丹阅览遭到拒绝的陈情书和请愿书。

卡尔十二用尽一切阴谋诡计,犹如竭力离间主人与某位大臣的臣民。他用这种方式反对穆罕默德和他的继任者。有一次他通过一个有资格进入后宫的犹太女人写信给苏丹的女眷，还有一次他利用了一个太监。最后他找了一个人混进大君的卫队，装作精神失常，吸引苏丹的注意力，借机把卡尔十二的陈情书当面交给苏丹。瑞典国王使尽各种各样的计谋，结果却只是蒙受羞辱。土耳其宫廷以前慷慨大方地补贴给他大量塔伊姆（thaim）作为生活费，总共相当于1500里弗[88]，现在他失去了这笔钱。大宰相不再送给他津贴，而是以友好建议的形式嘱咐他离开大君的领土。

然而卡尔十二下定决心不离开，他依旧抱着虚妄的期待，以为自己将率领土耳其人的强大军队再次侵入波兰和俄罗斯。他不愿屈服，在1714年采取了大胆鲁莽的行动，独自率领秘书、贴身男仆、厨子和马夫对抗土耳其禁卫军、非正规骑兵和鞑靼人组成的部队，结局世人皆知：在这个殷勤接待过他的国家，他变成了阶下囚；在土耳其生活了5年之后，他最终化装成信使回到了自己的王国。由此应该承认，如果这位非同寻常的君王的行为是有理由的，他的理由肯定与别人的截然不同。

第二十一章 媾 和

普鲁特战役的结局

在这里有必要重提我在《卡尔十二传》中已经讲述过的一个事件。在签订《普鲁特条约》之前的休战期间，两名鞑靼士兵突然袭击并俘虏了沙皇军中的两名意大利军官，把他们卖给了土耳其禁卫军的一名军官。大宰相获悉这件公然背信弃义的事，处死了那两个鞑靼人。这位宰相曾经在君士坦丁堡的街道上逮捕沙皇的大使托尔斯泰，然后把他关进七塔城堡的监狱，这次却显得非常周到练达，他的表现是否协调一致？我们总是可以在人类自相矛盾的行为中发现缘由。鞑靼人的可汗反对与俄罗斯人议和，激怒了宰相，因此巴尔塔吉·穆罕默德杀鸡儆猴，告诉那位酋长他才是主人。

双方缔结条约之后，沙皇立刻离开普鲁特地界，返回自己的领土。8000人的土耳其军队尾随其后，大宰相派这支部队一方面监视俄罗斯军队的动向，另一方面兼作护卫，防止在那个地区到处游荡的鞑靼人袭击他们。

彼得立即着手履行条约，拆毁萨马拉和卡缅斯卡（Kamienska）的要塞，但是在归还亚速和拆毁塔甘罗格的港口的实际过程中遇到了一些困难。按照条约规定，必须区分属于土耳其人的火炮弹药和在沙皇占领亚速之后运送到那里的火炮弹药。当地总督办事拖延，旷日持久，激怒了苏丹。这也情有可原，大君急于得到亚速。巴尔塔吉·穆罕默德承诺不时送交火炮，但是总督一直找借口拖延，因此大宰相失去了主人的恩宠和地位。鞑靼人的可汗和他的其他敌人利用宫廷中的关系进谗言，苏丹罢免了巴尔塔基·穆罕默德，同时还有几名帕夏失宠了。不过大君很信任宰相的忠诚，并未剥夺他的性命和财产，只派他去米蒂利尼（Mytilene）掌管那座岛屿。努尔贝里诱导我们相信这位宰相收过沙皇的贿赂，可是苏丹只是撤了他的职（1711年11月），让他继续保留财产，最主要的是让他掌管米蒂利尼，这些足以反驳努尔贝里的谣传。

此外，努尔贝里断言，博斯坦哲帕夏①奉命去告知大君的判决，剥夺巴尔塔基·穆罕默德的官位，同时宣布他是"叛徒，不服从君主的命令，为金钱投敌，犯下没有恰当考虑瑞典国王的利益的罪过"。首先，土耳其人根本不使用宣告的方式，大君的命令总是私下发出、隐秘执行。其次，假如苏丹宣布宰相是卖国贼、叛徒、贪污犯，在土耳其这个国家，此类性质的罪行决不会得到赦免，宰相会被立即处死。最后，假如惩罚宰相的原因是他没有充分照顾瑞典国王的利益，那么显而易见，卡尔十二必然在土耳其宫廷内具有强大影响力，令其他大臣胆战心惊，争相竭力讨好他。然而事实恰恰相反，在巴尔塔基·穆罕默德离职后，土耳其禁卫军的将军优素福（Jusuf）帕夏继任大宰相。对于卡尔十二的行径，他与前任的态度相同，不仅不愿为卡尔十二效劳，反而一心想着如何摆脱这个危险的客人。瑞典国王的同伴

---

① 博斯坦哲（Bostangi）是奥斯曼帝国的一种皇家卫队成员，负责保卫苏丹的宫殿及住所，其首领被称为Bostangi-bashi，等级为帕夏。

第二十一章　媾　和

和心腹波尼亚托夫斯基伯爵前来恭贺新上任的宰相时，优素福对他说："异教徒，休怪我言之不预，倘若我发现你心怀鬼胎，就立刻往你脖子上绑一块石头，把你扔进海里去。"

这段话是波尼亚托夫斯基伯爵本人所述，他在应我的请求撰写的回忆录中提及此事，足以证明他的主子在土耳其宫廷内毫无影响力。努尔贝里对土耳其帝国发生的事件的记述，看来出自一个有偏见的作者，他不了解背景环境，却假装在记录事实。土耳其的大宰相每年可以任意支配6000万的巨款[89]，努尔贝里却无凭无据地指控他贪污受贿，我们可以把它当作受党派思想影响的错误和政治性质的谎言，丝毫不需要考虑。我手头有一封波尼亚托夫斯基伯爵在签订《普鲁特条约》之后立即写给斯坦尼斯瓦夫国王的信，他谴责巴尔塔基·穆罕默德怠慢瑞典国王，厌恶战争，情绪反复无常，但是丝毫没有暗示过他腐败受贿。因为伯爵非常清楚大宰相的地位，决不会以为沙皇能够用钱收买土耳其帝国的二号人物，诱使他叛变。

为了履行条约，沙菲罗夫和舍列梅捷夫留在君士坦丁堡作为人质。他们可以在城里自由行动，有两个连队的土耳其禁卫军护卫。假如苏丹知道俄罗斯人用钱收买和约，勾结宰相欺骗主子，就不会这样对待他们。

在签订《普鲁特条约》之后，土耳其人立刻从七塔城堡的监狱释放了沙皇的大使托尔斯泰。为了执行条约的几项条款，荷兰和英国公使居中调停，与新宰相交涉。

亚速最终归还给了土耳其，条约中提及的要塞也按照约定摧毁了。现在土耳其宫廷虽然大致无意干预基督教国家君主之间的分歧，却由于骄傲自负，企图在俄罗斯、波兰和瑞典国王之间充当仲裁者，坚持要求沙皇的军队从波兰撤退，使土耳其帝国远离这个危险的邻居；还希望送卡尔十二返回他的领土，让基督教君主继续不停地自相残杀，但是完全无意为卡尔十二提供军队。鞑靼人依旧盼望战争，如同工匠愿意抓住一切机会练习自己的手艺。土耳其禁卫军同样渴望上战场，不过他们的动机主要是对基督教徒的憎恨、不安分守己的天性以及对奸淫掳掠的喜好。然而英国和荷兰公使在谈判过程中巧妙应对，压倒了反对派。《普鲁特条约》得到批准，只不过附加了一项新条款，规定沙皇的部队应当在三个月之内撤离波兰，苏丹应当立即送卡尔十二离开土耳其。

根据新条款，我们可以判断瑞典国王是否如某些作家声称的那样在土耳其宫廷具有影响力。显而易见，他以前是巴尔塔基·穆罕默德的牺牲品，这次又成了新宰相优素福帕夏的牺牲品。维护卡尔十二的历史学家想要粉饰这次新的侮辱，却找不到权宜的借口，只能指控优素福和前任宰相一样收受贿赂。这种没有任何证据的反复诋毁，不是有真凭实据的历史，只是无能的阴谋小集团的吵闹而已。那些小派系虽然被迫承认事实，却总是竭力歪曲或篡改背景环境和动机，不幸的是，我们时代的历史正是经过如此歪曲后传给后代的，而他们将无法辨别真伪。

第二十二章　喜事连连

　　皇长子的婚姻／彼得和叶卡捷琳娜公开举办隆重的婚礼／叶卡捷琳娜与兄弟相认

　　对沙皇而言，失败的普鲁特战役比纳尔瓦战役造成的损害更大。在纳尔瓦失败之后，他不仅设法挽回了损失，还从卡尔十二手中夺取了因格里亚。可是由于签订法尔克森条约，他同意将亚速海边的港口和堡垒交给苏丹，永远失去了在黑海占据优势的机会。此外，他手头还有无数工作要做：必须完善俄罗斯的各种新设施，巩固战胜瑞典的成果，使奥古斯特坐稳波兰的王位，还要恰当地处理与几个强大的同盟国的关系。过度疲劳损害了健康，彼得不得不去卡尔斯巴德（Carlsbad）[90]温泉疗养。其间他命令部队进攻波美拉尼亚，封锁施特拉尔松德，还在附近地区占领了5个城镇。

　　波美拉尼亚位于德意志最北端，东边与普鲁士和波兰接壤，西边与勃兰登堡交界，南邻梅克伦堡（Mecklenburg），北临波罗的海。这个行政区几乎每个世纪易一次主，在著名的三十年战争①中，古斯塔

---

① 欧洲历史上第一次大规模的国际战争（1618—1648），主要战场在德意志，交战一方是德意志新教诸侯、丹麦、瑞典、英格兰、荷兰、法国，另一方是德意志皇帝、德意志天主教诸侯和西班牙，后者战败，双方签订了《威斯特伐利亚条约》。

夫·阿道夫占领了它,然后按照《威斯特伐利亚条约》,除了保留小小的茶门(Cămin)主教辖区和上波美拉尼亚的几座小城市之外,这个地区被郑重地割让给瑞典。根据与波美拉尼亚的公爵签订的家族协议,整个行政区应该属于勃兰登堡选帝侯;1637年波美拉尼亚公爵家族绝嗣,按照帝国的法律,勃兰登堡家族无疑拥有继承权。然而人的需要是最优先的律法,结果奥斯纳布吕克(Osnaburg)①的条约取代了家族协议。从那以后,几乎整个波美拉尼亚都成了瑞典人的战利品。

沙皇的意图是抢夺瑞典国王在德意志占据的全部行政区,为了实现这个计划,他发现必须与汉诺威和勃兰登堡选帝侯以及丹麦国王结盟。彼得草拟了他计划与这些君主缔结的条约的一些条款,以及占领波美拉尼亚所需要的军事行动的完整计划。

在此期间,彼得前往托尔高(Torgau),出席他的长子阿列克谢与伏尔芬比特尔(Wolfenbüttel)郡主的婚礼(1711年10月23日),新娘是神圣罗马帝国皇帝查理六世(Charles VI)的皇后的妹妹。然而这场婚姻最后扰乱了他心灵的安宁,这对不幸的夫妻也付出了生命的代价。

阿列克谢是彼得大帝在1689年娶的第一任妻子叶夫多西亚·洛普金娜所生的孩子,这时叶夫多西亚已经被幽禁在苏兹达尔(Suzdal)的女修道院里。他们的儿子阿列克谢·彼得洛维奇(Alexis Petrowitz)出生于1690年3月1日,时年22岁。当时欧洲人对这位王子一无所知,某位外国公使出版过关于俄罗斯宫廷的回忆录,他在1711年8月25日写给主人的信件中说:"这位王子身材很高,体格

---

① 应该是Osnabrück,奥斯纳堡(Osnaburgh)是英国地名。

匀称,与父亲非常肖似,性情出众,而且非常虔诚,读过五遍《圣经》,酷爱古希腊历史。看来他聪明颖悟,理解力强,精通数学,掌握战争技能、航海术和水利学。他懂德语,正在学习法语,不过他的父亲从来不允许他学习常规课程。"

这些品质与沙皇后来对儿子的描述大相径庭,我们将看到他如何沉痛地责备儿子的缺陷,那些缺点与公使如此赞美的优良品质截然相反。

外国公使的判断或许过于轻率,彼得认为有必要为人民的利益牺牲父子亲情;应该相信陌生人的证言还是父亲的声明,我们不妨留给后世决定。如果这位公使对阿列克谢的性情不比对他的外表更熟悉,他的证词就毫无分量。因为他描述说王子身材很高,体格匀称,可是据我收到的来自彼得堡的回忆录记述,这位王子的身材既不高也不匀称。

阿列克谢的继母叶卡捷琳娜没有出席他的婚礼。虽然她已被视为皇后,却尚未得到公开承认。此外,她在沙皇的宫廷中只有"殿下"这个头衔,鉴于她的地位,她还不够资格在婚约上签名,也不能以适合彼得大帝的配偶的身份出席仪式。因此她留在波兰属普鲁士的托伦。沙皇办完儿子的婚礼后不久,就送新婚夫妻去伏尔芬比特尔(1712年1月9日),又把皇后接回彼得堡,像以往的旅行一样迅速而隐秘。

(1712年2月19日)彼得私下已经宣布过与叶卡捷琳娜的婚姻,现在处理完儿子的婚事之后,他要公开举办隆重的婚礼。彼得堡是新建的城市,不久前与土耳其的战争造成的破坏几乎耗尽了俄罗斯的财政收入,而且与瑞典国王的争斗尚未结束,但是他们仍在力所能及的范围内举办了一次豪华的庆典。按照往常的习惯,沙皇不仅下命令，而且亲自参与全部准备工作。于是他公开宣布叶卡捷琳娜为皇后，报答她拯救了丈夫和丈夫的全部军队。

这桩婚事在彼得堡受到人们的欢迎。臣民对专制君主的行动表示欢呼通常都是可疑的，不过这次欧洲的有识之士一致确认民众的欢呼出于真诚。他们高兴地看到，一方面，一个庞大君主国的继承人娶了一位不重要的公主，这位继承人除了出身之外没有其他荣誉；另一方面，一位强大的征服者和立法者与外族俘虏同床共枕，公开与除了自身的优点和功劳之外别无其他的女人分享王位。随着人们的思想日益受到明智的人生哲学的启迪，这种赞许的态度越来越普遍。在过去40年间，这种既伟大崇高又洞察秋毫的哲学使我们的认知取得了巨大进步，教导我们只对大人物和权威保持表面的尊敬，把真正的尊重和敬仰留给卓越的才华和值得赞扬的功绩。

我想我有责任在此转述维也纳的奥地利宫廷枢密顾问巴塞维茨（Bassewitz）伯爵的正式报告中的内容。他曾经长期担任荷尔斯泰因驻俄罗斯宫廷的公使，他为人正直、功勋卓著，至今仍在德意志受到高度尊敬。他在一些信件中这样描绘沙皇的婚姻："皇后不仅是帮助沙皇赢得荣誉的主要人物，而且是维护他的生命的至关重要、必不可少的存在。这位君主不幸患有严重的惊厥病，据说是他年轻时被投毒的后遗症。唯独叶卡捷琳娜发现了缓解他的痛苦的秘诀，通过不知疲倦的辛勤照料和关怀，尽一切可能取悦他，全心全意地维护对俄罗斯帝国和她自己都无比珍贵的人的健康。因此沙皇离不开她，选她作为皇位和床笫的伴侣。"我在此只是复述作者本人的原话。

在世界的这个部分，命运给我们展现过许多非同寻常的场景，使最卑微的叶卡捷琳娜摆脱绝境，获得极尽荣耀的地位，在她与沙皇举行婚礼数年之后，命运再次青睐她。我找到一份稀奇的手稿，作者当时在沙皇的宫廷中服务，目睹了那个非同寻常的事件，他如此记述：

奥古斯特国王派往彼得大帝宫廷的一位使节在返回德累斯顿途中经过库尔兰，在一家小旅店借宿，听见有一个人苦恼地抱怨旅店的人侮辱他。鉴于那个人外表看起来很穷，这种情况屡见不鲜。这个陌生人以愤怒的语气回答说，假如他有机会跟沙皇谈谈，或许就可以从俄罗斯宫廷得到超乎他们想象的强大庇护，他们就不敢这么对待他了。

使节听见这段对话，好奇地问了陌生人几个问题，他根据某些回答，又仔细审视对方的长相，觉得此人与叶卡捷琳娜皇后有些肖似。他回到德累斯顿，忍不住给在彼得堡的朋友写了一封信讲述这件事。沙皇偶然间看到了这封信，立即命令里加的总督列普宁亲王设法寻找信中提到的这个人。列普宁亲王立即派遣一名信使前往库尔兰的米塔乌进行查访，最后找到了这个人。此人名叫卡雷尔·斯卡夫隆斯基①，父亲是立陶宛的士绅，在波兰战争中被杀，留下两个尚在襁褓中的幼儿。两个孩子一男一女，遭到遗弃无人照料，除了大自然的天赋之外没受过任何教育。斯卡夫隆斯基自幼与妹妹分离，没有她的消息，只知道1704年她在马林堡被俘②，以为她这时仍在缅希科夫亲王家中，可能交了一点好运。

列普宁亲王收到沙皇的特别谕旨，奉命逮捕斯卡夫隆斯基，假装

---

① 原名卡罗尔·斯科夫龙斯基（Karol Skowroński），后来改名为卡雷尔·萨穆伊洛维奇·斯卡夫隆斯基（Karel Samuilovich Skavronsky），1727年被册封为伯爵，成为王室宫廷大臣。

② 原文如此，叶卡捷琳娜被俘应该在1702年。

指控他犯了某些罪,把他送往里加。为了装得煞有介事,还在他抵达时伪造了罪状,不久后又把他送往彼得堡,派人严加护卫,并命令卫士在途中善待他。

斯卡夫隆斯基抵达首都之后,被带到皇宫的一名军官舍普列夫(Shepleff)那里。舍普列夫事先收到过要他扮演的角色的指示,于是询问这位年轻人的身世背景;过了一段时间又告诉他,虽然里加方面控告的罪状非常严重,他的案子会得到公正的处理。不过他必须向沙皇陛下提交请愿书,以他的名义如此起草一份请愿书之后,舍普列夫会设法帮他把请愿书呈递给沙皇。

第二天,舍普列夫请沙皇到家里用餐,引见斯卡夫隆斯基。陛下问了大量问题,斯卡夫隆斯基的回答十分自然,沙皇确信他真的是皇后的兄弟。兄妹俩小时候都在利沃尼亚生活,斯卡夫隆斯基讲述的家庭情况完全符合叶卡捷琳娜讲述过的关于兄妹俩早年遭遇的不幸情况。

沙皇为证实了斯卡夫隆斯基的身份而感到满意,第二天提议和妻子一起去舍普列夫家吃饭。饭后他召唤昨天盘问过的那个人,于是斯卡夫隆斯基穿着去里加时穿的衣服进来,因为沙皇希望他的穿着保持寒微时的样子。

彼得当着妻子的面再次询问他,据前面提到的手稿补充,最后他转向妻子说道:"这个人就是你的兄弟,过来吧,卡雷尔,亲吻皇后的手,拥抱你的妹妹吧。"

记述此事的作者进一步补充说,皇后大吃一惊晕倒了,她醒过来之后,沙皇说:"这是自然而然的事情。这位先生就是朕的内兄,如果他有什么长处,就给他找份工作,如果他别无所长,就什么都不让他做。"

以我之见，这段话显示出彼得的伟大和质朴，这种伟大非常罕见。据手稿作者说，斯卡夫隆斯基在舍普列夫家住了相当长时间，过着隐退生活，沙皇付给他一笔可观的年金。作者没有进一步记述这段奇遇，仅仅意在揭示叶卡捷琳娜的身世之谜。不过其他作者告诉我们，后来这位先生被册封为伯爵，娶了一位出身良好的女士，生了两个女儿，女儿们嫁给了俄罗斯的名门贵族。至于这些叙述有多少是事实，有多少是添油加醋的内容，就留给可能更了解详情的人来分辨吧。我只说一句，鉴于作者无意出版他的记录，看来他没必要为了娱乐读者而刻意渲染故事中的神奇色彩。他只是随意写信给一位朋友，讲述自己目睹的一件事。他或许弄错了一些背景环境，但是事情本身完全真实。假如这位先生早已知道他的妹妹掌握重权，地位如此尊贵，无疑不会等待这么多年才与她相认。况且这个发现尽管非同寻常，却不如叶卡捷琳娜的飞黄腾达那么离奇。两件事都是命运的力量的突出证据，可以教我们小心谨慎地对待古代那些令人难以置信的事件，与这位皇后的奇遇相比，它们或许没么违反常规。

彼得一世自己的婚礼和儿子的婚礼并非那种使国库耗竭的转瞬即逝的娱乐活动，它们带来的欣喜不久就被遗忘了。现在，沙皇的火炮铸造厂和海军部的建筑已经竣工。他整修交通要道，开凿新的运河，建造了一些舰船，还有一些船停泊在码头；大仓库和其他公共建筑得到整修，彼得堡的贸易开始呈现欣欣向荣的景象。他颁布法令，让元老院从莫斯科迁至彼得堡，于1712年4月执行。通过这些措施，这座新城市变成了帝国的首都，他雇用瑞典战俘从事美化彼得堡的工作，他们的失败为这座城市打下了基础。

第二十三章　不甘心的手下败将

占领什切青／在芬兰登陆／1712年的事件

无论在家庭还是国家方面，在对抗卡尔十二的战争中，还是在与其他强国——这些国家决定协助他把瑞典人驱逐出欧洲大陆，永远禁闭在狭小的斯堪的纳维亚半岛上——的谈判过程中，现在彼得都感到心满意足，他的注意力开始完全转向欧洲西北部的海岸，同时没有完全搁置对亚速海和黑海的意图。长期以来俄罗斯一直拒绝交出亚速的钥匙，现在终于放弃，帕夏以主人苏丹的名义占领了这座城市。尽管瑞典国王使出各种手段，他在土耳其宫廷内的盟友玩弄阴谋诡计，土耳其那边也显示出一场新战争的危险迹象，但土耳其与俄罗斯帝国之间仍继续维持和平。

沙皇正在威胁瑞典的所有行政区，使丹麦国王和汉诺威选帝侯武装起来反抗，快要说服普鲁士国王甚至还有波兰和萨克森公开宣布支持他。这时卡尔十二却依旧固执己见，不愿离开宾杰里，没骨气地将自己的希望和命运寄托在反复无常的土耳其大宰相身上。

卡尔十二与土耳其宫廷打交道时，始终表现出固执强硬的性情，现在又以同样的态度对待联合起来试图制服他的敌人。他潜伏在比萨拉比亚①的不毛之地，对抗沙皇、波兰国王、丹麦国王、普鲁士国王、汉诺威选帝侯（不久之后成为英国国王）以及神圣罗马帝国皇帝。当年他凯旋的时候途经西里西亚，严重侮辱过查理六世，现在怀恨在心的皇帝报复他，任凭他厄运缠身，拒绝保护当时仍属于瑞典的德意志境内的行政区。

（1712年）卡尔十二本来可以轻易破坏正在反对他的联盟，只要他同意将波美拉尼亚的什切青割让给勃兰登堡选帝侯、普鲁士的首位国王腓特烈（Frederick），腓特烈一世对该地区具有合法的领土权利。但是卡尔十二没把普鲁士放在眼里，事实上，普鲁士是勃兰登堡选帝侯的封邑，当时只是一片不毛之地，任何人都未能预见这个弹丸之地的王国将来会变成令人畏惧的强国。因此卡尔十二不听任何让步和解的提议，下定决心赌上一切，命令斯德哥尔摩的摄政在海上和陆上用所有可能的手段进行抵抗。尽管他的领地的人力和财力几乎耗竭，瑞典人还是服从了命令。斯德哥尔摩的元老院组织了13艘第一线作战军舰组成的舰队，凡是能拿起武器的人都自愿服役；换言之，卡尔十二宁折不弯的勇气和骄傲似乎灌输给了他的全部臣民，他们差不多和他们的国王一样不幸。

我们很难假定卡尔十二的行为有任何正常的计划。他在波兰仍然有强大的势力，而且得到了克里米亚鞑靼人的协助。但是这些鞑靼人有可能毁灭这个不幸的国家，却无法让斯坦尼斯瓦夫重新坐上王位。卡尔十二希望土耳其宫廷支持他的事业，企图使枢

---

① 比萨拉比亚指德涅斯特河、普鲁特河－多瑙河和黑海形成的三角地带，作为俄罗斯通向多瑙河河谷的通道，几个世纪来一直是从亚洲到欧洲的入侵之路。1812年，俄罗斯通过俄土战争的胜利，将其纳入帝国版图；历史上该地区于罗马尼亚和苏联之间几易其手。

密院相信在沙皇在波兰支持其盟友奥古斯特之际,枢密院派遣1万至1.2万人去援助瑞典的盟友才符合土耳其的利益。然而这只是妄想,结果是一场空。

(1712年9月)尽管如此,卡尔十二依旧留在宾杰里,等待那些虚妄的计划产生效果,与此同时,俄罗斯人、丹麦人、萨克森人正在侵略波美拉尼亚。彼得偕同妻子一起远征。丹麦国王掌握了不来梅公爵领地的海滨小城施塔德(Stade),俄罗斯、萨克森和丹麦的联军已经兵临施特拉尔松城下。

(1712年10月)斯坦尼斯瓦夫国王目睹众多地区的可悲状况和卡尔十二的固执导致的普遍混乱,知道自己不可能夺回波兰的王位,就召集瑞典将领开会。这些将领正率领1.1万人的部队守卫波美拉尼亚,这是瑞典在这些地区仅存的兵力。

众人集合之后,斯坦尼斯瓦夫提议与奥古斯特国王谈判,表示为了和解他自己愿意牺牲。他在会上用法语向瑞典将军们讲话,然后把讲稿交给他们。有9位军官在上面署名,其中恰巧有人姓帕特库尔,他正是卡尔十二下令用车轮刑处死的不幸的帕特库尔的堂兄弟。

"迄今为止,我一直是为瑞典军队增添光荣的道具,不愿因己之故断送他们的事业。因此我声明为了保全他们的神圣国王,愿意牺牲自己的王位和个人利益,除此之外,我想不到使他离开目前所在地的方法。"

斯坦尼斯瓦夫发表这份声明(上面引用的是他自己的话)之后,准备好出发去土耳其,希望能用自己的牺牲感化他的恩主,缓和他固执强硬的脾气,使他回心转意。然而他的运气也太差,他抵达比萨拉比亚的时候,卡尔十二已经向苏丹承诺离开宾杰里,得到了旅程所需的钱款和护卫队之后,却又突然做出疯狂的决定继续留在那里,只靠他的家仆对抗土耳其人和鞑靼人的整支军队。土耳其人虽然可以轻易杀死他,却只是俘虏他就满足了。偏偏在这个关头,斯坦尼斯瓦夫赶到,也被抓了起来。结果两位基督徒国王同时成了土耳其人的阶下囚。

在这个时代,整个欧洲兵荒马乱。为了让路易十四的孙子坐上西班牙的王位,法国刚与欧洲其他国家打了一场使各方都损失惨重的战争。英国与法国和谈,法国元帅维拉尔(Villars)在佛兰德的德南(Denain)赢得胜利,拯救了法国。此前一百年间,法国一直是瑞典的盟国,夺去瑞典在德意志占据的属地,不符合法国的利益。令人遗憾的是,卡尔十二远离自己的领土,连法国正在谈判什么都不知道。

当时法国的财源已经枯竭,路易十四几乎没有足够的钱付给家里的佣人,可是斯德哥尔摩的摄政陷入绝境,不顾一切地冒险向法国宫廷请求金钱援助。斯帕雷伯爵受委托去谈判借款事宜,这想来是不可能完成的任务。无论如何,他抵达了凡尔赛,向托尔西侯爵陈述瑞典摄政无力支付还留在波美拉尼亚的那支小小军队的军饷,倘若长期拖欠军饷,军队就会罢工;为了维持欧洲的权力均衡,不能让法国唯一的盟国失去那些必要的行政区。其实他的主人到处攻城略地的时候完全没有关照法国的利益,不过路易十四的宽宏大量至少等同于他的兄弟和盟友的不幸。但是法国大臣有效地说明并证实法国无力提供瑞典要求的援助,令斯帕雷伯爵感到绝望。

然而事有凑巧,正当斯帕雷已经不抱希望的时候,一个民间人士满足了他的愿望。那时巴黎有一个银行家叫萨米埃尔·贝尔纳(Samuel Bernard),他替政府和其他个人客户向国外汇款,通过收取佣金聚敛了巨额财富。此人的癖好在他的同行中非常罕见,他醉心于一切轰动的事情,而且非常清楚,如果在国家急需的时候冒险献出自己的财产,法国政府迟早会慷慨地报答。有一天斯帕雷去贝尔纳那里赴宴,小心奉承,满足对方的小癖好,离席之前,银行家交给伯爵60万里弗[91]。之后贝尔纳立即去见托尔西侯爵,告诉他:"我以阁下的名义借给瑞典国王60万里弗,等阁下有钱的时候记得还我。"

那时,斯滕博克伯爵正在波美拉尼亚指挥卡尔十二的军队,没料到会获得如此及时的援助;他的部队即将哗变,除了承诺他什么都不能给士兵,眼看着一场风暴正在周围酝酿。此外伯爵还担忧受到俄罗斯、丹麦和萨克森三支军队的包围,因此渴望停战,猜测斯坦尼斯瓦夫自愿逊位能感化顽固的卡尔十二。要拯救手下的部队,唯一的办法是通过谈判争取时间。于是他派一名信使去宾杰里,向瑞典国王陈奏他的财政状况、危急形势和军队的绝望处境,禀告说在这种情况下,他迫不得已请求停战,如果陛下准许的话他会非常高兴。信使刚出发三天,斯坦尼斯瓦夫尚未启程去宾杰里,斯滕博克就从法国银行家那里收到了60万里弗。对一个满目疮痍的国家而言,这是一笔巨额财富。这笔意外之财犹如万灵药,可以补救一切混乱,斯滕博克找到让萎靡的士气重新振作起来的方法。伯爵满足士兵们的一切要求,募集新兵,短时间内他麾下就有了1.2万人,于是放弃了此前争取停战的意图,一心寻找攻击敌人的机会。

1710年瑞典人在波尔塔瓦战败之后,正是这个斯滕博克为了报复突然袭击斯堪尼亚,与丹麦人交战,他手下只有仓促召集的一小群民兵,单凭斜挂在皮带上的武器,就彻底击败了敌军。此人正如卡尔十二的其他将领,既积极又有胆量。但是他的野蛮残忍玷污了他的勇猛,这里讲述一个例子就足够了:有一次与俄罗斯人交战之后,斯滕博克下令杀死全部俘虏;他发觉有一名为沙皇效劳的波兰军官拉住斯坦尼斯瓦夫的马镫，请求马背上的国王救命，于是用手枪射杀了他，那军官死在了国王怀里。卡尔十二的生平传记中提到过这件事。斯坦尼斯瓦夫国王告诉本书的作者，由于对瑞典国王的尊敬和感激，他才克制住自己，没有当场打死斯滕博克。

（1712年12月9日）斯滕博克在维斯马（Wismar）的路上前进，寻找俄罗斯、丹麦和萨克森的联军，不久发现丹麦和萨克森军队就在附近，俄罗斯人落在后面，相隔3法里。沙皇接连派出三名信使，恳请丹麦国王等待他赶上来，如果试图在兵力相当的情况下与瑞典军队交战，未免太危险。可是丹麦君主以为稳操胜券，不愿意与任何人分享胜利的荣誉，于是继续前进，在加德布施（Gadebusch）附近进攻瑞典军队。这天的事情进一步证明瑞典人与丹麦人之间有一种与生俱来的敌意。两国军官带着根深蒂固的巨大仇恨互相残杀，双方的争斗至死方休。

在俄罗斯人赶来援助丹麦人之前，斯滕博克大获全胜。第二天斯滕博克收到主人的消息，卡尔十二命令伯爵放弃停战的想法，同时申斥他竟然有那种损害他名誉的念头，告诉他要么胜利，要么灭亡，只有这样才能弥补他的过错。由于已经赢得的胜利，斯滕博克幸运地迎合了命令，避免受到谴责。

然而这次胜利与当年卡利什之战的胜利相似。在奥古斯特国王接连遭遇不幸的时候，卡利什的胜利仅仅给他带来转瞬即逝的安慰，却导致他的处境进一步恶化，那时瑞典人在其他地方仍然势不可挡。同样，这次加德布施之战的胜利只不过延迟了斯滕博克及其部队的毁灭。

瑞典国王收到斯滕博克获胜的消息，以为自己的事业正在复兴，甚至自欺欺人地希望土耳其宫廷为他宣战，那时苏丹似乎又打算与沙皇决裂。卡尔十二满怀盲目乐观的幻想，命令斯滕博克将军向波兰进军。只是一次小小的胜利，他就乐意相信纳尔瓦之战会重演，自己随意支配敌人的年代会再次到来。然而遗憾的是，不久之后宾杰里事件彻底粉碎了这些自以为是的希望，他自己变成了土耳其人的阶下囚。

阿尔特纳（Altena）是商人和手工业者居住的小镇，完全不设防，按照战争法和国际法本来应该幸免于难；可是瑞典人在夜间突然袭击，把它烧成了灰烬，这就是加德布施的全部胜利成果。阿尔特纳遭到彻底摧毁，有些居民在大火中丧生，有些居民赤身裸体逃了出来，很多老人、女人和儿童饥寒交迫，在汉堡城门前死去。数千人的命运仅仅由于两个人的争执而改变，这种事情屡见不鲜。斯滕博克只赢得这一次残酷的胜利；俄罗斯、丹麦和萨克森军队紧追不舍，他和他的军队被迫前往荷尔斯泰因公爵领地的滕宁要塞请求避难。

当时这个公国是欧洲北方遭受最残酷蹂躏的地区，其统治者是命运最悲惨的君主之一。此人是卡尔十二的外甥，其父是卡尔十二的妹夫。正是为了此人的父亲，在纳尔瓦战役之前，卡尔十二率军打到哥本哈根，还签订《特拉温达尔条约》，恢复荷尔斯泰因公爵的权利。

辛布里人①和古诺曼人起源于这一地区。古诺曼人侵略过法兰克的纽斯特里亚（Neustria），征服过英格兰全境、那不勒斯和西西里。时至今日，尽管该地区仅有两个次要的公国，但是没有哪个国家自称能轻易征服古代的辛布里人的后裔。两个公国之一的石勒苏益格是拥有主权的公国，通常属于丹麦国王和荷尔斯泰因公爵；戈托普

---

① 辛布里半岛就是现在北欧的日德兰半岛。

(Gottorp)只属于公爵,荷尔斯泰因是号称神圣罗马帝国的德意志帝国的分支。

丹麦国王和荷尔斯泰因-戈托普公爵来自同一个家族,不过公爵作为卡尔十二的外甥,是瑞典王位的假定继承人,因而是丹麦国王的天敌,丹麦国王恨不得把他扼杀在摇篮中。公爵父亲的一个兄弟是吕贝克主教,负责监护这个不幸的未成年孤儿,管理侄子的领土。这时他左右为难,一边是他不敢救援的瑞典军队,一边是逐渐逼近的似乎要毁灭这个公国的俄罗斯、丹麦和萨克森联军。尽管如此,他觉得有义务尝试营救卡尔十二的军队,同时避免激怒丹麦国王。丹麦国王是这个公国的主人,不断索取贡金,使公国财力几乎耗尽。

吕贝克主教兼管理人对格尔茨(Görtz)男爵言听计从。这位著名的男爵是当时最精明狡猾、有进取心的人,天生具备敏锐的洞察力,富有才智。他的才能足以尝试最大胆、最艰巨的任务。他在谈判时善于旁敲侧击,实行计划时坚决果断。男爵取悦和说服别人的技巧是最高级别的,懂得如何用自己天生的活泼性格蛊惑人心,用和蔼的口才赢得人心。因此他控制了主教,后来很荣幸地对卡尔十二也有很大影响力。我们都知道,由于控制世界上最难控制、最顽固倔强的君主,他付出了生命的代价。

格尔茨与斯滕博克将军私下会谈,[92]承诺交给将军滕宁要塞[93],避免让他的主人吕贝克主教冒任何危险;同时,男爵又以最坚定的态度向丹麦国王保证他会尽力守卫这座要塞。所有谈判都以这种方式进行,国家事务与个人事务的性质截然不同,大臣的荣誉完全取决于能否成功,而个人的荣誉却在于信守承诺。

斯滕博克将军在滕宁城下出现,要塞司令拒绝开门,如此一来丹麦国王就没有理由抱怨吕贝克主教了;但是格尔茨又假借未成年的荷尔斯泰因公爵的名义发出一道命令,允许瑞典军队进城。内阁秘书斯坦克(Stanke)签了荷尔斯泰因公爵的名字。格尔茨渴望博得瑞典国王的青睐,但是他的主人似乎不愿意准许瑞典军队进入,用这种方法既可以保住一个还没有能力发号施令的幼儿的名誉,又可以在瑞典国王和吕贝克主教两边左右逢源。滕宁的管理人被轻易收买,把要塞交给了瑞典人,格尔茨在丹麦国王面前竭力替自己辩解,声称整件事情并未得到他的同意。

瑞典人部分撤退到城内,部分得到要塞大炮的掩护,但是他们没有获救。斯滕博克将军被迫投降,连同手下的1.1万人全部成了战俘,就像波尔塔瓦战役之后1.6万瑞典人全部投降一样。

按照双方的协定,瑞典可以赎回或交换战俘。将军的赎金定为8000德国克朗[94],这笔钱其实微不足道,但是斯滕博克无法支付,结果他一直被囚禁在哥本哈根,到死为止。

于是荷尔斯泰因的领土落到了盛怒的征服者手里,任凭摆布。年幼的公爵成了丹麦国王报复的对象,注定要为格尔茨滥用他的名义付出代价。卡尔十二的厄运连累了他的整个家族。

格尔茨察觉他的计划破产了,却依旧想浑水摸鱼,决心扮演一个出风头的角色,他回想起在瑞典占领的德意志领土上建立一个中立国的想法。

丹麦国王准备占领滕宁,汉诺威选帝侯乔治打算夺取不来梅、费尔登(Verden)和施塔德,普鲁士的新国王腓特烈·威廉看中了什切青,沙皇彼得一世准备入主芬兰;除了瑞典本土之外,卡尔十二的领土全都是别人企图瓜分的战利品。各方分歧的利益如何与中立国相容并存?格尔茨同时跟参与瓜分的几位君主进行谈判,夜以继日、马不停蹄地奔波。他建议不来梅和费尔登的总督把这两个公爵领地以托管的形式交给汉诺威选帝侯,这样丹麦人就无法占领;他劝说普鲁士国王与荷尔斯泰因公爵联手扣押接管什切青和维斯马,如此一来,丹麦国王就不会对荷尔斯泰因出手,不会进入滕宁。把这些要塞交到那些可能永久占据它们的人手中,这无疑是为卡尔十二效劳的最奇怪的方式。但格尔茨通过把这些要塞当作抵押品交给他们,限制他们保持中立,至少保持一段时间;而且格尔茨还抱有将来让汉诺威和勃兰登堡拥护瑞典的希望。普鲁士国王的领土满目疮痍,急需和平,格尔茨劝说他接受自己的意见。总之男爵设法使自己成为这些君主都需要的红人,他像监护人一样处置卡尔十二的属地,代替没有能力自己处理事务的受监护的孤儿①牺牲掉一部分财产,以便保护其他财产。没人赋予他正规的权力、委托或授权书做这些事,只有吕贝克主教全权委托他,可是卡尔十二本人也没有给主教这种权力。

这就是德·格尔茨男爵,迄今为止他的行动依旧充满谜团。历史上确实有过个人影响整个欧洲事务的例子,诸如奥克森谢尔纳、黎塞留和阿尔贝罗尼②;但是格尔茨只是吕贝克主教的私人顾问,却做了同样的事,而且任何人都没有公开承认与他的关系,这种事的确前所未闻。

(1713年6月)起初格尔茨顺利达到了目的,他与普鲁士国王达

---

① 按照欧洲的习惯,在封臣战死等情况下,领主有权管理他的土地庄园等财产,等封臣之子成年后,领主再交还权利。

② 奥克森谢尔纳(Oxenstierna,1583—1654)是瑞典政治家,瑞典国王古斯塔夫二世的首相。黎塞留(Richlieu,1585—1642)是法国政治家,路易十三的首相、枢机主教、第一任黎塞留公爵,当政期间巩固封建专制统治,加强中央集权,参加三十年战争。阿尔贝罗尼(Alberoni,1664—1752)是意大利裔外交家,1717年成为西班牙枢机主教,实际上行使首相权力,推行财政改革,1719年被放逐后返回意大利。

成协议，国王同意让卡尔十二保留波美拉尼亚的其余部分，条件是由他扣押接管什切青。根据这个协议，格尔茨向波美拉尼亚总督马德费尔德提议，为了和平把什切青的要塞割让给普鲁士国王。他以为能像说服管理滕宁的荷尔斯泰因人一样轻易说服什切青的瑞典人，然而卡尔十二的军官并不习惯服从这种命令。马德费尔德回答说，除非把城堡夷为平地，跨过他的尸体，否则谁都别想夺占什切青，并且立即派人向主子禀报这个奇怪的提议。信使抵达时发现卡尔十二由于在宾杰里的冒险活动被土耳其人囚禁在代米尔塔什（Demirtash），他可能会在监禁中度过余生，也可能被流放到王子群岛抑或属于土耳其的某个亚洲岛屿上，当时还难以预料。然而卡尔十二在狱中下达的命令和以前他给斯滕博克的命令一样，也就是说，宁愿灭亡也不向敌人屈服，甚至命令马德费尔德像他一样不屈不挠。

格尔茨发现什切青总督扰乱他的举措，对中立或扣押接管的事连听都不愿听，就产生了不仅要让什切青，而且要让施特拉尔松德接受托管的念头。为此他与勃兰登堡选帝侯就什切青问题达成了协议，又设法与波兰国王兼萨克森选帝侯达成了类似的协议（1713年6月）。男爵非常清楚，鉴于瑞典国王成了土耳其人的俘虏，瑞典既缺乏人力又缺乏金钱，不可能继续占有那些地区，他有把握用扣押托管的手段使北方摆脱战争的祸患。最后，丹麦国王也加入了格尔茨的计划。男爵对沙皇的将军和宠臣缅希科夫亲王也有完全的影响力，说服亲王相信荷尔斯泰因公国会割让给他的主子沙皇，并用开挖一条从荷尔斯泰因通往波罗的海的运河的前景取悦沙皇——这项事业完全符合这位王室创业者的喜好和思维方式。最重要的是，他努力暗示沙皇，只要屈尊当神圣罗马帝国的诸侯，就能获得新的权力，就能在雷根斯堡（Ratisbon）的国会得到投票权，然后凭武力永远保持这种权利。

一言以蔽之，这位娴熟的谈判者千变万化、八面玲珑，顺应利益彼此对立的人，扮演最复杂的角色，实在无人能及。他甚至建议缅希科夫亲王毁掉自己努力拯救过的什切青。不幸的是，正因为他做得太成功，最终招致了灾祸。

普鲁士国王发现俄罗斯军队来到了什切青城下，发现什切青城将不再属于自己，而为沙皇占据。这恰恰是格尔茨期待已久的机会。缅希科夫亲王缺钱，格尔茨让普鲁士国王借给他40万克朗，然后派人送信给什切青的总督，问他是宁愿眼看什切青化为灰烬，成为俄罗斯的领土，还是选择托付给保证有朝一日会把它物归原主的普鲁士国王？最终格尔茨说服要塞司令放弃了什切青，缅希科夫进城，然后收取40万克朗的报酬，把要塞及附近的领土全部交给了普鲁士国王。为了走个形式，普鲁士国王又让荷尔斯泰因的两个营进驻什切青，后来普鲁士国王再也没有归还波美拉尼亚的这片土地。

从这一时期开始，普鲁士的第二代国王继承了软弱无能、挥霍无度的父亲的王位，通过训练军队和发展经济奠定基础，使普鲁士发展成为如今这个强盛伟大的国家。

德·格尔茨男爵虽然到处钻营活动，却未能说服丹麦人放过荷尔斯泰因公国，抑或放弃占领滕宁。他的主要目标似乎没有实现，但是他在其他方面都成功了，尤其是在成为北方的重要人物这一点上，事实上这才是他的首要目标。

汉诺威选帝侯已经从卡尔十二手中夺走了不来梅和费尔登。萨克森军队兵临维斯马城下（1715年9月），普鲁士国王得到了什切青，俄罗斯人准备与萨克森人联合起来围攻施特拉尔松德，萨克森人已经在吕根岛（Rügen）登陆；其他各方正在进行数不清的谈判，争论中立和瓜分土地等问题的时候,沙皇已经在芬兰登陆了。他亲自指挥大炮瞄准施特拉尔松德之后,把剩下的任务交给盟友和缅希科夫亲王,又在5月来到波罗的海,乘上一艘他在彼得堡亲自指挥制造的装备50门炮的船,向芬兰海岸进发。跟随他的舰队包括92艘帆桨战船和110艘缩半型帆桨战船,船上的士兵有将近1.6万人。(1713年5月22日)沙皇选择的登陆地点在埃尔森福德(Elsingford)①,位于北纬61度,是这个寒冷贫瘠的国度的最南端。尽管遇到无数困难,他的计划还是成功了。他佯攻海港的一边,率领部队在另一边登陆,占领了埃尔森福德。随后他掌控了奥布(Åbo)②、博尔戈和整个海岸。看来瑞典人的资源已经耗尽,因为此时此刻,斯滕博克将军率领的军队在滕宁被迫投降,全部成了战俘。

正如我们看到的,灾祸接二连三地降临到卡尔十二身上:不来梅、费尔登、什切青和波美拉尼亚的一部分相继沦陷,这位君主本人和他的盟友斯坦尼斯瓦夫先后变成了土耳其人的阶下囚。尽管如此,他依旧没有醒悟,继续自欺欺人地幻想自己能率领土耳其军队返回波兰,使斯坦尼斯瓦夫重新坐上王位,像昔日一样令敌人胆战心惊。

---

① 原文如此,疑为赫尔辛福斯(Helsingfors),芬兰首都赫尔辛基(Helsinki)的瑞典语名称,由瑞典国王古斯塔夫一世在1550年建立。

② 图尔库(Turku)的瑞典语名称,现为芬兰重要海港和工业基地。

第二十四章 瑞典持续丧师辱国

彼得大帝的成就／卡尔十二返回他的领土

沙皇一边攻城略地,一边完成海军的建设,让1.2万个家庭搬迁到彼得堡,使所有盟友对他的人格和运气坚信不疑,尽管他们的观点互相对立,利益存在分歧。沙皇的舰队威慑着瑞典的港口、芬兰和波的尼亚(Bothnia)的海湾。

彼得亲自训练所有军官,陆军将领戈利岑亲王就是其中之一。戈利岑亲王从沙皇曾经登陆的埃尔森福德向芬兰内陆前进,来到塔瓦斯特许斯(Tavastehus)①附近。这个小镇俯瞰波的尼亚海湾,有少量瑞典军团和大约8000名民兵驻守。在这种情况下战斗无可避免(1714年3月13日),结果俄罗斯人获胜,彻底击溃了瑞典军队,一直深入到瓦萨(Vasa),占领了大约80平方法里的土地。

瑞典人仍然拥有一支舰队,掌握着制海权。彼得长期以来一直急切地等待机会,希望让他创建的新海军一战成名。于是他从彼得堡出发,率领16艘第一线作战军舰和180艘帆桨战船组成的舰队,那种船适合在环绕奥兰(Aland)岛的岩礁和浅滩间航行,也适合在

---

① 芬兰南部城市海门林纳的瑞典语名称。

邻近瑞典的波罗的海上的岛屿间战斗。这支舰队在瑞典海岸边遇到了瑞典舰队。瑞典舰队的船体型远比俄罗斯船大，但在帆桨战船的数量方面处于劣势，因而更适合在开阔海面上而不是在岩礁或海滩附近作战。沙皇在这方面的优势完全归功于他自己，他以海军少将的军衔在舰队中服役，接受阿普拉克辛将军所有必要的命令。彼得决定夺取距离瑞典海岸仅12法里的奥兰岛，虽然不得不从敌人的眼皮底下通过，他还是实现了这个大胆冒险的计划。瑞典人的大炮位置太高伤不了他们，俄罗斯人的帆桨战船打开一条通道，登上了奥兰岛。但是这座岛的岸边遍布礁石，沙皇只得用人力运送80艘帆桨战船经过陆地，然后在汉科（Hangö）①下水，他的大型战舰停泊在那里。瑞典海军少将埃伦斯席尔德（Ehrenschiold）以为能轻易俘获或击沉在岸边侦察敌情的俄罗斯帆桨战船，却遭到俄军炮火的猛烈轰击，他的部下基本上非死即伤，他率领的帆桨战船、平底炮艇和他自己乘坐的战舰全部被俘（8月8日）。受伤的海军少将试图乘小船逃生，结果还是被迫投降成了俘虏，被带到沙皇亲自领航的帆桨战船上。残余的少数瑞典船竭力逃回本土。这次遭遇战的消息传来，整个斯德哥尔摩开始人心惶惶，担忧自身的安全。

与此同时，舒瓦洛夫·诺伊施洛夫上校率军围攻芬兰西海岸剩下的最后一座要塞，虽然守军顽强抵抗，俄罗斯人还是攻克了它。

继波尔塔瓦战役之后，奥兰之战是彼得大帝的军队赢得的最光荣的胜利，如今沙皇成了芬兰的主人，委托戈利岑亲王治理芬兰。他战胜了瑞典的全部海军，同盟者比以往更尊敬他。这时暴风雨的季节迫近，气候条件不允许他的舰队继续留在芬兰和波的尼亚海边，于

---

① 俄语称甘古特。

是他返回彼得堡(9月15日)。恰巧在抵达首都时,他的皇后幸运地生下一位公主,但是婴儿一年后又夭折。为了向伴侣表示敬意,彼得设立了圣叶卡捷琳娜勋章,[95]还举办凯旋入城仪式,庆祝女儿的诞生。在他的臣民已经习以为常的庆典活动中,这是博得最高评价的一次。满载瑞典战俘的9艘帆桨战船、7艘平底炮艇和埃伦斯席尔德海军少将的旗舰驶进喀琅施塔得港,作为仪式的序幕。

俄罗斯战舰把远征芬兰时缴获的大炮、旗帜和军旗运回国,现在又进入圣彼得堡,排成战斗队形。按照沙皇自己设计的模型建造起的凯旋门跟往常一样,装饰着象征历次征服的标志。凯旋的军队在拱门下列队行进,领头的是海军上将阿普拉克辛,随后是作为海军少将参加仪式的沙皇和其他按照军衔高低排列的军官,他们一个接一个来到海军中将罗莫达诺夫斯基面前,他在这次仪式上代表君主。这位临时沙皇向全体军官颁发金质奖章,向士兵和水手们颁发银质奖章。瑞典战俘也在凯旋门下通过,海军少将埃伦斯席尔德紧跟在战胜他的沙皇的后面。他们来到临时沙皇的宝座前,阿普拉克辛向他引见海军少将彼得,彼得请求授予他海军中将军衔,作为对他的奖赏。然后集体表决是否同意他的要求,可想而知,众人都表示支持。

凯旋仪式在所有人心中激起了竞争精神、爱国之情和对名声的渴望。庆典结束之后,沙皇向在场人群发表了演说,这样的演说值得世世代代永远流传下去:

> 同胞们,朋友们!20年前你们是否有人想过,有朝一日我们将乘坐亲手制造的船在波罗的海上战斗,在凭自己的劳动和勇敢征服的土地上建设移居地?据说古代科学和技艺的中心在希腊,然后转移到意大利,又从那里传播到欧洲各地。只要你们

把学习和服从精神结合起来,现在就会轮到我们。技艺在全世界循环传播,如同血液在人的身体里循环流动。或许技艺会在我们中间建立帝国,然后返回它们的故乡希腊。朕甚至敢于希望,有朝一日我们可以凭自己的高尚劳动赢得崇高的荣誉,令最文明的民族也自愧不如。"

这就是演说的真正主旨,从任何方面看都符合一位伟大的创建者的身份。虽然转译成其他语言后失去了它主要的优美,但这篇雄辩有力的长篇演说的首要价值在于演讲者是一位凯旋的君主,既是帝国的奠基人又是立法者。

听到沙皇的演说,年老的波雅尔贵族更多地为遭到废除的古老习俗感到遗憾,而不是赞美主人的荣耀,不过年轻的贵族却高兴得热泪盈眶。

俄罗斯大使从君士坦丁堡归来(1714年9月15日),确认了和平的消息,为这个时期的辉煌锦上添花。波斯的沙赫侯赛因(Hussein)派来的大使前不久抵达,送给沙皇一头大象和五头狮子作为礼物。与此同时,沙皇接待了乌兹别克鞑靼人的可汗派来的大使穆罕默德·巴哈迪尔(Mahomet Babadir),大使请求沙皇保护他们,抵御其他鞑靼部落。来自亚洲和欧洲尽头的人们都向沙皇致敬,给他增光添彩。

瑞典面临危急的形势,君主却不在国内,而且似乎已经放弃了他的领土,斯德哥尔摩摄政感到绝望,只得达成决议,以后处理国务不再询问国王的意见。沙皇击败瑞典海军之后,他们立即提议和谈,并请求俄罗斯给使者发通行证。通行证发放了,可是受委派去谈判的官员正要出发的时候,卡尔十二的妹妹乌尔丽卡·埃莱奥诺拉(Ulrica

Eleonora）公主收到了哥哥的消息，卡尔十二终于准备离开土耳其回国，进行自己的战斗。于是斯德哥尔摩摄政不敢派人（虽然已经秘密任命）去跟沙皇谈判，决定继续努力支撑，等待国王回来扭转厄运。

卡尔十二在土耳其滞留了5年多之后，于1714年10月下旬离开。众所周知，他在旅程中表现得特立独行，这是他毕生所有行动的一贯特征。1714年11月22日他刚一抵达施特拉尔松德，德·格尔茨随即前来拜访。男爵是导致这位君主的厄运的祸首之一，但他巧妙地替自己辩解，使卡尔十二满怀自欺欺人的虚幻期望，就像过去在谈判中赢得大臣或王侯的信任一样，他也赢得了瑞典国王的信任。总而言之，格尔茨让卡尔十二相信可以设法离间沙皇与他的盟友，从而实现体面的和平，抑或至少在平等的基础上继续战争。从这时起，男爵对瑞典国王的思想的影响超过了以前皮佩伯爵的影响。

卡尔十二抵达施特拉尔松德之后，首先要求斯德哥尔摩的有产者捐款。人们乐意捐出所剩无几的财产，他们无法拒绝这样的国王：他索取只是为了给予，与地位最低微的士兵同甘共苦，为保卫国家和士兵一样冒生命危险。他遭遇不幸，被土耳其人囚禁，又回归阔别已久的领土，这些感动了瑞典臣民和对他有好感的外国人。他们禁不住既责备他又赞赏他，同情他又帮助他。他获得的声誉与彼得大帝的截然相反，既不包括重视技艺和科学，也不包括立法、创设治理形式抑或引进发展商业贸易；他的声誉完全局限于个人。他的主要优点在于英勇无畏，人们通常称之为勇气。他凭勇敢崇高的精神守卫自己的领土，目标只是激起其他民族的敬畏之情，因此他的党徒比盟友更多。

第二十五章　该让战争收场了

卡尔十二回国时欧洲的局势／围困施特拉尔松德

1714年卡尔十二返回自己的领土时,发现欧洲的局势与他离开时完全不同。英国女王安妮与法国缔结和约之后逝世。路易十四确保他的孙子安茹公爵获得了西班牙的王位,迫使神圣罗马帝国皇帝查理六世和荷兰人同意议和,那是形势所趋的必然结果。总而言之,欧洲局势已经面目全非。

北方的变化更大。彼得大帝成了北方唯一的仲裁者。汉诺威选帝侯继承了英国王位,有意扩张他在德意志的领土,赶走瑞典人;在古斯塔夫二世统治时期之前,瑞典从未在德意志占有领地。丹麦国王的目标是从瑞典手里夺回原属于自己的最好的省份斯堪尼亚。普鲁士国王作为波美拉尼亚公爵的继承人,企图索取该地区的一部分。另一方面,荷尔斯泰因家族饱受丹麦国王压迫,梅克伦堡公爵几乎与臣民公开交战,他们都请求彼得大帝保护。波兰国王兼萨克森选帝侯渴望吞并库尔兰公国。这样,从易北河流域到波罗的海,数位君主都把沙皇视为靠山,正如过去卡尔十二是他们最大的恐惧。

卡尔十二返回瑞典之后,进行了许多谈判,但是毫无进展。他认为他能拥有充足的战舰和武装民船,抵挡沙皇日益壮大的海上力量。

至于陆上的战斗,他只要依靠自己的勇敢就行。这时,格尔茨男爵突然成了瑞典首相,他让国王相信,可以通过铸造一种面值比实际价值多96倍的铜币来筹措军费,这种事情在任何国家都史无前例。但是1715年4月,沙皇的军队俘获了第一批出海的瑞典武装民船,而且进军至波美拉尼亚腹地。

现在,普鲁士、丹麦和萨克森联军来到施特拉尔松德城下,卡尔十二刚离开黑海上的代米尔塔什的牢狱,又在波罗的海边遭到围困。

我们已经在这位非凡人物的传记中讲述过,他如何以目中无人、泰然自若的勇气面对在施特拉尔松德联合起来围困他的敌人,因此在这里只补充一件小事,虽然只是细枝末节,却可以反映他的独特性格。在围城战中,瑞典军官绝大多数非死即伤,剩下的少数人只得承担艰巨的任务。上校德·赖克尔(Reichel)男爵在防御土墙边战斗了很长时间,已经疲惫不堪,倒在一张长椅上小睡了一会儿,又被唤醒到城墙边去值勤。他慢吞吞地爬起来,几乎站立不稳,咒骂国王太顽固,使他们疲惫难耐又毫无成效。卡尔十二恰巧听见了,就脱下斗篷铺到男爵面前的地上,对他说:"亲爱的赖克尔,你太累啦;过来吧,我刚才睡了一个小时,已经恢复了,我来替你站岗,你先打个盹,等到了时间我会叫醒你的。"他一边说一边用斗篷裹住上校,不容对方抗拒,强迫上校躺下睡觉,然后上城墙去值勤了。

在围攻施特拉尔松德期间,新近成为英国国王的汉诺威选帝侯乔治花费80万克朗,购买了丹麦国王从卡尔十二手中夺走的不来梅和费尔登,外加施塔德(1715年10月)。瑞典的领土就这样成了交易的商品,尽管卡尔十二还在固守施特拉尔松德,寸土必争,直到最后它化为一片废墟。军官们强迫国王离开(1715年12月),等他到了安全的地方,杜克将军把这片废墟交给了普鲁士国王。

过了一段时间以后，杜克将军见到卡尔十二，国王责备他向敌人投降，杜克回答说："我太重视陛下的荣誉，陛下被迫离开之后，我不能继续勉强守下去。"不过普鲁士占领施特拉尔松德的时间不长，1721年北方总体恢复和平之后他们就放弃了这个要塞。

在施特拉尔松德围城期间，卡尔十二受到了另一种侮辱，如果他对友情和对名声或荣誉一样敏感，这种伤害就更严重了。瑞典首相皮佩伯爵名声传遍整个欧洲，坚定不移地忠于他的君主（虽然某些轻率的人做出错误的断言，有的作家有所误解）。我认为自波尔塔瓦战役之后，皮佩就成了主人的野心的牺牲品。由于当时俄罗斯与瑞典并未签订交换俘虏的协议，皮佩被囚禁在莫斯科；尽管没有像其他战俘那样被遣送到西伯利亚，他的处境却非常可悲。那时俄罗斯的财政没有得到可靠的管理，沙皇很难支付众多新建设施所需的费用。尤其是他欠荷兰相当多一笔钱，因为俄罗斯人在芬兰海岸登陆时烧毁了荷兰的两艘商船。彼得认为应该由瑞典赔偿损失，并希望皮佩伯爵负责偿还这笔债务。于是沙皇把皮佩从莫斯科送往彼得堡，提出可以放他自由，条件是让瑞典支付一张6万克朗的汇票。据说皮佩确实寄了账单给他在斯德哥尔摩的妻子，但是妻子不能或不愿意筹措这笔钱，账单退了回来。瑞典国王也完全没考虑过付款。无论如何，皮佩伯爵一直被监禁在施吕瑟尔堡，第二年在那里死去，享年70岁。他的遗体运回瑞典，卡尔十二为他举办了隆重的葬礼。对这位一生忠诚、结局却痛苦而悲惨的老仆人，这只是一点徒劳而令人忧郁的补偿。

彼得占领了利沃尼亚、爱沙尼亚、卡累利阿和因格里亚，再加上几乎整个芬兰（作为一种抵押品，以防他的敌人缔结和约），他感到很满意，把它们当成自己的行政区。1715年4月，他把他的一个侄女嫁给了梅克伦堡公爵卡尔·利奥波德（Charles Leopold），这样北方的君主全部成了他的同盟或傀儡。他在波兰威慑奥古斯特国王的敌人，他的一支8000人的军队没有损失一兵一卒，就镇压了所谓同盟的反抗，那种同盟的叛乱在那个自由混乱的国家屡见不鲜。另一方面，土耳其严格遵守与俄罗斯的条约，使沙皇随心所欲地发挥力量，最大限度地实施他的计划。

现在沙皇的事业欣欣向荣，几乎每天都出现海军、陆军、法律等方面的新成就，他还亲自给步兵编写了一部军事章程。

（11月8日）此外沙皇在彼得堡创办了一所海军学院，还委托朗格（Lange）去中国和西伯利亚管理贸易，派遣工程师测绘整个帝国的地图，修建了彼得绍夫（Petershoff）夏宫。他还在额尔齐斯河边建造堡垒，一方面阻止布卡里人（Bukari）[96]的侵袭和劫掠，另一方面镇压库班（Kuban）的鞑靼人。

（1715年）彼得的幸运似乎达到了极致，皇后叶卡捷琳娜产下一子，除了皇长子阿列克谢之外，他的领土又多了一位继承人。然而好景不长，皇后的儿子夭折，这些幸福遭到破坏。本书随后的章节将告诉我们，阿列克谢太过不幸，不能将另一位王子的诞生视为幸福。

由于怀孕分娩，皇后有一段时间不能像往常一样陪伴丈夫到处远征；不过她一旦恢复，就又开始跟随彼得踏上新冒险的旅途。

第二十六章　沙皇的新旅程

再访荷兰

这时,沙皇的同盟者正在围攻维斯马。这座城市属于梅克伦堡公爵,位于波罗的海边,距离吕贝克7法里,可以与吕贝克争夺大规模贸易中心的地位,曾经是汉萨同盟的重要城市之一,梅克伦堡公爵更多对其行使保护权而不是统治权。根据《威斯特伐利亚条约》,维斯马是仍然留在瑞典人手中的德意志地区之一,现在它却遇到了和施特拉尔松德一样的命运。为了在俄罗斯军队抵达之前占领这座城市,沙皇的同盟者发动了猛攻。在俄罗斯没有参与的情况下,维斯马有条件投降(1716年2月),然后沙皇亲自到场,俘虏了守备部队。他怒火中烧,因为他的同盟者让丹麦国王占领了一座本来应该属于他的侄女婿的城市。不久之后,精明的德·格尔茨男爵利用沙皇的愤怒,谋划让沙皇与卡尔十二和解,为议和奠定了最早的基础。

格尔茨一有机会就暗示沙皇,瑞典已经受到足够打击,现在应当防备丹麦和普鲁士变得过于强大。沙皇接受了男爵的观点,因为他仅仅出于政治策略参与战争,而卡尔十二完全按照战士的原则打仗。从此刻起,彼得针对瑞典的军事行动松懈下来;而卡尔十二在德意志时运不济,下定决心孤注一掷,把战火引向挪威,只有胜利能证明他的行动是合理的。

与此同时,沙皇渴望再次周游欧洲。第一次游历欧洲是为了学习技艺和科学,第二次他打算以君主的身份深入了解各国宫廷的秘密。他携皇后造访哥本哈根、吕贝克、什未林和尼斯塔德,在小镇阿弗斯堡(Aversburg)与普鲁士国王面谈,然后又前往汉堡和被瑞典人烧毁后正在重建的阿尔特纳。他们沿易北河顺流而下,途经不来梅,抵达施塔德。当地治安官燃放焰火,张灯结彩欢迎他们,灯火在100个不同的地方组成这样一句话:"我们的救星来看我们啦。"最后彼得再次抵达阿姆斯特丹(1716年12月17日),造访了萨尔达姆村的小工棚。大约18年前,他第一次在那里学习造船技术,他的旧住处变成了一幢漂亮宽敞的房子,现在名叫"君王之家"。

我们可以轻易料想,他以前的同伴把他视为偶像,热情地接待了他。那些商人和水手认为这位波尔塔瓦之战的胜利者从他们那里学到了打赢海战的本领,效仿他们在自己的领土上发展贸易和航海。一言以蔽之,他们把彼得视为当上了尊贵皇帝的同胞。

彼得大帝和他的敌手卡尔十二的生活、旅行和行动方式都与我们普遍有的方式形成鲜明的对照,我们的生活方式或许太过矫揉造作。这大概是这两位名人的故事激起我们好奇心的一个原因。

皇后产期将至,身体不适,留在了什未林。不过一旦能够旅行,她就出发去荷兰与沙皇会合,但是在韦瑟尔(Wesel)突然开始阵痛,生下一个男孩(1717年1月14日),可惜这个婴儿诞生仅一天就夭折了。按照我们的习俗,生产后的女子要过一段时间才能外出旅行,不过皇后还是出发了,在10天后抵达阿姆斯特丹。她迫不及待地想看看丈夫生活和工作过的小木屋。于是沙皇夫妻没带随从,只带着两个仆人去参观,在萨尔达姆的一名富有的造船商卡尔夫(Kalf)家里吃饭。老卡尔夫是最早去彼得堡做生意的商人之一，他的儿子前不久从法国回来，而彼得正准备前往法国。沙皇夫妻兴致盎然地听这个年轻人讲述他的奇遇，除非他的故事与我们国家的风俗习惯有巨大差异，否则我们没必要在此提及。

老卡尔夫送他的儿子去巴黎学习法语，希望他在法国逗留期间过上流社会的生活，为此吩咐他脱掉萨尔达姆的居民习惯穿的朴素衣服，换上时髦的装束，选择与财产而不是与教育相称的生活方式。父亲十分熟悉儿子的性格，相信即使暂时放纵也不会对他勤俭、节制的天性有负面影响。

veau 在法语中是"牛犊"（calf）的意思，因此年轻的旅行者抵达巴黎之后，自称德·沃（De Veau）。他过豪华的生活，随意花钱，结交上流社会的朋友。当时法国滥封伯爵、侯爵之类的头衔，不管他们是否拥有土地，也不管他们算不算绅士，这在巴黎是司空见惯的现象。政府容许这种荒唐的惯例，企图通过扰乱社会阶层，贬低贵族的地位，从而减少内战的危险。过去内战频繁发生，严重破坏了法国的和平。一言以蔽之，没有相应领地的侯爵和伯爵头衔，就好比没有勋位的骑士或不能在教会中升迁的神父，都是徒具虚名，明智的国民不会尊敬他们。

小卡尔夫先生的熟人和仆佣总是称呼他"沃伯爵"，他频繁参加亲王夫人的宴会，在贝里（Berri）公爵夫人家玩乐。他在上流社会普遍受到欢迎，几乎没有哪个外国人得到过更殷勤的款待。有位年轻的贵族总是陪伴他参加宴会，答应去萨尔达姆探望他，后来遵守诺言来到这个村庄，询问卡尔夫伯爵的住处。结果他在一间木工作坊找到了以前的同伴：年轻的伯爵身穿荷兰式的水手服和裤子，手持斧头，正带领着父亲的工人们工作。卡尔夫用他与生俱来的朴素方式接待他的朋友，后来也没有再改变这种生活方式。通情达理的读者会原谅我稍微离题一会儿，我只是在讽刺爱慕虚荣的风气，赞美纯正的行为习惯。

沙皇在荷兰继续停留了三个月，与卡尔夫的奇遇相比，他经历的事情更加非同小可。自从《奈梅亨和约》《里斯维克和约》《乌得勒支和约》缔结以来，荷兰的海牙一直拥有欧洲谈判中心的名声。海牙与其说是城市，不如说是村庄，是北方最舒适的地方，当地的旅客主要是各国的外交使节和前来学习观察的访客。沙皇根据收集到的情报，预感风暴即将来临，于是延长了在低地国家停留的时间，以便就近观察正在北方和南方酝酿的阴谋，为自己可能要在其中扮演的角色做准备。

第二十七章　男爵的阴谋网遍布欧洲

沙皇的新旅程（续）／格尔茨男爵的密谋／沙皇在法国受到的接待

沙皇清楚地看到同盟者妒忌他的权势，发现与朋友打交道往往比与敌人打交道更麻烦。

梅克伦堡几乎一直在邻国的夹缝中生存，在各国君主争夺胜利果实的时候，它总是造成分歧的主要对象之一。彼得不愿意让丹麦人占领维斯马，更不愿意那里的防御工事遭到破坏，可是丹麦人占领并摧毁了维斯马的堡垒。

沙皇的侄女嫁给了梅克伦堡公爵，沙皇视公爵为女婿，公开保护公爵，与梅克伦堡的贵族阶层敌对，而英国国王公开支持那些贵族。另一方面，沙皇对波兰国王非常不满，确切地说，是对波兰首相弗莱明（Flemming）伯爵不满，因为弗莱明伯爵企图摆脱波兰迫于情势和沙皇的恩惠而产生的对沙皇的依赖关系。

英国、波兰、丹麦、荷尔斯泰因、梅克伦堡和勃兰登堡宫廷中都在策划各种阴谋，暗潮汹涌。

1716 年年底至 1717 年年初，巴塞维茨在他的回忆录中告诉我们，格尔茨是这些阴谋诡计的主要幕后推手，因为他厌倦了仅仅拥有荷尔斯泰因的顾问和卡尔十二的私人全权代表的头衔,图谋扰乱整个欧洲的和平。他计划使卡尔十二和彼得握手言和,不仅终结他们之间的战争,而且要化敌为友,联合起来让斯坦尼斯瓦夫重新坐上波兰的王位;还要从英国国王乔治一世手里夺走不来梅和费尔登,甚至迫使乔治退位,这样他就无法再争夺卡尔十二的战利品。

在这个时代,欧洲有一位大臣的性格与格尔茨男爵如出一辙,他的计划是把英国和法国搞得天翻地覆。这人就是阿尔贝罗尼枢机主教,那时他在西班牙的权势比格尔茨在瑞典的权势更大。他既胆大又野心勃勃,而且更有影响力,因为他主宰的王国远比瑞典富裕,从来不用铜币给他的傀儡和亲信支付报酬。

波罗的海岸边的格尔茨迅速与西班牙的阿尔贝罗尼勾结起来。他们都与支持斯图亚特王室的英国流亡者保持通信联系。格尔茨造访了所有他觉得可能找到乔治一世的敌人的地方,先后去过德意志、荷兰、佛兰德和洛林,最后于1716年年底来到巴黎。阿尔贝罗尼交给他100万里弗,按照枢机主教的说法,是为了开始"引燃火药"。

格尔茨提议卡尔十二放弃一些地盘给沙皇,以便为卡尔从敌人那里收复其余的领土制造有利条件。他还提出,当斯图亚特家族的党徒在英格兰成功发动叛乱的时候,卡尔十二就可以自由地登陆苏格兰。他们以前的叛乱企图都没有成功,因此有必要先除掉英国在位国王的主要支持者,即当时的法国摄政王[①]。尽管敌人结成强大的同盟联手对抗法国,法国曾经付出鲜血和财富的代价让路易十四的孙子坐上西班牙的王位,现在法国却又与英国结盟反对路易十四

[①] 摄政王指路易十四的弟弟奥尔良公爵。

的孙子,这种事无疑是异乎寻常的。话说回来,这个时代的一切都脱离了常轨,况且摄政王的利益与法国的利益并不一致。当时阿尔贝罗尼正在与法国结成同盟,阴谋对付这位摄政王。[97]他的计划一旦成型,就大致奠定了这项宏图大业的基础。格尔茨是首先参与这个密谋的人物,他乔装改扮旅行到意大利,在罗马地区与觊觎王位者①会谈,接着匆匆赶往海牙,在那里觐见沙皇,然后跟瑞典国王商议解决一切事情。

本书作者对这里讲述的全部情况了如指掌,因为格尔茨男爵提议让他随行,尽管那时作者非常年轻,却是最早目睹大部分阴谋的见证人之一。

1716年下半年,格尔茨带着枢机主教阿尔贝罗尼的汇票和卡尔十二的全权授权书返回荷兰。毋庸置疑,詹姆斯二世党人在英格兰发动叛乱的同时,卡尔十二将从挪威返回,在苏格兰北部登陆。这位君主不能保住自己在欧洲大陆的领土,就打算侵入和蹂躏邻国的领土。他逃出土耳其的监狱,离开施特拉尔松德的废墟之后,欧洲人或许会看到他给詹姆士二世的儿子戴上大不列颠的王冠,正如他以前在华沙让斯坦尼斯瓦夫坐上波兰的王位一样。

沙皇获悉了格尔茨的一部分计划,只是静待对方的进一步行动,并不参与计划,实际上也不完全了解。他和卡尔十二、格尔茨、阿尔贝罗尼一样,喜欢非同寻常的大事业,但他钟爱的只是作为国家的建设者、立法者和明智的政治家的事业。或许格尔茨、阿尔贝罗尼乃至

---

① 信奉天主教的英国国王詹姆斯二世(1633—1701)由于迫害清教徒和亲法政策遭到废黜,其子詹姆斯·爱德华(1688—1766)想夺取英格兰和苏格兰的王位,被称为觊觎王位者。

卡尔十二在某种程度上都是不安于现状的人，喜欢寻求冒险和刺激，而不是那种有可靠的常识、深谋远虑地选择恰当策略或措施的人；他们的失败或许应该归咎于轻率鲁莽、不谨慎的性格。

格尔茨在海牙逗留期间，沙皇没有见他，因为那样会惹怒他的朋友荷兰的国家议会，荷兰是英国的亲密盟友，并且依附英国国王。甚至俄罗斯的大臣也只是非常谨慎地秘密造访格尔茨，奉沙皇之命听取男爵的全部提议，让他抱有希望，却不做任何约定，在会谈中也避免使用他们主人（沙皇）的名字。沙皇本来可以率领俄罗斯和丹麦的联合舰队在斯堪尼亚登陆却按兵不动，对待盟友的态度明显冷淡，对盟国的抱怨漠不关心，而且再次赴欧洲旅行，因此尽管有上述那些预防措施，看到这些现象，凡是理解政治事务的人都明白形势正在发生重大变化，这种变化不久就会清楚显示出来。

1717年1月，一艘运送邮件去荷兰的瑞典邮船由于暴风雨被迫在挪威的海港停泊。信件遭到没收，德·格尔茨男爵和其他一些公使的信件被拆开，信件内容足以证明他们正在计划一场革命。丹麦宫廷将这些信件转交给伦敦，英国政府下令逮捕瑞典派驻伦敦的公使于伦堡（Gillembourg），查抄了他的文件，经过检查发现其中有他与詹姆斯二世党人的通信。

（1717年2月）乔治一世立即写信给荷兰国家议会，要求他们按照英国与联省共和国签订的共同安保协议逮捕格尔茨男爵。但是男爵到处都有傀儡和密探，很快就得知消息，即刻离开了海牙。荷兰军官和警卫以在这个国家罕见的勤勉紧急追捕，在边境附近的小镇阿纳姆（Arnheim）抓住了他，缴获了全部文件。格尔茨被监禁，遭受严苛对待；他的秘书斯坦克在滕宁事件中伪造过年幼的荷尔斯泰因公爵的签名，遭受了更粗暴的折磨。总之，瑞典驻大不列颠的外交使节于伦堡伯爵,和有卡尔十二的全权授权书的格尔茨男爵,被当成罪犯一样分别在伦敦和阿纳姆受到审讯,所有外国公使都惊呼这种行为违反国际法。

坚持要求拥有外交特权的人远远多于理解这种特权的人,而且外交特权的界限和范围从未固定,几乎在每个时代都受过粗暴的侵犯。有些外国公使被驱逐出他们居留的宫廷,许多外国公使曾被逮捕,但是法庭像审问本国人一样审问外国公使,这是史无前例的事情。伦敦宫廷和荷兰国家议会看到威胁汉诺威王室的危险,就不顾一切法律规则;然而事实上,这种危险一经发现就不再是危险,至少在这个关键时刻不再是危险了。

历史学家努尔贝里竭力让读者相信瑞典国王并未深入参与这些密谋,他的消息想必非常不灵通,抑或对人情世故漠不关心,抑或由于偏袒而奇怪地盲目,或者至少是受到本国宫廷的严格管制。

由于外交使节遭受的侮辱,卡尔十二比以前更坚决地要不择手段废黜英国国王。但是他发现,在他的一生中有必要虚伪一次,掩饰自己的感情。在法国摄政王和荷兰国家议会面前,卡尔十二否认与格尔茨和于伦堡有关系,也不过问庭审,因为他从摄政王那里领取津贴,与荷兰谨慎周旋才符合他的利益。然而他没有给英国国王足够的补偿,他的两位外交使节被监禁了6个月,这种反复侮辱进一步激发了卡尔十二复仇的渴望。

彼得身处惊慌和猜忌的漩涡中,一直保持冷静,耐心地等待时机。他已经在自己广大的疆域建立起良好的秩序,既无内忧亦无外患,因此决定去法国旅行一次。可惜他不懂法语,因而失去此行可能获得的最大优势。不过他认为法国有值得观察的东西,希望亲眼看看法国摄政王与英国的关系,了解这位亲王对他的盟友是否忠实。

第二十七章 男爵的阴谋网遍布欧洲

彼得大帝在法国受到了与君主身份相称的接待。泰塞(Tessé)元帅奉命率领宫廷的头面人物、一个警卫连队和国王的马车队前去迎接，可是沙皇按照往常长途旅行的习惯走得很快，迎宾车队抵达埃尔伯夫(Elbeuf)的时候，他已经到了古尔奈(Gournay)。沿途凡是他选择停留的地方都设宴款待。沙皇一到卢浮宫就受到隆重接待，那里为他准备了国王套房，其他套房提供给库拉金(Kourakin)亲王、多尔戈鲁基亲王、外务院副院长沙菲罗夫、托尔斯泰大使等随行人员，托尔斯泰就是在土耳其经历过臭名昭著的违反国际法事件的那位大使。卢浮宫方面奉命提供最豪华的住宿和娱乐条件。但是彼得此行的目的是观察可能有用的情况，不想忍受这些耗费宝贵时间、限制他朴实天性的繁文缛节，于是在同一天夜里来到城市另一端，在属于维勒鲁瓦(Villeroi)元帅的莱斯迪吉埃(Lesdiguiére)旅馆住宿，受到了与在卢浮宫相同规格的款待。第二天(1717年5月8日)，法国摄政王造访上述旅馆；第三天，德·维勒鲁瓦元帅带着当时还是幼童的法国国王前来，元帅的父亲过去是路易十四的家庭教师。由于他们既有礼貌又巧妙的安排，免除了沙皇在这次造访之后必须立即回访的麻烦，他有两天时间接见这座城市的一些团体，接受他们的致敬。次日晚上，他回访法国国王，侍从们全副武装，带少年君主来到沙皇的马车门边。沙皇看到那个孩子周围聚集的民众数量惊人，感觉既惊讶又不安，把他抱在怀里，这个姿势保持了一段时间。

某些大臣精明狡猾有余而理解力不足，他们在文章中声称，德·维勒鲁瓦元帅希望让小国王在这个场合占上风，可是沙皇反过来利用这个花招，用善意和亲切的表现扰乱了礼仪。他们的想法既错误又荒唐。法国宫廷天生的良好教养和彼得大帝理应获得的尊敬，不会容许有人企图使尊荣变成冒犯。礼仪应该在于为一位伟大的君主和伟大的个人做一切符合他本人愿望的事情,如果他会注意这些细枝末节的话。神圣罗马帝国的查理四世、西吉斯蒙德(Sigismund)和查理五世造访法国时的排场在华丽方面都无法与彼得大帝的相比。他们造访法国的动机仅仅是政治利益,况且当时法国的艺术和科学尚处于萌芽时期,不能使他们的旅程如此令人难忘。而彼得大帝来到距离巴黎3法里的珀蒂堡宫(Petit-bourg)和安坦(d'Antin)公爵共同用餐的时候,看见当场画好的自己的肖像陈设在房间里,觉得法国人是全世界最善于待客的民族。

还有更令人惊讶的,卢浮宫的长廊两侧陈列着国王的艺术家们的漂亮作品,沙皇前往参观铸造勋章时,一枚勋章恰巧落到地上。他连忙弯腰拾起,发现上面镌刻着自己的头像,反面的图像是他一只脚踏在地球上,下方雕刻着维吉尔的句子——"随行聚力"(Vires acquirit eundo)。这句暗示既精妙得当又高贵优雅,正适合他的旅行和声望。法国人把这些金质勋章赠送给沙皇和全体随行人员。无论他到哪里去参观艺术家的工作,这些艺术家都把自己的作品呈献到他脚下,恳求他笑纳。总而言之,他造访了哥白林(Gobelins)的挂毯制造厂,国王的雕刻师、画师、金银工匠、珠宝首饰工匠和数学工具制作者的工作间,他们以国王的名义主动推荐沙皇去参观所有看起来值得关注的地方。

彼得也是机械师、艺术家和几何学家,他来到了法兰西科学院。为了迎接他,该机构展示了所有最珍贵、最稀奇的东西。但是最稀罕的是沙皇本人。他亲手修正了自己领土的海图上的一些地理学错误,尤其是里海的。最后他屈尊成为法兰西科学院的成员,后来继续作为普通的同行与其他成员保持通信联系,交流实验和发明方面的成果。如果我们想寻找彼得这样的旅行家的例子,就必须追溯至毕达哥拉斯和阿纳卡西斯①的时代,不过即使是那些古人,也没有为学习知识离开过一个强大帝国的领地。

现在我们不禁要请读者想象彼得大帝目睹枢机主教黎塞留的纪念碑时的激动情形。尽管陵墓的雕刻都是杰作,异常精美,他赞赏的只是那位在整个欧洲大名鼎鼎的首相,他维护和平,使法国恢复了自从亨利四世去世以后不幸丧失的荣光。沙皇极度欣喜地拥抱雕像,突然呼喊:"伟大的人啊!如果您教我如何统治我的一半国土,我情愿把另一半分给您。"这是个众所周知的故事。在离开法国之前,沙皇还盼望见到著名的德·曼特农(Maintenon)夫人,他知道她其实是路易十四的遗孀,这时即将走到生命的尽头;更加激起他的好奇心的是路易十四的婚姻与他的婚姻的相似性——尽管也有不同之处,彼得公开娶了一位女英雄,而路易十四只是私下拥有一位好脾气的情妇。

皇后没有陪伴丈夫一起去法国,因为沙皇担心繁文缛节惹她厌烦,况且不能了解女性的真价值的宫廷可能会表现出多余的好奇心。从普鲁特河畔到芬兰海岸,无论海上还是陆地,这个女人始终伴随在丈夫身边,和丈夫一起出生入死。

---

① 毕达哥拉斯(公元前580? —前500?)是古希腊哲学家、数学家。阿纳卡西斯(Anacharsis)是西徐亚哲学家,生卒年不详,活动时间在公元前6世纪。

第二十八章　法国之旅

沙皇返回他的领土／他的政治活动和工作

彼得参观枢机主教黎塞留的陵墓时，索邦神学院的游说活动值得单独讲述。

索邦神学院的几位博士渴望统一希腊正教会和拉丁教会，获得完成这项事业的荣誉。凡是熟悉古代历史的人想必都知道，基督教最初是在东方诞生的，由亚洲的希腊人引入西方；最初的那些神职人员、宗教大会、礼拜仪式和宗教仪式等全部来自东方，统治集团的头衔或官职无一例外都是希腊语，这清楚地说明了它们的来源。罗马帝国分裂之后，正如出现了两个帝国，或迟或早必然会出现两种宗教，东方和西方的基督徒之间必然出现分立，正如奥斯曼土耳其与波斯人信徒之间出现的教会分立。

数百年来，教皇利奥十一世（Leo XI）和他的继任者们使用过派遣教皇特使、召开宗教大会甚至金钱收买等手段弥合分裂，结果都徒劳无功，这些博士却以为只要向彼得大帝呈递一份陈情书，就能立即达到合并分裂的教会的目的。他们理应知道，彼得大帝作为俄罗斯教会的领袖，不太可能承认教皇的权威。他们在陈情书中详细诉说高卢教会的自主权，沙皇对此漠不关心。他们断言教皇应当服从宗教大会，教皇的政令并不是宗教的规则戒律。可是他们的交涉徒劳无功，他们费尽心机，发布如此自由的宣言，结果只是使教皇成了他们的敌人，却又未能取悦沙皇和俄罗斯教会。

这些善良的神父并不理解，统一教会的计划涉及某些政治因素，他们自以为理解一些充满争议的问题，其实每个教派都有自认为恰当的解释。例如关于圣灵的问题，按照拉丁教派的说法，圣灵源自圣父和圣子；而按照希腊教派的观点，圣灵在相当长一段时间里只源自圣父，而现在是通过圣子源自圣父，他们引用圣埃皮法尼乌斯（St. Epiphanius）的一段文章说："圣灵既不是圣子的兄弟，也不是圣父的孙子。"

然而彼得离开巴黎时，除了厘清圣埃皮法尼乌斯的话之外，还有别的事情要考虑。尽管如此，他以惯常的平易近人的态度收下了索邦神学院的陈情书。这个博学的团体还写信给俄罗斯的一些主教，有的主教礼貌地回应，但是统一教会的提议触怒了大多数主教。过了一段时间以后，为了打消人们对合并教会的忧虑，1718年沙皇把耶稣会教士驱逐出他的领土，开设了滑稽的教皇选举会议节。

俄罗斯宫廷有一个老弄臣佐托夫，以前教过沙皇写作，认为凭这点微末的功劳就应该获得最高的荣誉和最重要的职位。彼得有时为了缓解治理工作的辛劳，允许人民纵情娱乐，这适合尚未被彻底改造的俄罗斯民族。于是他答应赐予写作教师世界上最尊贵的地位，任命他为"克内兹爸爸"或教宗，约定给他2000克朗的年金，还分配给他一幢位于彼得堡的鞑靼人居住区的住宅。然后举办了就职典礼，一群小丑帮他安顿，四个口吃的人受命在就职典礼上高谈阔论了一番。佐托夫任命了一些枢机主教，率领他们列队前进，整个神圣队伍里的人都喝得酩酊大醉。佐托夫死后，一名军官布图尔林（Buturlin

被任命为"教宗"。这样的仪式在莫斯科和彼得堡举行过三次。这种滑稽可笑的事情尽管微不足道,却导致人民更加厌恶声称拥有最高权力的教会。教会曾经开除过许多君王的教籍,沙皇用这种方式替二十位神圣罗马帝国皇帝、十位法国国王和其他许多君主报了仇。索邦神学院企图统一拉丁教会和希腊教会,这是他们的失策尝试获得的唯一益处。

沙皇的法国之旅通过与一个贸易发达、勤劳聪明的民族建立起纽带,给他的帝国带来的益处,远胜于合并两个互相敌对的教会的计划可能带来的好处。这两个教会一个将保持自古以来的独立性,另一个将维持着新近获得的优越性。

和离开英国时一样,彼得从法国带走了一批能工巧匠。凡是他造访过的国家,都乐意协助他将技艺和科学引进他的新兴国家,以在这种新创造中发挥作用为荣。

在这次远行中,沙皇起草了一份俄罗斯与法国的商业贸易协议,一回国,他就把协议交给了派驻荷兰的公使,不过直到1717年8月15日,法国大使沙托纳夫(Châteauneuf)才在海牙签字。这份协议不仅涉及商业贸易,而且关系到北方的和平。法国国王和勃兰登堡选帝侯接受沙皇的提议,为俄罗斯和瑞典居间调停。这足以使英国国王明白沙皇对他不满;格尔茨男爵的愿望得到满足,从此以后,他不遗余力地撮合沙皇与卡尔十二捐弃前嫌,使乔治一世多了新的敌人,在欧洲各地协助枢机主教阿尔贝罗尼实施他的图谋。现在格尔茨在海牙与沙皇的公使们公开互相拜访,他声称自己有代表瑞典宫廷缔结和约的全权委托。

沙皇默许格尔茨到处兴风作浪,却不亲自协助,他做好两手准备,既可以与瑞典国王议和也可以兵戎相见。他仍然与丹麦、波兰和普鲁士国王保持同盟关系,表面上也与汉诺威选帝侯是盟友。

显而易见,除了观察事态发展和环境情况、坐收渔利之外,彼得并没有确定的打算,他的主要目标是完成自己兴建的常规设施。他很清楚,君王之间的谈判和利益、同盟和友谊、妒忌和敌意,都是变化无常的,时移世易,无论多么努力的政治活动都是徒劳,结果往往不留丝毫痕迹。对一个国家而言,建设好一家简单的制造工厂带来的实际益处经常比签订20个条约更大。

叶卡捷琳娜留在荷兰,等彼得与她会合,二人继续一起旅行。他们经过威斯特伐利亚,以私人身份抵达柏林。普鲁士的新国王和沙皇一样厌恶繁文缛节和宫廷的排场。一位国王只坐木质扶手椅,衣着总是和普通士兵一样,桌子上不仅没有任何奢侈品,连适度的放纵享受都不容许,这对于讲究礼数的维也纳和西班牙、拘泥形式细节的意大利和追求虚荣的法国宫廷都富有教育意义。

沙皇和皇后的生活方式同样朴素,如果卡尔十二也在场,就聚齐了四位君王,他们的排场甚至不及德意志主教或罗马枢机主教。从未有如此高尚的榜样与奢侈而阴柔的作风形成对照。

无可否认,假如我们的某位同胞出于好奇而远途旅行,哪怕只及彼得大帝为俄罗斯帝国的利益进行的远征的五分之一,我们也会觉得他非同凡响,做了常人做不到的事情。沙皇和皇后一起从柏林前往但泽,接着造访米塔乌,保护前不久成为寡妇的侄女库尔兰公爵夫人。他走遍了自己征服的所有地方,在彼得堡制定一些有用的新规章;随后抵达莫斯科,重建一些坍塌毁坏的房屋;又转向伏尔加河畔的察里津①,阻止库班鞑靼人的侵犯。他还建设从伏尔加河到顿河

---

① 伏尔加格勒旧称。

的交通线，在两条河之间每隔一段距离建造一座堡垒。与此同时，他下令印刷自己新近编写的军事法典，设立一家法院，审查大臣们的行为，整顿混乱的财政状况。他赦免了一些罪犯，惩罚了另一些罪犯。缅希科夫亲王本人也是受惩罚的人之一，正需要君王的宽容。但是沙皇还迫不得已要对自己的儿子进行更严厉的判决，使他原本充满荣耀的一生染上了苦涩。

第二十九章　父与子

对阿列克谢·彼得洛维奇王子的审判

1689年,彼得大帝在17岁时娶了叶夫多西亚·费奥多拉(或费奥多罗芙娜)·洛普金娜。叶夫多西亚在充满偏见的环境中成长,而且不能像丈夫那样克服偏见,因此彼得在建设帝国、改造人民的过程中遇到的最大反对就来自皇后。她和普通女人一样,是迷信的奴隶,凡是新的、有用的改变,在她眼里都是亵渎神圣;凡是沙皇雇来实行他的宏图伟略的外国人,在她看来都是伤风败俗的改革者。

她的公开抱怨鼓励了搞派系斗争的乱党和古老习俗的拥护者,她其他方面的行为也无法弥补这一严重的缺陷。1696年,沙皇终于迫不得已和皇后断绝关系,把她幽禁在苏兹达尔的女修道院中,迫使她戴面纱,使用叶莲娜这个名字。

更不幸的是,叶夫多西亚1690年为彼得生的儿子性情生来跟母亲一样,而且这种性情由于早期教育而变本加厉。据我收到的回忆录记述,早年负责照管这位王子的人很迷信,他们永远毁掉了他的判断力。沙皇希望纠正他童年时受到的影响,给他找了外国家庭教师,结果却是徒劳,单凭外国人这一点就足以令他厌恶。阿列克谢并非生来缺乏才能,他读写德语的能力很出色,设计绘图的能力也还不错,而且懂一点数学。但是上述回忆录断言,基督教会书籍毁掉了他。年轻的阿列克谢以为在那些书中看到了对他父亲的一切行为的谴责。有些神父是对政策不满的人的首领,年轻的王子任凭他们摆布。

神父们劝说阿列克谢,整个民族都对彼得的事业又恨又怕,沙皇经常生病,估计命不久矣,王子只有证明他对移风易俗的厌恶,才能取悦国民。这些私下的牢骚和劝告不至于突然发展成公开的党派斗争或阴谋,但是一切都显示出这种趋势,人民的不满情绪已经非常强烈。

1707年彼得和叶卡捷琳娜结婚,又生下了孩子,年轻王子的脾气开始乖戾起来。为了教化改造儿子,父亲用尽一切方法,甚至让他担任了一年摄政团的首领,还送他去旅行;1711年普鲁特战役结束后,又让他和不伦瑞克的女贵族结婚。然而他们的婚姻非常不幸,阿列克谢20岁出头,生活放荡淫乱,沉浸在粗野的古老习俗之中。不道德的行为致使他几乎丧失人性。他的妻子遭受鄙弃和虐待,缺少生活必需品,而且得不到任何安慰,在失望的折磨中越来越衰弱,最后于1715年11月1日在痛苦中死去。

王妃给王子留下一个儿子,按照自然顺序,这个男孩将会成为帝国的继承人。彼得痛苦地察觉,他离世之后,自己的后代很可能毁掉他的所有努力成果。王妃死后,他给儿子写了一封信,既温和感人又坚决果断。信的结尾写道:

> 朕再稍微等待一段时间,观察你是否痛改前非,倘若你仍不知悔改,朕决定剥夺你的继承权,如同截除无用的肢体。切勿以为这只是虚声恫吓,切勿倚仗朕之独子的身份继续妄为……既

然朕愿意为国家和人民舍生,又如何舍不得自己的儿子?朕宁愿选择将皇位托付给当之无愧的异邦人,也不愿交给不配为君的儿子。

这不仅是父亲写给儿子的信,而且是立法者的信;此外它还说明,继承权顺序在俄罗斯并非固定不变,虽然在其他国家,规定继承顺序的基本法不允许父亲剥夺儿子的继承权。沙皇相信他肯定拥有处置自己创建的帝国的特权。

正在此时,叶卡捷琳娜皇后生下了一个儿子(后来在1719年夭折)。或许这个消息使阿列克谢失去勇气,也可能由于鲁莽或听信谗言,他写信告诉父亲,他愿意放弃皇位和当政的全部希望。"上帝作证,"他写道,"我凭自己的灵魂发誓,我永远不会对继承权提出任何要求。我将我的孩子交给您,自己只要有能维持生活的赡养费就满足了。"

沙皇又给他写了这样一封信[98]:

你谈及继承权,仿佛朕选择继承人需要你的同意。朕责备你,是因为你在一切方面都违背朕的意志,朕在总体上对你的行为非常不满,可是你对这些具体的表示毫无回应。鉴于父亲的劝诫对你没有触动,朕决定最后一次写信给你。朕在世时你就对朕的劝告听而不闻,朕死后你将如何对待朕的事业?尽管你目前有意信守承诺,但某个堕落的司祭就能随意改变你的想法,使你违背诺言。你是他们唯一的靠山。你对赋予你生命的父亲毫无感激之情。自从你成年之后,可曾协助过工作辛苦繁忙的父亲?朕为人民的利益所做的一切,你不是谴责就是非难,甚或嫌恶。总之有理由得出结论,如果你活得比朕长,你会颠覆朕的全部事业。要么努力改过自新,成为配得上皇位的人,要么出家修行,你选择吧。朕等待你的回复,书面或口头均可,否则朕就将你视为普通犯罪分子对待。

这封信语气非常严厉,王子本来可以回答说他愿意痛改前非,这很容易;可是他只是简短地回答说,希望父亲允许他出家修行。[100]

这一决定显得十分反常。在这种情况下,沙皇却出国旅行,把顽固不化、心怀怨怼的儿子留在国内,确实令人惊讶;不过另一方面,这也证明沙皇认为不必担心儿子有什么阴谋。

沙皇在出发去德国和法国之前探视过儿子。当时王子正在患病,或至少是在装病,他躺在床上迎接父亲,非常郑重地发誓说他情愿退居到隐修院去。沙皇给他6个月时间考虑,然后就和皇后一起出国旅行了。

彼得刚抵达哥本哈根,就听说(或许他也合理地预料到)皇长子只跟朋党分子和心怀恶意的人交往,那些人煽动他的不满情绪。为此沙皇写信告诉他,他必须在皇位和修道院之间进行抉择;如果他有意继承皇位,就必须立即动身前往哥本哈根。

可是王子的心腹告诫他,那里既没有朋友为他提供建议,又要面对不满的父亲的怒火和居心叵测、心怀仇恨的后母,实在太危险。于是他假装到哥本哈根去见父亲,却取道维也纳,向他的连襟——神圣罗马帝国皇帝查理六世寻求保护,打算在那里待到父亲去世。

皇长子的冒险与路易十一的做法如出一辙,那位法国国王还是王太子的时候,离开父亲查理七世的宫廷,到勃艮第公爵的领地寻求庇护。不过路易十一的罪过远比阿列克谢更甚,他直接违背父亲的意愿结婚，组织军队对抗，投靠公开与查理七世为敌的亲王，而且拒不听从父亲的反复规劝，不愿返回宫廷。

与之相反，阿列克谢遵从父命结了婚，从未违逆过父亲，既没有组织军队，也没有到敌人的地盘避难，一收到沙皇的信，就立刻回到他身边。沙皇得知儿子去了维也纳，又退避到蒂罗尔(Tyrol)，然后转向当时属于神圣罗马帝国皇帝查理六世的那不勒斯，就派遣枢密院顾问托尔斯泰和卫队长鲁缅采夫(Rumyantsev)携带他的亲笔信去那不勒斯。二人在圣埃尔姆(St. Elmo)的城堡找到王子，把信转交给他。这封信的日期是1717年7月21日，其中有如下内容：

> 朕最后一次写信给你，告知你必须立即遵从托尔斯泰和鲁缅采夫传达的命令。如果你服从，朕以神的名义承诺不会惩罚你，并承诺，你若回来朕将比以前更爱你。如若不然，朕作为父亲，将凭上帝赋予的权力永远诅咒你；作为君主，朕宣布将设法惩罚你抗旨不遵。相信上帝会协助朕，支持一位受害的父亲和君主的正当制裁。
>
> 至于其他，朕记得从未约束过你。朕可曾强迫你选择生活方式？凭朕的权力，难道不能强迫你服从朕的意志？朕只要降旨，臣民即会服从。

那不勒斯总督发现劝说皇长子回到父亲身边并不难。这无可争议地证明，神圣罗马帝国皇帝无意与王子做任何会招惹沙皇不快的约定。因此阿列克谢和跟他私奔的情人叶夫罗西尼娅一起随使者回国了。

我们可以认为阿列克谢听信谗言蛊惑，才违背父亲和君主的命令不去哥本哈根,转道去维也纳和那不勒斯。这是轻浮的年轻人常犯的错误,如果他的罪过仅限于此,无疑完全可以谅解。王子下定决心回到父亲身边,相信有上帝见证,父亲不仅会原谅他,而且会比以前更爱他。然而从带他回国的两位使者得到的指示和沙皇的亲笔信来看,沙皇似乎要求王子告发那些给他出主意的人,还要他兑现放弃王位继承权的誓言。

沙皇在信中约定比以前更爱儿子,另一方面却要剥夺儿子的继承权,这中间的矛盾看来很难避免。作为父亲要爱儿子,作为君主要对人民负责,进行公正的判断,实在难以两全。或许他重新爱儿子的条件是阿列克谢进修道院,而不是坐上皇位;或许他仍希望通过失去皇位的威胁使儿子醒悟过来,改正轻率的言行,最终成为合格的皇位继承人。情况如此非同寻常、错综复杂又折磨人,我们可以轻易猜想,父子两人的心情都烦躁不安,无法协调一致。

1718年2月13日,王子抵达莫斯科,当天就去拜倒在父亲脚下——沙皇已经从欧洲返回。二人交谈了很长时间,消息立刻传遍全城,说王子和父亲已经和好,愿意忘记过去的全部嫌隙。可是第二天黎明,警卫团接到穿戴全套服装的命令,沙皇在城堡大厅召见全体大臣、波雅尔贵族和枢密院顾问;随着大钟慢慢敲响,高级教士和圣瓦西里的两位修士(神学教授)也聚集到大教堂。不幸的王子像罪犯一样被带到城堡,跪倒在父亲面前,哭着呈递一份文件,对自己的错误供认不讳,宣布自己不配继承皇位,只乞求饶过他的性命。[101]

沙皇扶起儿子,退到一间私室。他提了许多问题,同时声明倘若王子隐瞒关于私逃的任何情节,就保不住性命。然后王子回到众人聚集的大厅,沙皇公开宣读了事先准备好的声明。[102]

沙皇在宣言中责备前面提过的儿子的各种错误,例如荒废学业,与陈旧风俗习惯的拥护者过从甚密,虐待妻子。"他违背婚姻的誓约,"沙皇在宣言中说,"在配偶在世期间跟一个地位非常低贱的妓女私通。"当然彼得自己也休掉妻子与战俘结合,但是这个战俘有出众的品行,况且彼得的妻子同时是他的臣民,他有正当的理由对她不满。与此相反,阿列克谢为一个无名的女人抛弃王妃,这个情人除了年轻美貌之外,没有别的优点。到目前为止,这只是年轻人常犯的错误,父亲可以私下训斥惩戒他,也可以宽恕他。

沙皇在宣言中接着又责备儿子逃往维也纳,请神圣罗马帝国皇帝保护他;此外他还诽谤父亲,说自己遭到迫害,被迫宣布放弃继承权,最后还请求神圣罗马帝国皇帝提供武装部队帮助他。

我们立即想到,神圣罗马帝国皇帝在这种情况下与沙皇兵戎相见是不合适的,在发怒的父亲和反抗的儿子之间,他不可能插手干预,除非通过他的斡旋促成和解。于是查理六世所做的只是给逃亡的王子提供一个避难所,沙皇获悉儿子选择的避居地之后申请把他送回俄罗斯,查理六世也爽快地同意了。

在令人震惊的宣言中,彼得补充说,阿列克谢告诉神圣罗马帝国皇帝,他回国会有生命危险。如果在王子回国后,尤其在沙皇郑重承诺宽恕他之后又判他死刑,无疑在某种程度上证实了王子的抱怨。不过我们将在本书中看到后来促使沙皇做出这令人难忘的判决的理由。现在让我们先集中关注一位拥有绝对专制权力的君主在令人敬畏的集会上如何起诉自己的儿子。

朕的儿子就这样回来了。虽然他违旨逃避,诽谤君父,其罪当诛,朕出于父亲的慈爱,姑且原谅他的罪过,免除他的死刑。但是考虑到他行为不端,不配为君,不能任由他继承俄罗斯的皇位。他德性败坏,可以预见在朕身故之后,他将彻底断送俄罗斯的荣誉,从敌人那里收复的领土有得而复失的危险。

倘若他继承皇位,朕的国家和忠实的臣民将陷入前所未有的恶劣处境,实为憾事。故为领土的安全考虑,朕凭父亲的权力且根据君主的权力,剥夺上述朕的儿子阿列克谢在朕身后继承俄罗斯皇位的资格,鉴于他的罪过和品行,纵然朕没有其他亲属,亦须剥夺其继承权。

朕无其他年长子嗣,故而在此宣告,选定次子彼得为上述皇位之继承人[103],尽管他仍年幼。

无论何时,倘若阿列克谢企图僭越或收回上述继承权,朕将作为父亲诅咒他。朕希望全体俄罗斯人,无论属于教会还是世俗,无论社会地位高低,凡是忠实的臣民都遵照朕的旨意和选择,承认朕指定的次子彼得为太子,奉之为合法的皇位继承人;众人在圣坛前手持福音书,亲吻十字架,宣誓确认上述储君的设立。

从今往后,无论何时,凡是违背朕的旨意,胆敢将阿列克谢视为继承人或协助他篡夺皇位者,朕在此宣布其为叛徒和叛国者。朕已下令将此文书公布并传告各地,以免有人假称不知情。

看来这份声明是事先准备好的,或者以惊人的速度匆匆完成的。因为皇长子2月13日刚返回莫斯科,2月14日就宣布放弃继承权,叶卡捷琳娜皇后的儿子被选为继承人。

阿列克谢王子在这份文书上署名,承认由于他行为不端,不配为君,剥夺他的王位继承权是正当的。"我特此在三位一体的全知全能的上帝面前发誓,"他补充说,"服从父亲的一切旨意。"

第二十九章 父与子

签署文书之后,沙皇率领队伍前往大教堂,又宣读一遍文书,全体教士在准备好的副本下方签字盖章表示认可。[104] 从来没有哪位君主以如此正式的方式剥夺王子的继承权。在许多国家,这种法令没有法律效力;但是在俄罗斯像在古罗马一样,父亲都有权剥夺儿子的继承权,君主的这种权力比平民的更大,尤其彼得这样的君主。

尽管如此,还是要担心将来有人煽动王子违抗父亲的意志,建议他逃离本国宫廷,竭力设法撤销父亲强迫他做出的放弃继承权的声明,从同父异母的弟弟那里夺回皇位。很容易预见在那种情况下,俄罗斯将爆发内战,彼得千辛万苦建设的重要事业和伟大计划将全部毁于一旦。因此目前的问题是在1800万人(俄罗斯帝国那时的人口大致是这么多)的福祉与一个没有治国能力的人的利益之间进行抉择。于是有必要查明那些对君主不满的人有什么图谋,为此沙皇两次威胁儿子,倘若有所隐瞒就保不住性命。王子被迫先接受父亲的讯问,然后又受到沙皇任命的专员的调查。

神圣罗马帝国皇帝常驻俄罗斯宫廷的外交代表拜耶尔(Beyer)在王子逃离之后从彼得堡写了一封信,现在成了针对王子的指控的首要物证,是判罪的主要依据。这封信提及驻扎在梅克伦堡的俄罗斯军队发生哗变,有些军官谈论要把叶卡捷琳娜和她的儿子关进彼得软禁被休弃的前妻的监狱,一旦找到皇长子就把他带回来,让他坐上皇位。那种无意义的计划结果一败涂地,而且丝毫没有迹象表明阿列克谢支持或赞同过他们。整件事只是一个外国人讲述的消息,况且信本身不是写给王子的,他只在维也纳收到一份转抄给他的副本。

但是还有性质更严重的指控,阿列克谢在维也纳宫廷的时候给俄罗斯元老院议员和高级教士写过一封亲笔信,其中一段话语气非常强烈:"我不断遭受不应受的虐待,终于不得不逃跑,寻求内心的平静和安全。我差点被关进隐修院,就像他们以前对待我母亲一样。现在我得到一位大君主的保护,恳请你们不要在这紧要关头抛弃我。"

他似乎涂掉了"紧要关头"这个词,因为它可能会被解释成煽动的意思,然后亲笔补了上去,然后又一次涂掉了。说明这个年轻人当时心烦意乱,在愤怒驱使下冲动行事,又立刻懊悔了。

这些信件只有抄本,而且从未寄送到收信人手中,维也纳宫廷小心地扣留了它们。这令人信服地证明皇帝完全不想与沙皇决裂,也不愿意协助儿子武装反对父亲。

一些证人被带来与王子对质,其中一个人名叫阿法纳西耶夫(Afanassief),宣誓作证他听见王子这样说过:"我将对主教们提及一些事情,他们会转告中级教士,然后再转告教区神父;无论我是否愿意,我都会戴上王冠。"

王子的情妇叶夫罗西尼娅也提出了不利于他的证词。然而指控并非全都证据确凿。似乎并没有常规的计划,也没有一系列阴谋或密谋活动,所谓团伙勾结、准备进行政变也是捕风捉影。整件事情只是一个喜欢搞派系活动的堕落的儿子,自认为受到父亲的伤害,从父亲身边逃走,盼望父亲早死而已。但是这个儿子是我们这个半球最大的君主国的继承人,由于他的地位,他的罪过必定非同小可,不可能是琐碎小事。

情妇指控阿列克谢以后,其他证人也出庭指证关于他身为前皇后的母亲和他的妹妹玛丽公主的事情。他的罪名是找母亲商量逃跑的事,还向玛丽公主提起过。他们的心腹罗斯托夫主教被捕后宣誓作证说,禁闭在隐修院里的前皇后和公主曾经表示希望发生重大变革,让她们重获自由,甚至提建议鼓励王子逃离俄罗斯。她们的愤怒越是合情合理,就越值得担忧。我们将在本章末尾看到,这个罗斯托夫主教是什么样的人,他做了什么。

关于这种性质的罪名,皇长子最初否认了一些事实,正是这种行为导致了他的死刑;父亲威胁过他,倘若不诚实坦率地招供,就性命难保。

然而最后他承认了一部分指控,即讲过对父亲无礼的话,不过他辩解说当时喝醉了,冲动之下胡言乱语。

沙皇亲自草拟了审问的新内容,其中第四个问题是这样的:

"你由拜耶尔的信件得知梅克伦堡的部队发生哗变,似乎很高兴,这肯定是有理由的。是否可以设想即使朕还在世,你也会参加叛乱?"

这是在审问阿列克谢内心的隐秘想法,在通过劝告纠正错误想法的父亲面前可以透露,但是在只依据经过查证的事实进行判决的法官面前,他也可以隐瞒。人内心的隐秘想法不是刑事审判的证据,王子完全可以否认或掩饰,这样最有利于他自身的安全,因为他没有坦白心声的义务。可是他却这样回答:"假如陛下在世时有叛军召唤我,而且他们的实力足够强大,我想我确实会加入。"

难以想象这是他自己的回答。而且,根据一个人供认自己关于某种实际未发生的情境有什么想法而判他罪,至少按照欧洲人的习惯,这实在异乎寻常。

王子供认了此前隐藏在心底的想法,除了这奇怪的供词之外,他们还补充了一些其他任何国家的公正法庭都难以采纳的证据。

王子深陷厄运,慌乱恐惧,几乎丧失了理智,在内心搜寻一切能有效毁灭自己的证据。最后他承认,有一次他向总司铎雅各(James)忏悔说,他曾经盼着自己的父亲早点死。告解神父回答:

"上帝会宽恕你的,我们也希望他死。"

我国教会的规则不会认可来自私人忏悔的证据,因为那是上帝与忏悔者之间不可侵犯的秘密。希腊教会和拉丁教会都同意,罪人与上帝之间的私密交流不属于世俗法庭的审理范围。但是此事牵涉一位国王和国家的福祉。雅各神父遭到拷问,证实了王子透露的事情。忏悔者在法庭上揭发控告他的告解神父,又被他的情妇揭发控告,这种审判史无前例。我们还可以补充一个奇特的情况:有些指控牵连到列赞(Rezan)大主教,因为沙皇第一次对儿子大发雷霆之后,大主教在布道时过于偏袒年轻的皇长子。在审问过程中,软弱的王子在回答一个问题时声称,他打算依靠这位高级教士的协助。我们在本章中会看到,沙皇就针对儿子的刑事诉讼过程咨询过教会法庭,那位大主教正是该法庭的首席法官。

关于这场非同寻常的审判,还应该提及另一件事,冒牌的波雅尔贵族涅斯特苏拉诺伊(Nestesuranoy)在他胡编乱造的《彼得大帝传》中也非常拙劣地讲述过此事。

对于父亲在第一次审讯中提出的问题,阿列克谢在答复时承认,他在维也纳得不到面见神圣罗马帝国皇帝的机会,于是求教皇帝的高级侍从舍恩博恩(Schönborn)伯爵。伯爵告诉他,皇帝不会抛弃他,一旦王子的父亲去世,时机成熟,就会协助他用武力夺回皇位。"我是这样回答他的,"王子补充说,"这绝不是我的愿望,只要皇帝同意暂时提供保护,我别无他求。"这句证词坦率自然,很可能是真相。因为指望神圣罗马帝国皇帝派兵废黜自己的父亲,这种请求实在疯狂到极点,况且任何人都不敢对神圣罗马帝国皇帝、欧根亲王或枢密院提出如此荒谬绝伦的建议。这段证词的日期是2月,可是四个月之后的7月1日,对皇长子的审判接近尾声,在王子递交的最后

书面陈述中,不知何人让他写道:

> 我不愿意在任何方面模仿父亲,我为确保继承权不择手段,唯独不用正当的方式。我企图凭借外国的协助获得皇位。如果我能如愿以偿,如果神圣罗马帝国皇帝兑现他对我的承诺,即运用武力帮我取代弟弟坐上俄罗斯的皇位,我就会不惜任何代价。举例来说,如果皇帝要求我回报,派一支军队给他与任何强国作战,或者付给他一大笔钱充当军费,我会欣然应允他的一切要求,还会送豪华的礼物取悦他的大臣和将军。我会自己出钱维持他派来帮助我坐上皇位的军队。总之,为了达到目的,我会用尽所有手段。

这段回答的笔调显得非常不自然,仿佛宣誓作证的人在竭尽全力证实子虚乌有的罪名。况且在首要问题上,他的说法似乎与真相完全相反。他说神圣罗马帝国皇帝承诺用武力帮他获得皇位,这是彻头彻尾的谎言;舍恩博恩让王子相信,皇帝会在沙皇死后协助他收回与生俱来的权利,但是皇帝本人从未承诺过什么。归根结底,问题不在于他是否会用武力反对父亲,而在于他是否会在父亲死后继承父亲的皇位。

在这份最后的供述中,阿列克谢说明了他觉得自己为夺回皇位会使用的手段,可是他在从维也纳和那不勒斯返回以后,才被迫正式宣布放弃与生俱来的权利。那么这第二份证词所陈述的不是他实际做过的、可能交给法律严格调查的事情,而是他想象自己将来在某种情况下可能做的事情,因而并不属于司法调查的对象。也就是说,阿列克谢为自己将来可能抱有的隐秘想法两次指控自己。那些只是他脑中含糊不清、毫无结果的念头，而且从未告知过别人，在我们的社会从未有过任何人因此受到审讯甚至被判罪的先例。即使有人主动坦白他的罪恶想法，欧洲也没有哪个法庭会受理这种案件。不仅如此，我们相信除非罪恶的念头伴随着付诸实施的坚定决心，否则连上帝也不会惩罚。

对于上述自然的看法，或许会有人回答说，皇长子隐瞒帮助他逃跑的同谋的名字，因此他的父亲惩罚他是有正当理由的。沙皇承诺宽恕他的条件是诚实坦率地招供，而他招供的时候为时已晚。最后，这件事已经传遍全国，按照人类的天性，阿列克谢永远不会原谅害他被剥夺继承权的弟弟；因此与其使整个国家面临危险，不如惩罚一个罪人，于是严厉的法律制裁和所谓国家利益的理由就互相一致了。

我们不应该根据其他国家的习惯和法律去评判另一个国家的习惯和法律。沙皇拥有无可争议的生杀予夺的权力，可以仅仅因为儿子未经准许擅自逃离这一罪名就处死他。他在致高级教士和高等法院的其他成员的声明中解释说：

> 虽然依据神和人的全部法律，尤其依据俄罗斯帝国的法律，父亲对儿子有绝对裁判权（甚至在私人生活中），朕拥有充分无条件的权力审判自己的儿子并随意量刑，无须征求其他人的意见。但是当局者迷，人在处理自己的事情时较易受成见和私心的影响，最著名、最内行的医生在自己生病时也不会随意诊断，而是寻求其他医生的建议和协助。朕深恐触怒上帝，故而以类似方式告知朕之疾患，向诸位征求良方；永恒的死亡令人忧惧，或因对自身疾患一无所知，朕当尝试自我治疗。郑重地向全知全能的上帝起誓，如果朕的儿子坦白真相，朕已承诺会宽恕他，

并以书面和口头形式确认。

虽然他违背此承诺的条件,隐瞒他的反叛计划的最重要的情节;朕不可偏离自己的义务,请诸位郑重、专注地思考此案,而后向朕报告他应受何等处罚,务必做到公平,不可偏袒他亦不可迎合朕意。纵然你们决定的处罚太轻,也不必担忧会使朕不悦。朕凭伟大的上帝和天命起誓,诸位无须畏惧。

诸位也不要由于审判的是君主之子而心存顾虑,不用顾及个人身份,只要公正执法,就不必担心你们或朕的灵魂的安危,不会损害自己的国家,但愿在可怕的最终审判日,各位都不会受到良心谴责。

然后沙皇在教士面前[105]发表了相同意图的声明。每一件事情都以最可靠的方式得到处理,在整个过程中,彼得的行为公开坦率,说明他完全确信自己的做法公正合理。

7月1日,教士呈递了他们的书面意见。事实上,沙皇只要求他们发表意见,而不是进行判决。这一开端值得所有欧洲国家关注。

"(高级教士和其他教士说)这件事并不属于教会法庭的管辖范围,俄罗斯帝国的君主拥有绝对权力,不受臣民的司法认定或判断影响;君主可凭他的无限权力行事,任何下级都没有资格干预。"

在开场白之后,他们引用了《圣经》中的几段文字,尤其是《利未记》,其中说"凡咒骂父母的,总要治死他",《马太福音》中也重复了这段严厉的谴责。他们在引述了另外几段经文之后,[106]得出了引人注目的结论:

如果陛下倾向于根据他的行为和罪状轻重进行惩罚,可以参照《旧约圣经》的例子。如果反过来,陛下倾向于宽大为怀,也可以效仿我主耶稣的榜样,基督接纳了悔过自新、改邪归正的浪子,解救过犯了通奸罪、被判用石块处死的女人,还宽容地对待燔祭品。陛下还可以参照大卫的例子,大卫宽恕了背叛并迫害他的儿子押沙龙,对要攻击押沙龙的将领说,'放过我儿押沙龙吧'。父亲有意宽恕,但是上帝的法庭会惩罚罪人。

陛下的心在上帝手中,愿全能的主指引陛下做出使上帝满意的选择。

八位大主教和主教、四位总司铎、两位神学教授在这份意见书上签名。我们前面提到过的都主教列赞第一个签名,他与王子常有通信联系。

教士们签完名,就把意见书呈递给沙皇。很容易察觉,他们希望沙皇赦免儿子;没有什么比耶稣基督的仁慈与犹太教的严刑峻法的对照更动人,他们想借此感动起诉自己儿子的父亲。

同一天,皇长子最后一次受到审问,在最后的书面供述上签了字,他在供状中承认自己"年轻时迷信宗教,与神父和修士频繁交往,一起饮酒谈话,他们的影响导致我厌恶作为太子应尽的责任,甚至讨厌父亲"。

如果这是他自愿供认的,就说明他肯定对教士们刚刚建议他父亲从轻处罚的事情一无所知,这也有力地证明彼得使那个时代的教士发生了重大变化。俄罗斯的教士以前愚昧无知到了可悲的程度,经过短短数年就能够草拟文书,连教会中最优秀的神父也不会否认它既明智又有说服力。

如我们已经评论过的,在最后的供述中,皇长子声明他"为确保继承权不择手段,唯独不用正当的方式"。

从最后的供述来看,王子简直唯恐前几次自白的罪状还不够严重,给自己扣上"伪善者""坏蛋"的帽子,假想自己成为君主之后会如何行动,还费心证明即将对自己下达死刑判决完全合理。最后死刑判决于 7 月 5 日宣布,全文附在本书末尾;读者在这里只看到判决书的开头和教士们的意见一致,声明"我们生来是沙皇陛下的臣民,无权审理此类性质的案件,由于事关重大,理应仰仗有无上权威的君主的意志进行判断,君主的权力仅来源于上帝"。在列举了针对王子的几条指控之后,法官如此陈述:"这是几乎史无前例的反叛图谋,加上可怕的杀父弑君罪——陛下在国家和个人的双重意义上是他的父亲……我们会做何感想?"

奉沙皇命令印刷的审判文件翻译时可能出了错,因为历史上无疑有比这严重得多的叛乱;在审讯皇长子的过程中,并未发现他有杀害父亲的图谋。或许"杀父弑君"这个词指的是王子的证言,说他在忏悔时承认过盼着父亲早点死。但是那只是在忏悔的场合透露的隐秘想法,怎么能算是杀父弑君呢?

无论如何,全体法官一致同意判处皇长子死刑,不过在判决书中并未提及用什么方式执行。144 名法官中没人提出较轻的刑罚。英国有一份当时引起巨大反响的小册子评论说,假如英国法院审理这样的案件,144 名法官都不会做出处罚被告的判决。

这是证明时代和地区差别的最有力的证据。曼利乌斯执政官杀死儿子,①英国法律会判他死刑,可是古板的罗马人却赞赏钦佩他。

---

① 曼利乌斯(Manlius)是罗马帝国的执政官,公元前 340 年,他的儿子违令擅自作战,被判处斩首。

假如威尔士亲王离开他的国家,英国法律不会惩罚他,因为他作为世袭贵族,有权去任何想去的地方。[107] 根据英国[108]或法国的法律,没人会由于未付诸实施的犯罪计划而受到惩罚,但在俄罗斯就不同。在我们国家,持续的、形式上的、反复的违抗命令只是一种错误行为,应当制止或镇压;但是在俄罗斯,一个庞大帝国的继承人违抗君主可能会导致国家灭亡,其罪当诛。最后,皇长子的图谋可能导致整个国家和民族再次陷入他的父亲刚使俄罗斯摆脱的黑暗愚昧的状态,所以应受处罚。

沙皇拥有得到公认的权力,他可以处死违抗他的儿子,不用征询任何人的意见。尽管如此,他仍然将这件事交给国民的代表判断,因此事实上是国民通过了王子的死刑判决。彼得对自己的公平公正十分满意,主动命人将整个诉讼的记录印刷和翻译成数种语言,让其他民族评判他的行为。

关于这起悲剧事件,历史法则不容许我们轻描淡写或矫饰隐瞒真相。一边是遭到自己父亲起诉、被本来会成为自己臣民的人们判处死刑的年轻王子,另一边是认为有必要为国家和人民的福祉牺牲亲生儿子的父亲,整个欧洲都感到为难,不知道谁更值得怜悯。

关于这个主题的一些出版物断言,沙皇曾经派人去西班牙收集腓力二世判处自己的儿子唐·卡洛斯死刑的案件资料。这是虚假传闻,因为唐·卡洛斯从未受到审判,彼得一世的行为和腓力二世的完全不同。西班牙国王从未让世人知道他监禁儿子的理由或王子死亡的原因。他为此事写给教皇和王后的信件完全自相矛盾。奥兰治亲王威廉公开指责腓力由于妒忌牺牲了妻子和儿子,他的行为更像一个醋意大发的残酷丈夫、违背人性的凶残父亲,而不是严厉正直的法官。腓力任凭世人指责,一直保持沉默。彼得却与他相反,他的做法光明正大，公开宣布他爱人民甚于爱儿子，将这件事交给俄罗斯的头面人物进行判断，让全世界评判他们的判决和他本人。

在这起不幸事件中，还有一个异乎寻常的情况，皇长子憎恨叶卡捷琳娜皇后，公开威胁说一旦他坐上皇位她就会死得很惨，可是她完全没有给王子的不幸推波助澜。派驻俄罗斯宫廷的外国大使都没有指责或怀疑皇后采取过任何不利于继子的措施，虽然她应该害怕他继承皇位。实际上的确没人声称她为王子求情，请求沙皇的赦免；不过那个时代的全部记述——尤其是德·巴塞维茨伯爵的记述——都一致认为，她非常同情阿列克谢的不幸遭遇。

现在我手头有一位外国公使的回忆录，其中有这样一段话："我亲耳听见沙皇告诉荷尔斯泰因公爵，叶卡捷琳娜皇后请求阻止公开宣读对皇长子的判决。她说'让他出家就足够了；如果公开正式判处您的儿子死刑，难免会使憎恨影响您的孙子'。"

然而妻子的说情未能打动沙皇。他认为有必要在王子面前公开宣读判决，经过这庄严的举动，王子就没有质疑他自己默认的判决的余地，在法律上死亡之后，他就永远不能再提出继承皇位的要求。

尽管如此，假如彼得死后，有一个强大的派别崛起支持阿列克谢，这种民事死亡能阻止他坐上皇位吗？

于是王子听到了对他的宣判，我前面提到的回忆录中说，他听到这段话时发病昏厥："无论上帝的法律还是基督教会的法律，无论民事还是军事法律，在人证物证俱全的情况下都决不宽容那些图谋犯上作乱的子女，而是判处他们死刑。"他的痉挛转成中风，费了很大劲才恢复过来。后来他略微清醒，在生与死的可怕间隔，他派人去请父亲过来。沙皇过来了，父亲和儿子都泪如雨下。不幸的罪人乞求他触怒的父亲宽恕，沙皇公开应允。王子在濒临死亡的极大痛苦中，接受了非常郑重的涂圣油仪式。在宣读死刑判决的第二天，阿列克谢咽了气，整个宫廷的人都是见证者。他的遗体立即被送往大教堂，放在敞开的棺材里，让公众观看了四天。然后他被埋葬在城堡教堂的墓地，躺在去世的王妃身边，沙皇和皇后都参加了葬礼。

说到此处，我不得不在某种程度上模仿沙皇的行为；也就是说，将我一丝不苟、尽量严谨地叙述的一些事实交给公众判断，不仅事实本身，而且包括信誉卓著的作者的作品和到处传播的各种各样的流言蜚语。在历史作家中，最不偏不倚、最严谨可靠的是朗贝尔蒂（Lamberti），谈论欧洲的事件时，他只限于简单地叙述第一手的真实可靠的资料。可是涉及这件事，他却似乎失去了他的不偏不倚和敏锐洞察力，因为他说：

> 皇后担忧亲生儿子的命运，想方设法迫使沙皇起诉皇长子，判处这位不幸的王子死刑。更异乎寻常的是，沙皇亲自鞭笞（一种拷打方式）儿子之后，又充当刽子手，砍掉了儿子的头。后来王子的脑袋被巧妙地缝到身体上，察觉不出分离的痕迹，用来公开展示。又过了一段时间，皇后的儿子夭折了，沙皇夫妇感到难以形容的悲痛。沙皇亲手砍了长子的头，如今又失去了仅有的继承人，情绪极其不稳定。恰在此时，他获悉自己的妻子与缅希科夫亲王私下有不道德的交往联系。这件事加上他又想起正是她促使自己亲自处死长子，就打算剥夺她的皇后地位，把她关进隐修院，就像对待他至今仍禁闭在修道院中的前妻一样。沙皇习惯随身携带一个小笔记本，每天记录自己的秘密想法，他把这个意图写了下来。皇后设法收买了沙皇寝宫的所有侍从，其中一人找到沙皇随意放在桌子上的笔记本，交给了叶卡捷琳

娜。她看过日记,立即找来缅希科夫亲王商量;一两天之后,沙皇暴病而亡。考虑到这种奇怪病症突如其来又剧烈发作,不太可能是自然的病,应该是毒药造成的,况且投毒这种可怕的行为在俄罗斯屡见不鲜。

朗贝尔蒂的这些指控迅速传遍了欧洲各地。他的作品手稿和印刷物至今仍然大量留存,会让子孙后代继续相信他的记述是事实,因此我认为有义务在这里提到我所知的情况。我的消息来源肯定无可置疑。

首先,我负责地声明,给朗贝尔蒂提供这件奇闻轶事的人虽然出生在俄罗斯,实际上没有俄罗斯血统,在此事发生的数年之前已经离开俄罗斯,不在那个国家居住。我以前认识此人,他跟朗贝尔蒂是朋友;我经常去尼永(Nyon)[109],朗贝尔蒂退休后也住在那座小城。此人告诉我,他从未对那位作家讲过这个故事,只是提到当时传播的一些流言蜚语。

这个例子大概足以说明,在过去的时代,印刷术尚未发明,一个人要毁坏别人在整个民族间的声誉真是轻而易举。因为那时只有少数人拥有手抄的历史资料,那些资料既没有同时代人的评论,又不像现在这样公之于世,接受普遍的检查和质疑。只要塔西佗或萨卢斯特①,甚或耸人听闻的传奇作家的一行字,就足以让世人厌恶一位伟大的君主,使他永远臭名昭著。

既然整个宫廷的人都见证了给王子举行的非常郑重的涂圣油仪

---

① 塔西佗(约55—约120),古罗马元老院议员、历史学家,主要作品有《历史》《编年史》。萨卢斯特(公元前86—前34),古罗马政治家、历史学家。

式，沙皇怎么可能又亲手砍掉儿子的头？圣油涂在他头上的时候，他已经死了吗？砍下的脑袋在什么时候，又如何重新缝合到身体上？众所周知，从向王子宣读判决开始直到他死亡，他连一分钟都没有独处过。

此外，沙皇用刀剑杀死儿子的故事，至少使他摆脱了下毒的嫌疑。一个精力旺盛的年轻人听见自己的死刑判决就惊吓而死，尤其在他应该预料到这种判决的情况下，的确有点不寻常；但是毕竟医生会告诉我们，这并非绝对不可能的事。

许多作者试图让我们相信，沙皇用毒药杀死了自己的儿子。假如那是事实，他通过审判说服整个欧洲他有权惩罚任何犯错误的年轻人的努力就会失去效果，他宣告皇长子有罪的一切理由就会变得可疑，实际上还会反过来指控他自己。假如沙皇希望儿子死，他拥有充分权力，只要下令执行判决即可。作为审慎的人，作为受到所有邻国瞩目的君主，在完全可用法律之剑处死一个人的情况下，为什么要用怯懦卑鄙的手段毒杀他呢？最后，既然他能够轻易把自己塑造成正直而严厉的法官，为什么要给子孙后代留下他是暗杀者和投毒犯的印象呢？

从前面的全部记述来看，与其说彼得是一位父亲不如说他是一位国王。作为国父和立法者，他为人民的利益牺牲了自己的儿子，若非这种有益的严厉，他的国家差点再度陷入多亏他才终于摆脱的蒙昧状态。早在叶卡捷琳娜生下儿子之前，他就经常威胁皇长子要剥夺其继承权。显而易见，他不是为继母的野心或她所生的男孩的利益而牺牲长子的，那个婴儿体弱多病，似乎活不长久，而且确实不久之后就夭折了。假如彼得做出如此重要的决定仅仅是为了取悦妻子，那么他必定愚蠢、疯狂或者惧内。毫无疑问，这些词都不符合他的个性。他预见到了倘若皇位的继承人不接受他的意见，他的事业和重获新生的国家会有什么样的命运。后来的事件证实了沙皇的先见之明：俄罗斯以前与欧洲彻底隔绝，如今成为著名帝国，在欧洲广受尊重；然而假如阿列克谢继承皇位，一切都会毁于一旦。总而言之，如果认真思考这种灾祸，多愁善感的人会不寒而栗，严肃刻板的人会点头赞许。

人们对这一可怕的重大事件记忆犹新，经常把它当成奇闻逸事谈论，因此绝对有必要仔细检查同时代作家的说法。在为金钱写作的三流文人中间，有一位自封的历史学家在他献给波兰首相布吕尔（Brühl）伯爵——伯爵的名字确实使他的记述显得有些分量——的书中写道："俄罗斯人都相信皇长子是被他的继母毒死的。"但是沙皇曾经对荷尔斯泰因公爵说，叶卡捷琳娜皇后劝告他把皇长子监禁在修道院，这推翻了这位历史学家的指控。

至于后来皇后投毒谋杀丈夫的故事，其中提到的侍寝侍从和笔记本就足以证明它纯属虚构。"我要记得把妻子关进修道院去"——什么样的人会写这种备忘录？这难道是琐碎小事，必须写下来以免忘记？假如叶卡捷琳娜毒杀了继子和丈夫，她想必还犯过其他罪行，但是她的性情异常温柔和善、仁慈宽容，丝毫没有残忍之嫌。

现在是时候揭示真相了，阿列克谢的行为、他的死亡以及他的那些同谋死在刽子手刀下的首要原因正是宗教的错误观念，以及对神父和修士的迷信喜爱。前面引用过的他自己的供述，尤其是沙皇写给不幸儿子的信件里的话都充分表明了他的全部不幸的真正根源："某个堕落的司祭就能随意改变你的想法。"

某位驻俄罗斯的大使几乎逐字解释了上面这句话。他写道：有些神职人员喜欢野蛮的古老习俗，他们遗憾地看着教会失去权威,国家变得越来越文明,热切地盼望阿列克谢继承皇位。根据王子的性情,可以预期俄罗斯会回到他们珍视的愚昧迷信的旧时代。罗斯托夫主教多西费(Dozitheus)①就是其中之一,这位高级教士伪造了圣德米特里的启示,声称圣徒向他显身,代表上帝告诉他,沙皇的寿命只剩下不到三个月;目前监禁在苏兹达尔的女修道院里的叶夫多西亚皇后(戴着面纱,使用叶莲娜修女这个假名)和沙皇的妹妹玛丽公主将坐上皇位,与阿列克谢王子联合执政。叶夫多西亚和玛丽公主太软弱,竟然相信他的欺诈行为,把预言当了真。叶夫多西亚脱掉修女服,抛弃叶莲娜修女的名字,重新自称皇后,穿上当皇后时的旧衣服,要求从祈祷文中删除她的对手叶卡捷琳娜的名字。女修道院长反对这些做法,叶夫多西亚趾高气扬地回答:"彼得惩罚了侮辱过他母亲的射击军,我的儿子阿列克谢也会惩罚任何侮辱过他母亲的人。"她把女修道院院长软禁在房间里。这家修道院雇用了一个名叫斯捷潘·格列博夫(Stephen Glebov)的军官,叶夫多西亚利用此人实行她的计划,事先用恩惠收买,拉拢他帮助自己。格列博夫在小镇苏兹达尔及其附近到处散播多西费的预言。但是眼看三个月期满,叶夫多西亚责问主教为什么沙皇还活着。"原因是我父亲的罪孽,"多西费回答说,"他仍在炼狱里,是他告诉我的。"于是叶夫多西亚请人做了1000次弥撒超度死者,多西费向她保证这样肯定会产生想要的效果。不过大约一个月之后,他又来告诉她,他父亲的头已经出了炼狱,再过一个月他的腰也能解脱,那样只剩他的腿还卡在炼狱里,那是最困难的部分;一旦脚也获得自由,沙皇肯定会死,万无一失。

---

① 应该是 Dosipheus 或 Dosifei,俗名为杰米德·格列博夫(Demid Glebov)。

多西费说服玛丽公主对他坦白一切,条件是他的父亲立刻从炼狱获释,预言实现,格列博夫继续与前皇后保持通信联系。

主要由于相信这些预言,阿列克谢才离开俄罗斯,退避到外国,等待父亲死亡。然而沙皇很快发现了整个计划,多西费和格列博夫被捕,玛丽公主写给多西费的信件和"叶莲娜修女"写给格列博夫的信件在元老院被公开宣读。结果玛丽公主被关进施吕瑟尔堡,前皇后搬迁到另一家女修道院,成为受到严密看守的囚徒。多西费、格列博夫和参与这场无聊的迷信阴谋的其他同谋都遭受拷问折磨,促使阿列克谢逃亡的心腹也是相同的命运。王子的告解神父、导师和管家都死在行刑者手里。

这就是彼得大帝为人民的幸福付出的高昂而致命的代价。既要打一场漫长而又危险的对外战争,又要面对违背人性的内部叛乱,他不得不克服无数障碍。他的家庭成员有一半密谋反对他,大多数神职人员顽固地阻碍他的计划,在很长一段时间里,几乎整个民族都反对他造福民众的事业,那时人们尚未察觉到幸福所在。他必须克服偏见,安抚他们的不满。总而言之,沙皇需要培养新一代人,使他们最终形成适当的观念,接受他们的祖先不能领会或支持的幸福和荣耀。

第三十章 建设者彼得

1718年及随后几年的工程和建设

从前面提到的可怕灾祸的整个过程来看,显然彼得只以国家的父亲的身份行动,将人民视为他的家人。为了整体的利益,他不得不惩罚一些致力于妨碍其他人的幸福的人,那是虽然悲哀却必要的牺牲。

(1718年)在剥夺长子的继承权和处死他的这一年,彼得还设法为臣民获取最大利益,建立此前没有的常规警察部门,引进或改良各种各样的制造厂和作坊,开辟新的贸易领域(如今开始繁荣起来),开凿运河连接河流、海洋和被大自然隔绝的人们。这些既不是吸引普通读者的引人瞩目的案件,也不是给丑闻和恶意提供材料的宫廷阴谋,也不是令一般人好奇的重大变革;但是它们是公共福祉的真正源泉,是善于思辨的人喜欢深思熟虑的课题。

现在,沙皇任命一位中将负责整个帝国的治安,他驻扎在彼得堡,维护俄罗斯全境的秩序。他禁止了奢侈的服装和比奢侈更危险的赌博,违者会受到严厉处罚。教算术的学校从1716年开始建设,现在俄罗斯的许多城镇都有这种学校。之前开始建设的济贫院得到资助已经完工,里面收容了适当的对象。

此外还有一些之前就开始筹备,要到数年后才能完成的建设。大城镇已经彻底清除了无数成群结队的乞丐,他们不从事别的职业,只会纠缠比他们勤劳的人,靠花别人的钱维持悲惨而可耻的生活,其他国家过于纵容这种恶习。

沙皇强迫富人根据他们的经济条件在彼得堡建造漂亮的正规住房,通过杰出的管理措施,利用从邻近地区空载返回的三桅帆船和四轮运货马车将建筑材料免费运往彼得堡。

他还用制定法律的方式确定了度量衡的统一标准。许多早已开化的文明国家希望统一度量衡却徒劳无功,俄罗斯却轻而易举地做到了,而且没人发牢骚。我们至今还认为这种有益的规则在法国不可能实行。

生活必需品的价格也固定下来。彼得堡夜间灯火通明,路易十四首先在巴黎引进了这种便利设施,而罗马至今仍然没有。城内设置了供水的消防泵,街道铺设齐整,为了保护行人安全还安装了围栏。一言以蔽之,提供了有助于安全、体面和良好秩序的一切,还有使内陆地区的贸易更方便快捷的设施。在授予外国人一些特权的同时,也制定了防止滥用那些特权的恰当法规。由于这些有益有效的规章,彼得堡和莫斯科的面貌焕然一新。

钢铁制造厂得到突出的改进,尤其是沙皇在距离彼得堡 10 英里的地方建造的那些工厂。他亲自担任那些工厂的第一任总管,直接监督至少 1000 名工人的劳作。他还亲自指挥谷物、面粉磨坊和锯木作坊的经营者,向绳索帆布、砖瓦、石板制造厂和织布厂的厂主下达指示。各行各业的工人从法国到俄罗斯定居,这是他的欧洲之旅带来的成果。

彼得设立了一个商业委员会,成员包括一半俄罗斯人和一半外国人,以便所有手艺人和工人得到平等公正的待遇。在缅希科夫亲王的协助下,一个法国人在彼得堡开设了一家制造精致的镜子的工厂。另一个法国人开设了一家织造厂,仿照哥白林的样式制作奇妙的挂毯,这家工厂至今仍受到很大鼓励。还有一个法国人开设的金银线纺织厂获得成功,为了防止俄罗斯的金银消耗速度太快,沙皇命令这家工厂每年最多只能使用4000马克的黄金或白银。

他每年拨款3万卢布(大约相当于15万里弗)[110],用于购买制造羊毛织物所需的各种原材料和工具。由于他慷慨大度的补贴,他的士兵全都穿上了本国生产的制服;而此前,军队制服是从柏林或其他国家购买的。

莫斯科制造的帆布与荷兰制造的帆布一样精美,彼得去世时,莫斯科和雅罗斯拉夫已经有至少14家工厂生产亚麻布和大麻布。

当丝绸在欧洲贵如黄金的时候,一定没人料想到在拉多加湖畔,在常年冰封和人迹罕至的沼泽地带,有朝一日会崛起一座宏伟壮丽、富足繁荣的城市,那里生产的波斯丝绸与伊斯法罕的丝绸一样完美。而彼得尝试从事这项大规模商业贸易,并获得了成功。铁矿开采业发展到了最完善的程度;俄罗斯发现了另外几座金矿和银矿,指派了一个矿业委员会,检查并判断开采矿山的利润是否足以抵偿开支。

但是仅仅颁发营业执照或任命检查员,还不足以使各种各样的手工业和制造业繁荣兴旺,使各种各样的事业发展起来。最初的时候,伟大的创业者有必要亲自察看,全部亲力亲为,就像我们已经看到的那样,他亲自参与造船,装配帆和索具,驾驶船只。在几乎无法通行的沼泽地带开凿运河的时候,他常常率领工人挖掘、搬运泥土。

在同一年(1718年),沙皇制定了在拉多加湖挖掘运河和建造水闸的计划。考虑到湖上经常有暴风雨,三桅帆船或小船不能航行,如果连通涅瓦河与另一条可以通航的河流,通往彼得堡的运输和贸易就会更方便,不用取道拉多加湖绕很远的路。他亲自平整地面,他用来挖掘和搬运泥土的工具至今仍保存着。整个宫廷都效仿君主,坚持进行一项当时被认为难以实施的工程。这项工程在他去世后竣工,因为他的任何一项计划,只要有可能实现,就不会被放弃。

在沙皇起诉儿子的同一时期,喀琅施塔得大运河的工程也开始了,河道里的水很容易排干,他们在那里倾倒检修并清理战船。

在这一年,拉多加新城也开始建造。不久之后,他又开始挖掘连接里海、芬兰湾与大西洋的运河。船只从伏尔加河溯流而上,先来到两条河流的交汇处,接着进入伊尔门(Ilmen)湖,然后驶进拉多加运河,商品从拉多加运河通过海洋运输到世界各地。

沙皇一边亲自监督这些工程,一边关注位于帝国东端边境的堪察加,下令在那些长期不为人知的区域建造两座堡垒。与此同时,从1715年开设的海军专科学校毕业的一批工程师奉命走遍帝国各地,绘制准确的地图,让世人看到由于沙皇的建设而变得文明和富裕起来的广大国土。

第三十一章　通商者彼得

　　俄罗斯的贸易／对华贸易／彼得堡和俄罗斯帝国的其他港口的贸易

　　在彼得执政之前，俄罗斯的对外贸易在某种意义上已经废止，他即位以后使贸易重新恢复。众所周知，世界上的贸易路线经历过几次变化。在帖木儿的时代之前，俄罗斯南部是希腊甚至印度人的货仓，运货的主要是热那亚人。亚洲人的货物经过顿河和博里西尼河运输。但是14世纪末，帖木儿征服了陶里斯半岛，即后来的克里米亚或克里米亚鞑靼，土耳其人变成了亚速的主人，世界贸易的这个重要分支就彻底毁掉了。为了使之复兴，彼得计划占领亚速；但是不幸的普鲁特战役之后，他失去了这座城市，随之也失去了通向黑海的入海口。尽管如此，他仍然有能力开辟一条通道，经过里海进行大规模的贸易。英国人开辟过通向阿尔汉格尔斯克的贸易路线，从15世纪末到16世纪初，他们也努力开辟经过里海的贸易路线，但是他们的尝试全都失败了。

　　我们已经讲过，为了开辟从阿斯特拉罕到波斯的贸易路线，彼得大帝的父亲曾经命人在荷兰制造一艘船。可是发动叛乱的斯捷潘·拉辛烧毁了那艘船，与波斯人公平交易的希望立刻全部消失了。彼得大帝在阿斯特拉罕接待了亚美尼亚人(Armenian),因为他们是亚洲那个地区的运货人,所有货物都必须经他们的手,让他们赚取贸易的全部利润。在印度和土耳其与商人打交道的情况与此类似,一些基督教国家的犹太商人也是如此。因为仅有一种谋生手段的人通常都精通此道,其他民族则自愿为自己缺乏的技能付钱。

为了改善这种麻烦的情况,彼得已经与波斯萨非(sophi,皇帝)签订协议,约定不用在波斯加工的生丝应该全部交给阿斯特拉罕的亚美尼亚人,由他们运往俄罗斯。

可是在波斯发生的动乱很快打乱了上述安排。在本书中,我们将看到波斯发生叛乱,萨非侯赛因遭到叛军迫害,恳求沙皇协助;沙皇在打了两场对抗土耳其人和瑞典人的艰难战争之后,又进军波斯,征服了波斯的三个行政区。不过让我们先回到贸易的主题。

对华贸易

俄罗斯通过与中国建立贸易关系,似乎有望获得最大利益。两个庞大的帝国互相接壤,又可以互惠互利、互通有无,似乎都有必要建立有用的联系,尤其在 1689 年(按照我们法国的历法计算)两个帝国郑重签订了和约之后。

两国之间的贸易最初在 1653 年打下了基础。那时西伯利亚人和布卡里人两个族群在西伯利亚定居。他们的沙漠商队途经卡尔梅克人居住的平原,然后穿越鞑靼人的沙漠,做生意赚取相当可观的利润。但是卡尔梅克人居住的地区发生了动乱,加上俄罗斯与中国因边界问题发生争端,这种贸易活动被迫中断。

1689 年签订和约以后,两个大国自然而然地决定将所有货物运往一些中立地区。西伯利亚人和其他民族一样,对中国的需要远胜过中国对他们的需要。于是他们请求中国皇帝允许派沙漠商队到北京去,皇帝欣然批准。这是19世纪初发生的事情。

有一件事值得注意,康熙皇帝准许西伯利亚神父在北京郊区建造一座俄罗斯教堂,费用全部由皇帝支付。他宽容大度,为住在北京的一些东西伯利亚家庭建造教堂。那些外国人有的在1689年停战前成为战俘,有的离开自己的国家去中国冒险,在签订《尼布楚条约》之后就不愿意回国了。北京气候温和,中国人讲礼貌、乐于助人,而且在这里可以轻易过上不错的生活,因此他们决定在中国度过余生。希腊正教的一座小教堂和以前的耶稣会会士一样,不可能威胁帝国的和平;况且康熙皇帝赞同宗教信仰自由。宗教宽容始终是亚洲的风气,正如在狄奥多西一世①统治时期以前,宗教宽容是全世界的风气。这些俄罗斯人的家庭在中国定居,与当地人通婚,渐渐放弃了基督教信仰,不过他们的教堂仍留存至今。

建造教堂时约定,这座教堂供来自西伯利亚的沙漠商队使用,他们运送毛皮和北京需要的其他货物。路上来回的时间加上在中国逗留的时间,一般要用3年。西伯利亚总督加加林(Gagarin)亲王亲自主持这种贸易活动,长达20年。商队规模非常大,很难使占绝大多数的普通人受到恰当的约束。

沙漠商队途经一个喇嘛的领地,此人居住在鄂尔浑(Orkhon)河边,相当于鞑靼的统治者,号称库图卡斯(Koutoukas)。他是大喇嘛的代理人,但是当地盛行的观念是印度人关于灵魂转世轮回的信条,

---

① 狄奥多西一世(346?—395)是统一的罗马帝国的最后一位皇帝,立基督教为罗马帝国国教,迫害异教徒,死后罗马帝国分裂。

他对这种宗教信仰稍加改造,因而拥有独立自主的地位。这个僧侣相当于摆脱了罗马教廷束缚的奥斯纳布吕克主教和吕贝克主教,再也没有更恰当的类比了。沙漠商队途中有时在这个鞑靼喇嘛的领地劫掠,还在中国搞破坏。这种不轨行径妨碍了那些地区的贸易,中国人警告说,倘若不阻止这种乱搞破坏的行为,就关上大门禁止俄罗斯商队入境。那时俄罗斯人通过对华贸易获利丰厚,用他们的商品换取大量黄金、白银和珍贵的宝石。全世界最大的一颗红宝石从中国运到加加林亲王那儿,总督把它献给缅希科夫亲王;现在它是俄罗斯王冠上的装饰物之一。

加加林亲王用敲诈勒索的手段获得了大量财富,但是对贸易造成严重损害,最终导致了他本人的毁灭。沙皇设立的法院控告他,在给皇长子定罪并处决他的所有同谋一年之后,加加林亲王也掉了脑袋。

大约在同一时期,康熙皇帝感觉自己的健康状况逐渐变差。他从经验中知道欧洲数学家比中国数学家博学得多,因而认为欧洲的医生必定也比北京的医生更高明,于是让从中国返回彼得堡的几位大使带信给沙皇,请沙皇派一名内科医生过来。当时恰巧有一名英国外科医生在彼得堡,于是他自告奋勇踏上了旅途。新任俄罗斯大使和洛伦茨·朗格(Laurence Lange)[①]也一起出发,朗格记述了此行的经过。康熙热情接待了他们,并支付了优厚的报酬。医生抵达后发现皇帝的身体完全健康,赢得了医术精湛的名声。跟随这个使团

[①] 即 Lorenz Lange。洛伦茨·朗格是瑞典工程师,俄文名字是拉夫连季·拉夫连季耶维奇,18 世纪为彼得大帝处理中俄关系和贸易,是中俄关系史上的重要人物。朗格 1712 年到俄罗斯供职,与彼得大帝关系密切;1715 年,受彼得大帝派遣,随英国医生托马斯·哈尔文前往北京,后多次受命使华。

的沙漠商队赚到了惊人的利润，但是他们的过分举动触怒了中国人，沙皇派驻中国宫廷的朗格遭到驱逐，在北京的所有俄罗斯商人也被遣送回国。

康熙皇帝去世之后，他的儿子雍正和父亲一样睿智，而且比父亲更坚决果断，他把耶稣会会士驱逐出他的帝国，1718年彼得也驱逐了耶稣会会士。雍正皇帝与沙皇缔结协议，规定今后俄罗斯沙漠商队只在两国的边境地区进行贸易。只有以俄罗斯沙皇的名义派遣的运货商可以自由进入北京，他们借宿的宽敞房子是中国皇帝以前指定用来接待朝鲜使节的。但是俄罗斯君主在很长一段时间里没有派遣过沙漠商队或运货商，因此两国贸易逐渐萧条，不过可能很快就会重新恢复。

彼得堡和俄罗斯帝国的其他港口的贸易

当时每年有200多艘外国商船在俄罗斯的新首都停泊。贸易持续发展，经常带来多达500万（法国货币）的利润，这远远超过了建设彼得堡的成本。由于新兴的贸易，阿尔汉格尔斯克的贸易规模大幅度缩减，不过这恰恰符合建设者的希望，因为阿尔汉格尔斯克的港口太危险，距离其他港口太遥远。除此之外，一位勤勉的君主直接领导的贸易始终能带来最大的利益。利沃尼亚的贸易在相同基础上继续进行。整体而言，俄罗斯的贸易非常成功，其港口每年接纳1000至1200艘船；彼得发现了将实用与荣誉结合起来的幸运的权宜之计。

第三十二章　立法者彼得

众所周知,完善的法律很罕见,适当的执行方式就更罕见了。一个国家的面积越大,人口的构成越多种多样,就越难用同一个法律体系使国民团结起来。沙皇彼得的父亲编制过一部题为《乌洛根尼亚》(Oulogenia)的摘要或法典,实际上也印刷颁布了,但是不可能达到目的。

为了修补这部重要作品,彼得在海外旅行的过程中到处搜集材料。他观察丹麦、瑞典、英国、德意志、法国的政体,搜集了许多有用的线索,从不同的国家挑选他认为最适合俄罗斯的东西。

俄罗斯有一个波雅尔贵族组成的法院,名为终审法庭,负责审理难以判决的案件。进入这个机构的唯一条件是社会地位和出身门第,但是沙皇认为知识同样是必要的,因此解散了这个法院。

然后他设置了总检察长职位,在帝国的每个行政区有四名陪审官协助总检察长。他们负责监督法官,法官的判决须服从沙皇设置的元老院的裁决。每名法官都持有一部《乌洛根尼亚》法典,在形成一套完整的法律体系之前,这部法典经过了必要的修改和增补。

沙皇禁止这些法官收取任何酬金,虽然钱不算多,由于诉讼牵涉到财产和资产,收取酬金始终有舞弊的性质。他还注意将审理案件的费用控制在适度范围内,并迅速做出判决。法官和书记员不用购买公职,他们的薪水由国库支付。

这些规章制度的主要部分在1718年制定,当时沙皇正在审判自己的儿子。他制定的法律大多借鉴自瑞典法律,如果有瑞典战俘精通本国法律又学过俄语,并且愿意继续留在俄罗斯,他乐意允许他们进入俄国司法部门。

个人案件的审理属于各个行政区长官和陪审员的管辖范围。如果有人不服判决,可以向元老院上诉。如果在元老院宣判之后仍然不服,可以向沙皇本人上诉,但是如果发现此人的申诉不正当,就判处此人死刑。为了缓和这一法律的严厉性,沙皇安排一名总审查官负责接收申诉书,受理在元老院或下级法院中根据当时生效的法律还不足以判断的案件。

1722年,沙皇的新法典终于完成,他禁止任何法官在判决时脱离这部法典,或用自己的意见取代通常的法规,违者处死。这令人畏惧的法令公开张贴,至今仍留在帝国的所有法庭内。

彼得重新塑造一切,连平常的社会事务也是他的成果,无一例外。从海军将领、陆军元帅到掌旗官,他根据人的工作或职位安排调整社会等级,完全不考虑他们的出身。

沙皇始终认为为国效劳比门第更可取,也希望所有臣民铭记这一点。他还确定了女人的社会地位,如果在公共聚会上有女人坐了不属于她的位置,就必须交罚金。

还有一项更有用的规则,如果列兵晋升军官,就立即成为上等人;如果贵族由于人格问题受到法庭控告,就降为庶民。

设定这些法律和规章制度之后,随着帝国的人口、财富和城镇规模的扩大,新企业和新职业的开创,必然会出现大量新事态和意料之外的状况,这些都是沙皇在他的领土上进行全面改革及取得的成就所带来的后果。

伊丽莎白·彼得罗芙娜女皇完善了父亲开始编制的法律体系,那些法律非常生动地证明了这位女皇的温和仁慈确实名不虚传。

第三十三章　改革宗教

在这个时期,沙皇比以前更努力地改造教士阶层。他用权威法令废除牧首这个职位,进一步失去了神职人员的拥护。他认定帝王的权力应该是绝对的,不受任何约束,教会受到尊重,但是必须顺从。他的计划是设立一个宗教委员会,它可以一直维持下去,但是要依靠君主,只向教会发布得到君主批准的法律,教会是国家机构的一部分。他的这项事业得到了诺夫哥罗德大主教——费奥凡·普罗科波或普罗科波维奇(Theophanes Procop 或 Procopowitz,即普罗科波之子的意思)①的协助。

这位高级教士既博学又精明,由于曾在欧洲的不同地区旅行,他有机会注意到那里盛行的一些恶习。沙皇目睹过同样的现象,而且拥有无限的权力,可以选择有用的,排除危险的,因而在制定本国的规章制度时具备重大优势。从1718年至1719年,他与这位大主教合作,致力于实施他的计划。沙皇设立了一个永久性的宗教会议,包

---

① 即 Feofan(Theophan) Prokopovick,彼得大帝改革的支持者,1718年任普斯科夫主教、宗教会议副主席,1724年任诺夫哥罗德大主教。

括12名成员,其中有些是主教,有些是总司铎,全部由君主挑选。后来成员人数增至14人。

沙皇在一篇论述的开场白中解释了他创立这一机构的动机。其中最引人注目的主要理由是:"与其让一位首领统治教会,不如让一群神父管理教会,这样发生叛乱和纠纷的危险性较小。因为平民百姓总是容易迷信,看到教会有一个领袖,国家有另一个领袖,可能会相信事实上存在两种权力。"对此他引述了一个例子,帝国与教皇之间长期存在分歧,这种分裂的状况导致许多国家发生血腥的战争。

彼得认为并且公开宣布,一个国家存在两种权力是荒谬的错误观念,其基础是《使徒行传》中提及的两柄剑的寓言。

沙皇授予该机构基督教会的权力,包括管理所有苦行僧,审查被提名为主教的候选人的德行和才能,对涉及宗教的案件进行终审(按照以前的惯例,此类案件要向牧首上诉),还负责审理关于修道院的收入和布施的分配的案件。

这个宗教会议号称"最神圣的主教会议"——以前是牧首习惯使用的称号,事实上沙皇相当于保留了牧首的尊贵职位,只不过将其分给14名成员。他们全部仰赖君主,宣誓服从君主,而牧首从未发过这种誓。这个神圣的宗教会议的成员集合起来拥有相当于元老院议员的地位,不过他们和元老院一样,全都仰赖君主。

但是直到制定规则4年以后,即1722年,这个教会的新管理机构和基督教会的新法典才完全生效。彼得最初的意图是让宗教会议推荐他们认为最有资格填补主教职位空缺的人。主教应该由沙皇提名,再由宗教会议祝圣,彼得经常亲自主持会议。有一天,宗教会议讨论一个空缺职位的时候,其他人报告说没有合适的人选介绍给陛下,只有愚昧无知的人。沙皇回答道:"那好吧,你们只要推荐最老实的人就行,这种人的价值相当于博学之士的两倍。"

应当注意的是,希腊教会中没有五花八门的规则,没有所谓的"在俗修道院院长"。教区牧师(petit collet)仅以荒唐可笑的特征为人所知,但是由于另一种恶习(因为世界上的一切都必定受到恶习的影响),主教和高级教士全部由修道会选拔。最初的修道士只是外行人,有的虔诚笃信,有的狂热迷信。他们退避到沙漠中,最终集合到圣瓦西里周围,从他那儿接受教规戒律,立下誓言,被看作教阶等级较低的教士——这是升到高级的尊贵地位的第一步。因此希腊和亚洲到处都是修道士,俄罗斯也深受其害。他们有钱有势,虽然极度愚昧无知,在彼得登基的时代却几乎是唯一一批会书写的俄罗斯人。由于彼得在政府各个部门引进的新规章制度使他们震惊慌乱,滥用书写技能,1703年沙皇迫不得已颁布敕令,禁止修道士使用笔墨,得到修道院的掌院或副院长明确指令的除外,此时掌院或副院长要为得到特别授权的人的行为负责。

彼得计划使之成为长期有效的法律,最初他打算不允许任何未满50岁的人获得教阶。但是这似乎太晚了,人类的寿命通常很有限,50岁以上的人没有足够的时间获得成为主教所必需的资格。因此他采纳宗教会议的建议,将年龄限制为30岁以上,未满30岁的人绝不允许出家。同时,除非有宗教会议或皇帝的直接命令,明确禁止士兵或农夫进入修道院。除非妻子由于自己的纯粹愿望出家当修女,而且都没有孩子,否则不允许已婚男人出家,即使他已经离婚。除非有国家的明确命令,禁止实际上受雇于政府的人出家。此外还迫使所有修道士亲自从事某种劳动。修女永远不能走出隐修院的围墙,年满50岁就举行削发式,就像早期教会的女助祭剃去头发一样;但是在举行这个仪式之前,如果修女有意结婚,不仅允许而且鼓励她们还俗。在一个人口繁衍远比修道生活重要的国家,这样的规章制度值得赞许。

彼得认为上帝规定了女人的命运是给国家带来更多人口,她们本来可以成为母亲,却由于错误的献身精神在隐修院中荒废一生,损害了社会。他希望那些不幸的女人至少为社会做一些贡献,因此下令雇用她们做些适合女人的手工活儿。叶卡捷琳娜皇后负责找来一些布拉班特和荷兰的手工艺人,将她们分配到女修道院里。不久以后,她们就生产出各种手工艺品,用来装饰叶卡捷琳娜和宫廷贵妇们的服装。

这些或许是最明智审慎的制度,不过,值得所有时代的人们关注的是彼得亲自制定并于1724年向宗教会议提出的规则。古老的基督教会制度得到了深刻地解释,修道士游手好闲的生活也被巧妙地暴露出来;沙皇不仅提倡劳动和勤奋,甚至下令如此。他认为修道士的首要工作应当是帮助穷人,减轻他们的苦难。此外他命令修道院为患病或体弱的士兵提供住宿,派一些修道士照料这些军人,最强壮、健康的修道士应该耕种属于修道院的土地。他又命令女修道院执行相同的规则,身体最强壮的人负责照管花园,其余的人照料从邻近地区送往修道院的患病或体弱的女人。他还介入这些服务的具体细节。最后,他指定了几家男女修道院,用于收养和教育孤儿。

彼得大帝的这些法令于1724年1月31日公布,不知情的人会以为编制者是国务大臣和神父。

俄罗斯教会的惯例几乎全部与我们法国的截然不同。法国的教士一旦当上副助祭,我们就禁止他结婚;倘若证明他为增加人口做出贡献,就判定他犯了亵渎神圣罪。与此相反,如果俄罗斯人升到副助祭的级别,就要被迫娶妻,然后才能升到司铎、总司铎的级别;但是除非他是鳏夫或修道士，否则不能当上主教。

彼得规定所有教区神父最多只能让一个儿子从事教会的工作，除非教区居民有特别强烈的希望。这样可以避免某个人口众多的家庭将来在教区横行霸道。通过这些教会管理措施的细节条件，我们可以察觉到立法者始终为国家利益考虑，采取一切预防措施，让教士既得到适当的尊敬又没有危险，既没有太大权力又不至于受到蔑视。

彼得大帝宠爱的一名军官编写过一些稀奇的回忆录，我发现其中有这样一件轶事：英国《旁观者》杂志刊登过比较沙皇彼得和路易十四的文章，有一天某人把这篇文章读给沙皇听。"与那位君主相比，我不认为自己值得偏爱，"彼得说，"不过我足够幸运，在至关重要的一点上拥有优势，就是说，我迫使本国教士们平静顺从，而我的兄弟路易却遭受本国教士的控制。"

一位君主白天几乎一直在应付令人疲惫不堪的战事，夜晚又为更好地治理如此庞大的帝国而忙于编制法律，指导在跨越2000法里的土地上实施的众多大规模工程，他必定需要一些娱乐时间。那个时代的消遣不如现代的高尚或文雅，因此我们不必疑惑为什么彼得要靠前面提到过的假扮的教皇选举会议取乐。其他消遣活动也有同类性质，通常是贬损他非常厌恶的天主教会，对一位属于东正教派的、决心主宰自己领土的君主而言，这种厌恶完全可以谅解。他还有戏弄本国修道士之类的娱乐节目，在努力革新的时候，他希望嘲笑那些守旧派修道士的愚蠢偏执的行为。

我们已经看到，先前沙皇颁布教会法律的时候，封他的一个弄臣为假冒的教皇，庆祝过教皇选举会议节。这个老弄臣名叫佐托夫，已经84岁。沙皇想出一个主意，让他娶一个同龄的老寡妇，公开隆重地庆祝二人的婚礼。他让四个严重口吃的人在婚礼上向来宾致辞，几个老态龙钟的老头把新娘带到教堂,全俄罗斯能找到的最肥胖笨重的四个人充当跑腿的。熊拉着奏乐的四轮运货车,驾车的人不时用赶牲口的铁尖棒戳那些熊,惹它们咆哮,熊吼声的低音伴奏与音乐完美契合。在大教堂里,一名既聋又瞎的神父给新婚夫妻赐福,他的鼻子上架着一副很大的眼镜,显得愈加滑稽可笑。游行队伍、结婚仪式、婚宴、新郎新娘脱衣服和上床的仪式都是这场滑稽模仿的闹剧的组成部分。

我们或许会认为,这种琐碎荒唐的娱乐活动不太适合一位伟大的君主。但是法国的狂欢节又如何呢?五六百人戴着奇怪的面具,穿着滑稽可笑的衣服,在一间大屋子里又蹦又跳一整夜,互相之间却不说话,这难道更好吗?

总而言之,我国教堂以前举行的小丑、傻瓜和戴绿帽子的男修道院院长出场的古老庆典难道更优秀?我们的喜剧"傻瓜母亲"难道显示出了更大的才能?

第三十四章　宿敌败亡

奥兰岛谈判／卡尔十二之死以及诺伊施塔特和约

　　除了那些规模巨大的工程，整个俄罗斯帝国的各种细节详情，以及起诉不幸儿子的令人忧郁的案件之外，还有别的问题需要沙皇关注。他在确保国内的秩序和安宁的同时，还必须对外确保安全。俄罗斯与瑞典的战争仍在持续，但是双方都不尽力，有实现和平的希望。

　　众所周知，1717 年，为了改变欧洲的政治面貌，西班牙国王腓力五世的首相阿尔贝罗尼枢机主教和已经彻底支配卡尔十二的思想的格尔茨男爵联手实行一个计划，让卡尔十二与沙皇和解，废黜英国国王乔治一世，让斯坦尼斯瓦夫重新坐上波兰王位，同时阿尔贝罗尼枢机主教为他的主人腓力五世争取法国的摄政权。如前所述，格尔茨已经向沙皇本人坦陈过他的想法。阿尔贝罗尼已经通过西班牙大使巴雷蒂·兰迪（Baretti Landi）与沙皇派驻海牙的大使库拉金亲王开始谈判，兰迪是曼托瓦（Mantua）人，和枢机主教一样离开意大利到西班牙生活。

　　于是一群外国人或为并非本国君王的主人，或为自己的私利，准备颠覆欧洲的正常体系。卡尔十二沉迷于这些计划，而彼得只限于私下仔细考量。1716年以来,他仅对瑞典发动过一次软弱无力的进攻,意图是迫使瑞典赎买和平,归还通过战争夺取的地盘,而不是彻底击溃瑞典。

格尔茨男爵积极主动、孜孜不倦地投入他的计划,说服沙皇派遣全权特使前往奥兰岛准备进行和谈。恰巧在皇长子在莫斯科被捕的时候,沙皇委派的俄罗斯军械总监、苏格兰人布鲁斯(Bruce)和后来由于这类事务而著名的奥斯捷尔曼(Ostermann)来到岛上。格尔茨和于伦堡已经作为卡尔十二的代表抵达,他们迫不及待地想促使瑞典国王与沙皇和解,向英国国王复仇。可是在会谈期间,战争没有停止,这种情况异乎寻常。沙皇的舰队继续在瑞典海岸巡游,夺取敌人的船只。他想通过保持敌对状态加快和谈的速度,他知道瑞典人急需和平,缔结和约对征服者而言必定非常光荣。

尽管小规模的敌对活动还在持续,一切迹象都预示着和平即将来临。和谈的开端是互相表示慷慨大度的行动,产生了比多少书面文件都有效的作用。沙皇没有索要赎金,释放了他亲自俘虏的埃伦斯席尔德元帅;卡尔十二也释放了特鲁别茨科伊(Trubetskoy)和戈洛温,自从纳尔瓦战役之后,这两名将领一直被囚禁在瑞典。

谈判取得进展,北方的形势将发生彻底变化。格尔茨提议沙皇掌握梅克伦堡。这个公爵领地的主人查理公爵娶了彼得的哥哥沙皇伊凡的一个女儿。查理公爵与梅克伦堡的贵族阶层有矛盾,后者武装反抗他。彼得将公爵视为自己的女婿,派一支军队驻扎在梅克伦堡拥护他。汉诺威选帝侯、英国国王宣布支持贵族一方。让彼得占领梅克伦堡,是削弱英国国王的另一个机会。沙皇已经成为利沃尼亚的主人,这样在短时间内,他在德意志的势力就能超过任何一位选帝侯。作为交换,库尔兰公爵领地和普鲁士的一部分被交给梅克伦堡公爵，这样会损害波兰的利益，让斯坦尼斯瓦夫重新坐上波兰王位。不来梅和费尔登要归还给瑞典，但是只有使用武力才能从英国国王手中攫取这两个行政区。按照格尔茨的计划（如前所述），要使彼得和卡尔十二结成稳固的同盟，不仅缔结和约，而且结成进攻性同盟，联手派一支军队进军苏格兰。卡尔十二征服挪威后在大不列颠登陆，他自作多情地幻想在波兰扶植自己选择的国王之后还能在大不列颠扶植一个新国王。阿尔贝罗尼枢机主教承诺向彼得和卡尔十二提供资金援助。他们料想英国国王的垮台会拖累其盟友法国摄政王，丧失所有支援的摄政王将沦为凯旋的西班牙军队和法国的不满者的牺牲品。

正当阿尔贝罗尼枢机主教和格尔茨男爵以为他们有把握彻底颠覆欧洲的体系的时候，挪威的腓特烈萨尔特（Frederickshald）①的棱堡发射出一颗炮弹，挫败了他们野心勃勃的计划。卡尔十二中弹身亡，英国舰队击败了西班牙舰队，法国宫廷发现并镇压了他们的阴谋，阿尔贝罗尼被驱逐出西班牙，格尔茨在斯德哥尔摩被砍头。于是新近结成的这个令人畏惧的同盟成员仅剩下沙皇一人，他不借助别人的力量，向他的邻居们发号施令。

卡尔十二死后，瑞典的政策发生了彻底改变。卡尔十二是一位专制君主，他的妹妹乌尔丽卡明确宣布放弃专制独裁政体才当选了女王。卡尔十二打算与沙皇结成同盟对抗英国及其同盟国，而瑞典的新政府与英国及其同盟国共同对抗沙皇。

然而奥兰岛的谈判没有破裂。只不过瑞典人现在与英国结盟，自以为只要英国派舰队去波罗的海，就能设法争取对瑞典更有利的

---

① 挪威东南部工业城市哈尔登的旧称。

和平。汉诺威派一支军队进入梅克伦堡公爵的领地(1716年2月),但是不久就被沙皇的部队赶走了。

彼得同样有一支军队驻扎在波兰,既威慑奥古斯特的拥护者也威慑斯坦尼斯瓦夫的党羽。针对瑞典,他有一支舰队随时待命,或是在瑞典海岸登陆,或是迫使瑞典政府加速会谈的进程。这支舰队包括12艘大型第一线作战军舰和一些较小的军舰,此外还有一些快速帆桨战舰和帆桨战船。沙皇亲自在船上担任舰队的副司令,受海军上将阿普拉克辛指挥。

这支舰队的一个中队首先与瑞典的一个中队交战,经过顽强的对抗,俘获了敌人的一艘战船和两艘快速帆桨战舰,表现十分突出。彼得始终千方百计鼓励水兵,改进他千辛万苦创建的海军,这次他给这个中队的军官颁发了6万里弗[111]奖金和金质奖章,此外还给表现特别突出的人授予荣誉称号。

这时诺里斯(Norris)将军率领的英国舰队驶入波罗的海帮助瑞典人。彼得很清楚他可以信赖自己的新海军,不怕英国人的威胁,无畏地守住海洋。于是彼得派人去问英国将军,他只是作为瑞典人的朋友,还是作为俄罗斯的敌人来到此处?诺里斯回答说,他没有收到君主的明确命令。这个答案模棱两可,彼得仍然继续用他的舰队控制着海洋。

英国舰队转向了哥本哈根,实际上他们的目的只是耀武扬威,希望促使沙皇在和谈时接受对瑞典比较有利的条件。俄罗斯人在瑞典海岸甚至哥本哈根附近地区几次登陆,破坏了几个铜矿,烧毁了大约1.5万幢房屋,造成的损害足以迫使瑞典人急切盼望尽快缔结和约。

根据瑞典新女王的指示,谈判重新开始,奥斯捷尔曼亲自前往斯德哥尔摩。整个1719年,形势一直保持着这种状态。

第二年,瑞典女王把权力移交给了她的丈夫,黑森(Hesse)亲王成为新国王。他一当政就派一位大臣出使彼得堡,加速众人渴望的和平进程。但是在谈判过程中,战争仍在持续。

英国舰队与瑞典舰队会合,不过尚未采取任何敌对行动,因为英国与俄罗斯宫廷的关系没有公开破裂,诺里斯将军甚至提出让他的主人居中促成议和。但是手持武器的调停不仅不能减少谈判的困难,反而延缓了谈判进程。由于其地理位置,瑞典海岸很容易遭到侵犯,俄罗斯在波罗的海边占据的新省份却因难以接近而安全无虞。这种对比显而易见,(1720年6月)诺里斯将军扔掉假面具,与瑞典舰队联合行动,在属于沙皇的爱沙尼亚的小岛纳尔根(Narguen)登陆,却只烧毁了一个农民的房子。与此同时,俄罗斯舰队在瓦萨附近登陆,烧毁了41个村庄和1000多幢房屋,使该地区受到无法估计的损失。戈利岑亲王俘获了4艘瑞典快速帆桨战舰。似乎英国海军来到这里只是为了旁观沙皇新生的海军如何赢得荣誉,诺里斯将军只是在海上露面,看着获胜的俄罗斯人把俘获的瑞典船带往彼得堡前面的克朗施塔特港。[112]在我看来,在这种场合,作为调停人,英国人做得太多;作为敌人,他们做得又太少。

(1720年11月)瑞典新国王终于要求休战。他发现英国海军的威胁无济于事,就向法国摄政奥尔良亲王求助。奥尔良亲王作为俄罗斯和瑞典的盟友,接受了促成双方和解的光荣任务。(1721年2月)他派全权代表康普勒东(Campredon)先去彼得堡,又前往斯德哥尔摩。双方在芬兰的尼斯塔德[113]开始会谈,但是沙皇要等到事情即将商定、全权代表准备签字的时候才同意休战。他有一支军队在芬兰,准备征服芬兰的其余地区,他的舰队继续威胁瑞典的海岸。因此他有绝对权力,可以随意指定和约的条件,对方只能同意他提出的一切要求。根据条约,沙皇永久占领已经征服的全部地区,包括从库尔兰边境到芬兰湾尽头,从那里到整个凯克斯霍尔姆地区,以及从凯克斯霍尔姆附近向北延伸的芬兰的狭长地带。他仍然是整个利沃尼亚、爱沙尼亚、因格里亚、卡累利阿、维堡以及附近岛屿的主人,另外还有厄赛尔岛、达戈岛、蒙岛①等,这些岛屿确保他掌握制海权。这些土地加起来长达 3000 陆里②,宽度不等,组成一个很大的王国,是他 20 年千辛万苦南征北战赢得的报偿。

1721 年 9 月 10 日,俄罗斯公使奥斯捷尔曼和布鲁斯将军在尼斯塔德签订了和约。

沙皇深感喜悦,这样他就不必在瑞典边境维持如此大规模的军队,也不必再担忧英国或其他邻国,可以自由地集中全部注意力改造他的帝国了。他已经有了一个成功的开端,现在可以通过无限的勤劳努力,发展他引进的技艺和贸易。

彼得心满意足,他最初听到消息时激动地给全权代表写了这样一段话:"你们已经按照朕的指示起草条约,交给瑞典人签字。国人将永远纪念这件光荣的事。"

俄罗斯各地举行各种各样的特别欢庆活动,尤其是在彼得堡,不同阶层的人们都显得心满意足。在战争期间,沙皇总是用凯旋庆典娱乐民众,但是它们与这些庆祝和平的活动无法相比,现在人人都带着无法形容的满足欢呼。在所有胜利之中,和平是他最光荣的成就。与所有自负夸张的表演相比,最令人高兴的是特赦,他批准释放全部囚犯,并全面减免到签订和约为止整个帝国境内应向国库缴纳的所

---

① 原文为 Mona,疑为 Moon(德语名)之误。现在一般称穆胡岛(Muhu)。
② 陆里是法国的古长度单位,1 陆里约等于 4.445 千米。

有税金。结果关在监狱里的众多可怜人重获自由,不过犯有拦路抢劫、谋杀或叛逆罪的人不在赦免之列。[114]

这时,元老院授予彼得"大帝""皇帝""国父"的头衔。大法官戈洛夫金(Golofkin)伯爵在大教堂以所有等级的国民的名义向沙皇致辞,元老院议员高喊三声"吾皇和吾父万岁",随后在场众人也齐声欢呼。在旁边等待的法兰西、德意志、波兰、丹麦、联省共和国公使也祝贺彼得,用新授予他的头衔称呼他,正式承认他是皇帝。其实自从波尔塔瓦战役以后,荷兰人一直公开称呼他为皇帝。"国父"和"大帝"这两个光荣称号在欧洲无人争议;如同古罗马的有名无实的国王,"皇帝"只是一种荣誉头衔,按照惯例授予德意志的君主。在区别看待国家体制和真正荣耀的宫廷,还需要一段时间才会正式采纳这些名称。不过时隔不久,欧洲各国已经承认彼得为皇帝,唯独波兰和教皇例外。波兰依旧处于派系分裂的内乱状态,而随着其他民族受到启蒙变得越来越文明,罗马教廷逐渐丧失了信誉,教皇的选票也就变得无足轻重了。

第三十五章　在波斯的意外收获

由于形势所迫,俄罗斯不得不与北纬 50 度附近地区的所有国家维持某种联系。在政府治理不当的时期,俄罗斯成为鞑靼人、瑞典人和波兰人轮流掠夺的对象;但是在坚决果敢而有活力的君主的统治下,俄罗斯使所有邻居望而生畏。彼得刚开始执政的时候,与中国签订了有利的条约。他同时与瑞典和土耳其交战,现在又准备率领他的胜利之师进军波斯。

这时波斯开始沦落到至今尚未摆脱的糟糕状态。让我们设想一下德意志的三十年战争、投石党运动①、圣巴托罗缪惨案②、法国的查理六世和约翰二世的朝代③、英国内战的时代,以及鞑靼人长期以来对整

---

① 投石党运动指 1648—1653 年法国反对封建专制王权和马萨林政府的运动,两次均失败。

② 1572 年,法国新教胡格诺派的重要人物在巴黎参加新教徒国王纳瓦尔的亨利的婚礼。圣巴托罗缪节(8 月 24 日)前夜和凌晨,以太后和吉斯伯爵为首的天主教派突然袭击,屠杀两千多名胡格诺教徒,外省各地也发生了类似屠杀,引起了更激烈的内战。

③ 法国国王查理六世(1368—1422)1380 年继位,成年后精神病发作,大封建领主争夺摄政权,导致英国国王亨利五世征服了法国。英法百年战争期间,约翰二世(1350—1364 年在位)在普瓦捷战役中战败被俘。

个俄罗斯的可怕蹂躏,抑或鞑靼人对中国的入侵,我们就会对长期折磨波斯帝国的苦难稍微有一点概念。

一位软弱懒惰的君主,加上既有权势又野心勃勃的臣民,就足以使整个国家陷入灾难的深渊。当时波斯的君主沙赫(或沙克、萨非)①侯赛因是大沙赫阿巴斯的后裔,他完全沉迷于奢侈和女人气的享乐;他的首相残忍暴虐、倒行逆施,却受到纵容,导致了波斯40年的田园荒芜和血腥杀戮。

波斯和土耳其一样有若干个行省,其治理方式各不相同。波斯有直接管辖的臣民、封臣、纳贡的附庸国,还有一些民族,宫廷习惯以津贴的名义付给他们贡金。举例来说,达吉斯坦人居住在高加索山脉支脉、里海西边的地区,以前属于古阿尔巴尼亚族;所有民族的名称和边界都已经改变。有些山民如今叫列兹金人(Lezgian),与其说他们受波斯统治,不如说是受波斯保护;政府付给他们补贴,让他们守卫边境。

在波斯帝国的另一端,印度那个方向,统治者是坎大哈(Candahar)亲王,他指挥的民兵组织叫"阿格万"②。坎大哈亲王是波斯的封臣,类似于土耳其帝国的摩尔达维亚和瓦拉几亚大公;这种封地不能世袭,与导致罗马帝国灭亡的鞑靼人在欧洲各地设置的古代封邑完全一样。由坎大哈亲王率领的阿格万民兵与里海岸边的阿尔巴尼亚人相同,与达吉斯坦人毗邻而居,是高加索人和格鲁吉亚人的混血,类似于征服过埃及的古代马穆鲁克人③。由于词语变体,他们被

---

① 沙赫(sha)、沙克(shaic)、萨非(sophi)都是波斯君主的称号。
② 原文为Aghwan,也就是阿富汗(Afghan)。
③ Mameluk也译作"马木留克",原意为奴隶。

称作阿格万人。被我们称作跛子帖木儿的帖木儿把这些民兵带到印度,他们留下来定居在坎大哈,那个行政区有时属于莫卧儿帝国,有时属于波斯帝国。动荡就从这些阿格万人和列兹金人开始。

米尔维斯(Mir-Weis)或米里维茨(Meriwitz)①是那个行政区的管理者,其职责只是征收贡金。他暗杀了坎大哈亲王,发动民兵武装政变,然后统治坎大哈,直到1717年死去。他的弟弟悄悄继任,向波斯宫廷交纳微不足道的贡金。但是米尔维斯的儿子遗传了父亲的野心,暗杀了叔叔,企图成为征服者。这个年轻人名叫米尔·马哈茂德(Mir-Mahmoud),不过在欧洲只以他那个发动政变的父亲的名字为人所知。马哈茂德开始谋反,加强训练阿格万民兵,让他能够召集的所有格布尔人(Guebre)增援他们。格布尔人是波斯的一个古老种族,被欧麦尔(Omar)哈里发驱散,他们仍然坚持信奉古波斯祆教僧侣的宗教(以前在居鲁士②统治时期很流行),一直私下与新波斯人为敌。马哈茂德集合起他的武装力量,率领10万人向波斯的核心地区进军。

与此同时,由于时势艰难,列兹金人或阿尔巴尼亚人没有收到波斯宫廷的津贴,就率领武装部队下山,于是帝国两端都燃起内战之火,甚至烧到首都。

列兹金人到处劫掠,破坏了从里海西岸一直延伸至杰尔宾特(Derbent,或铁门)的整个地区。该地区有一座城市舍马哈(Shamaki),距离海边大约15法里,据说曾是居鲁士的住处,希腊人称之为锡罗

---

① 应该是指米尔维斯·霍塔克(Mirwais Hotak,1673—1715),1709年与族人举事反抗萨法维帝国的统治,成为波斯霍塔克王朝首任统治者。1715年逝世后其弟阿卜杜勒·阿齐兹·霍塔克继承王位。

② 居鲁士(Cyrus,公元前599—前530),波斯阿契美尼德王朝开国君主。

波利斯（Cyropolis），关于这些地区的环境或地名，我们全部是通过希腊人了解的。不过波斯人从来没有名叫居鲁士的君主，更没有叫作锡罗波利斯的城市。与此相同，犹太人在亚历山大港定居，开始写作，编造出了一座名叫锡西罗波利斯（Scythopolis，居鲁士城）的城市，声称它是西徐亚人在犹地亚（Judea）附近建造的，难道西徐亚人或古代犹太人能用希腊语命名他们的城镇？

舍马哈非常富裕。亚美尼亚人在波斯帝国的这片土地附近居住，做的生意规模极大，不久前彼得自己出资开设了一家俄罗斯商人经营的公司，生意非常兴隆。列兹金人突然袭击这座城市，到处抢劫，杀光了在沙赫侯赛因保护下做生意的俄罗斯人。俄罗斯人的仓库被洗劫一空，损失据说共计 400 万卢布。

为此彼得向侯赛因国王要求赔偿。那时马哈茂德企图篡位，侯赛因国王正在与谋反者争夺王位，国王愿意给沙皇合理的赔偿，马哈茂德却拒绝了。因此彼得决心报复，利用波斯帝国发生内乱分裂的有利形势。

米尔·马哈茂德继续在波斯攻城略地。俄罗斯沙皇准备进入里海，为在舍马哈惨遭屠杀的臣民报仇。萨非听说消息，就通过一个亚美尼亚人秘密请求沙皇同时保护波斯。

相当长一段时间以来，彼得一直在构想一个主宰里海的计划，利用强大的海军，使以前经由波斯和印度进行的贸易转到他的领土上来。他下令测量过里海的深度，勘察过海岸，并绘制了整个里海的精确航海图。1722 年 5 月 15 日，他向波斯海岸出发，叶卡捷琳娜和以前一样陪伴他出航。他们沿着伏尔加河顺流而下，抵达阿斯特拉罕；又从那里赶去督促连接里海、波罗的海和黑海的几条运河的工程，直到彼得的孙子的统治时期，这些工程才部分完成。

当他指导运河工程的时候,这次远征的必要装备运到了里海。他的军队包括2.2万名步兵、9000名龙骑兵、1.5万名哥萨克骑兵,还有3000名水手在船上工作,在海岸登陆以后可以不时协助陆军。马匹必须走陆路,穿过通常干涸无水的沙漠地带,然后翻越高加索的群山,那里地势险要,300人就足以阻挡整支军队。但是在波斯国内一片混乱的状况下,可以尝试最冒险的计划。

沙皇在阿斯特拉罕南边的海上航行了大约100法里,抵达一座小镇安德烈霍夫(Andrewhoff)。在希尔卡尼亚海岸听到安德烈这个名字似乎非常奇怪,一群过去属于某个基督教派的格鲁吉亚人建造了这座小镇。后来波斯人加固了防御工事,但是沙皇的军队轻易攻陷了它。他们从那里继续前进,走陆路进入达吉斯坦地区,沿途散布土耳其文和波斯文的传单。[115]谨慎对待土耳其宫廷很有必要,其臣民不仅包括居住在该地区附近的格鲁吉亚人和高加索人,而且还有几个前不久投奔土耳其大君请求保护的强大封臣。

此外还有一个名叫乌特米希的马哈茂德(Mahmoud d'Utmich)的人势力强大,自称苏丹,竟有勇气攻击沙皇的部队,结果一败涂地。据说他的地盘全部被烧毁。

(1722年9月14日)不久之后,彼得抵达杰尔宾特,波斯人和土耳其人称这座城市为"铁门",因为以前它南边的入口确实是一道铁门。它地形狭长,上端与高加索山的崎岖支脉相连,另一端濒临大海,城墙受海浪冲刷,猛烈的暴风雨经常造成缺口。这些城墙或许可以算是古代奇迹之一,高40英尺,宽6英尺,有方形塔楼守卫,每座塔楼之间相隔50英尺。这些建筑看来是统一的整体,由某种褐色的软性石和碎贝壳修筑而成;贝壳充当灰浆,混合起来形成比大理石更坚硬的材料。城池在陆地一边的防御固若金汤,但是靠海一边没有设防。城墙从里海岸边一直延伸到黑海,还残留着类似于中国古城墙的废墟,想必年代非常久远,可能是古代波斯国王为抵御居住在两个海洋之间的众多蛮族部落而修建的防御土墙。

按照波斯人的传说,亚历山大大帝部分修复并加固过杰尔宾特城。阿里安和昆图斯·库尔提乌斯①告诉我们,肯定是亚历山大重建了这座城市。他们说其实杰尔宾特位于顿河边,那个时代希腊人所说的顿河就是流经这座城市附近的居鲁士河。这种说法自相矛盾,因为亚历山大不可能在流入黑海的河边建造一个里海的港口。

从前在里海的不同地区还有三四个港口,可能全都是为相同的目的而建。因为居住在里海西边、东边和北边的几个民族一直是野蛮人,其他民族非常畏惧他们,征服过亚洲和欧洲的大量蛮族主要来自上述地区。

请允许我在此指出,各个时代都有许多作者靠谎言欺世盗名,他们的文章空洞、只重修辞而不顾事实真相。昆图斯·库尔提乌斯主张一篇充满哲理和自我节制的值得赞赏的演讲稿来自某个西徐亚人,仿佛那些地区的鞑靼人都是圣人智者,亚历山大不是希腊人任命的对抗波斯国王的将军,波斯国王不是东西印度群岛和南西徐亚的大部分土地的君主。另一些徒具浮夸辞藻的作者想模仿昆图斯·库尔提乌斯,故意将高加索沉闷荒原上完全以烧杀抢掠为生的野蛮人描绘成全世界最公正、最具有简朴美德的人,把为希腊复仇并战胜企图奴役希腊的波斯人的亚历山大描绘成没有正义或理智、公开抢劫、

---

① 阿里安(Arrian)即希腊历史学家尼科米底亚的阿里安(约86—160),著有《亚历山大远征记》。昆图斯·库尔提乌斯(Quintus Curtius),古罗马史学家,生卒年不详,约活跃在公元1世纪,著有《亚历山大大帝史》。

在世界各地到处破坏的强盗。

这些作家没有想到，鞑靼人永远只是破坏者，而亚历山大在他们居住的地区建起了城镇。在这方面，我可以冒险将彼得大帝与亚历山大相较：他们都对自己追求的事业专心致志、孜孜不倦，喜爱并资助有用的技艺；他们都努力改变世界的贸易路线，他们建造或修建的城镇至少与受到颂扬的古代英雄的功绩一样多，只不过彼得作为立法者超越了亚历山大。

俄罗斯军队接近的时候，杰尔宾特的地方长官决定避免打一场围城战，或许因为他觉得守不住这座城市，或许因为他宁可受沙皇保护也不愿意接受暴君马哈茂德。他将城市和城堡的银钥匙交给沙皇，于是俄罗斯军队和平进入杰尔宾特，然后在海边扎营。

篡位者马哈茂德已经控制波斯的大部分地区，竭力阻止沙皇占领杰尔宾特却徒劳无功。他煽动邻近地区的鞑靼人进入波斯，企图接管这座城市，可是为时已晚，杰尔宾特落到了征服者手中。

然而由于环境条件所限，这时彼得无法进一步取得胜利。运送粮草、马匹和新兵的船只在阿斯特拉罕附近沉没，适合打仗的季节早已过去。因此，彼得于1月5日返回莫斯科，举行了凯旋仪式。按照惯例，他抵达之后向代理沙皇罗莫达诺夫斯基提交严谨的远征报告，完成了这种不寻常的闹剧。根据在巴黎的法兰西科学院宣读的赞美彼得的颂词，这种闹剧应当在地球上的所有君主面前表演。

波斯帝国继续分裂，侯赛因和篡位者马哈茂德争夺皇位。前者想让沙皇当他的后台，后者害怕沙皇报复，攫取他造反的果实。马哈茂德竭尽全力煽动土耳其宫廷反对彼得，派了一个使团前往君士坦丁堡；而受大君保护的达吉斯坦的王侯们被沙皇的胜利之师夺去了领土，大声呼吁大君替他们报仇雪恨。国务会议则担忧格鲁吉亚的安全，因为土耳其人把格鲁吉亚算作他们的领土。

大君差点向沙皇宣战，不过维也纳和巴黎宫廷阻止了他。神圣罗马帝国皇帝同时宣布，倘若土耳其进攻俄罗斯，他就会被迫帮助俄罗斯自卫。法国派驻君士坦丁堡的大使德·博纳克（de Bonac）侯爵巧妙地利用维也纳宫廷的威胁，同时暗示任凭叛逆和篡位者废黜君主、树立坏榜样，不符合土耳其帝国的真正利益，沙皇只是替大君做了应该做的事而已。

在这些微妙的谈判进行的时候，米尔·马哈茂德前进到杰尔宾特城下，为了切断俄罗斯军队的所有补给渠道，他毁掉了邻近的全部地区。吉兰（Ghilan）——在古代是希尔卡尼亚的一部分——也遭到洗劫，居民们自愿接受俄罗斯的保护，视沙皇为救星。

在这方面萨非本人是这些百姓的榜样。那位倒霉的君主派遣了一个正式的使团，请求彼得大帝的协助。但是使者刚要启程，反叛的米尔·马哈茂德就攻占伊斯法罕，俘获了君主本人。

遭到废黜的萨非的儿子塔赫马斯普①同样被俘，不过他设法逃出暴君之手，集合了一支部队，与篡位者交战。他效仿自己的父亲，乞求彼得大帝给予保护，给大使的指示与沙赫侯赛因下达的指示相同。

这位大使的名字是伊斯梅尔·贝格（Ishmael Beg），他还没有抵达目的地，就发现谈判目的已经达到；船在阿斯特拉罕靠岸的时候，他获悉马秋什金（Matyushkin）将军正率领新招募的军队去增援达吉斯坦。那时巴库（Baku 或 Bachu）尚未陷落，由于那座城市，波斯人

---

① 即塔赫马斯普二世（1704—1740），侯赛因之子，在 1722 年马哈茂德攻入伊斯法罕、侯赛因退位后，逃到大不里士建立政权，与马哈茂德对峙。

将里海命名为巴库(Bacou)海。因此大使为当地居民给俄罗斯将军写了一封信,以他主人的名义劝说居民归顺沙皇。然后大使前往彼得堡,马秋什金将军出发去围攻巴库城。(1723年8月)波斯大使抵达彼得堡的那天,占领巴库的捷报也同时传来。

巴库位于舍马哈附近,两者相比,巴库的人口不多,也没那么富裕,引人注目的主要原因是它向整个波斯供应石脑油。伊斯梅尔·贝格负责谈判的条约以前所未有的速度签订了。(1723年9月)沙皇承诺派兵进军波斯,为他惨死的臣民复仇,并帮助塔赫马斯普对抗篡位者。作为回报,新萨非不仅割让巴库和杰尔宾特,而且将吉兰、马赞德兰(Mazanderan)和阿斯泰拉巴德(Astrābād)等地区也割让给沙皇。

如前所述,吉兰就是南希尔卡尼亚;马赞德兰与之接壤,是马尔德人(Mardi 或 Mardian)居住的地区;阿斯泰拉巴德与马赞德兰接壤。它们是古代米底国王的三个主要行政区,彼得凭借武力和条约,占有了原来的居鲁士王国的属地。

这些细节也许与我们的主题并非毫无关联:协议的条款规定了供应俄罗斯军队的生活必需品的价格,一头骆驼只要60法郎(大约12卢布),一磅面包的价格不超过1.25便士,一磅牛肉的价格大约1.5便士。这些价格提供了有说服力的证据,说明这些地区相当富饶,土地所有权具有最本质的财富价值,仅有名义价值的货币当时非常罕见。

波斯的状况糟糕至极,倒霉的新萨非塔赫马斯普在自己的王国到处流浪,逃避杀害他的父亲和兄弟的叛逆者马哈茂德的追杀。他不得不乞求俄罗斯宫廷和土耳其国务会议接受他的一部分领土,以保全他的其余领土。

于是沙皇彼得、苏丹艾哈迈德三世和萨非塔赫马斯普一致同意，俄罗斯得到前面提到的那三个行政区，土耳其除了已经从篡位者手中夺取的地盘之外，还得到卡斯宾（Casbin）、陶里斯和埃里温（Erivan）。俄罗斯人、土耳其人和波斯人自己就这样瓜分了古老的波斯王国。

现在可以说，沙皇彼得的领土从波罗的海尽头一直延伸到比里海南端更远的地方。波斯继续饱受暴力和灾祸的折磨，波斯人以前既富足又文明，如今却陷入贫穷野蛮的状态；而俄罗斯人以前既贫困又愚昧无知，如今却变得富裕而有教养。一个人如果既坚决果敢又有事业心，就可以使他的国家摆脱默默无闻的状态；一个人如果既软弱又懒惰无能，就会招致国家的毁灭。

到目前为止，我们对长期以来破坏波斯帝国的个人灾祸知之甚少。据说沙赫侯赛因太懦弱，亲手把波斯饰冠戴到了篡位者马哈茂德头上，那个马哈茂德后来发了疯。傻瓜或疯子的反复无常就这样决定了成千上万人的命运。此外，据说马哈茂德有一次疯狂发作，亲手杀死了沙赫侯赛因的100个儿子和侄子；据说为了净化自己，治愈精神失调的疾病，他命人在他的头顶诵读《约翰福音》。法国的修道士到处传播这些类似于天方夜谭的波斯故事，后来它们还在巴黎印刷出版。

暴君马哈茂德谋杀了自己的叔叔，然后被自己的侄子阿什拉夫（Eshreff）谋杀，①这个侄子像叔叔一样嗜血残暴。

沙赫塔赫马斯普（或塔马斯［Thomas］）继续乞求俄罗斯的协助。

---

① 原文如此，但马哈茂德与阿什拉夫是堂兄弟。阿什拉夫的父亲阿卜杜勒·阿齐兹·霍塔克与马哈茂德的父亲米尔维斯·霍塔克是兄弟。

后来著名的库利汗(Kouli Khan)①帮助他重新坐上皇位,然后又废黜了他。

后来俄罗斯发生重大变革,与土耳其交战并赢得胜利;撤离波斯的三个行政区,因为保有它们所需的代价超过它们的价值。这些都是彼得大帝去世若干年以后发生的事件,故而与他无关。在这里提及一点就足够了:他刚刚把接近瑞典边界的三个行政区收入帝国版图,又把接近波斯边界三个行政区同样收入版图,从而结束了他的军事生涯。

---

① 纳迪尔·沙(或纳迪尔·库利汗),波斯国王(1736—1747)、阿夫沙尔王朝创始人,1726年率军归附塔赫马斯普二世,助其登上王位;1732年将其废黜,立塔赫马斯普之子阿拔斯三世为王;1736年自立为王。

第三十六章　沙皇逝世，女皇继位

彼得从波斯远征归来，发现他作为北方仲裁者的地位比以往任何时候都更巩固。这时，他公开宣布保护18年来一直是他的死敌的卡尔十二的亲属。他邀请那位瑞典国王的外甥荷尔斯泰因公爵来俄罗斯，承诺把自己的长女嫁给他，并开始准备支持他对荷尔斯泰因-石勒苏益格公爵领地的要求，甚至在与瑞典缔结的联盟条约（1724年2月）中保证这样做。

他在远及堪察加半岛尽头的帝国各地继续推进各项工程，为了更好地指导工程，还在彼得堡设立了科学院。各方面的技艺都开始繁荣，手工业受到鼓励，海军规模扩大，陆军供应充足，法律得到恰当执行。现在国泰民安，他享受着荣耀，希望用一种新的形式与伴侣分享荣耀，因为按照他的声明，她挽救了普鲁特之战的灾难，在某种程度上帮助他赢得了这种荣耀。

于是彼得在莫斯科为妻子叶卡捷琳娜举行了加冕典礼（1724年5月28日），他哥哥的女儿库尔兰公爵夫人和他未来的女婿荷尔斯泰因公爵在场。他在这个场合发表的声明值得关注：他引述了一些基督徒君主给自己的配偶加冕的例子，同样还有一些异教徒皇帝的例子,例如奥德奈苏斯、查士丁尼、希拉克略和哲人利奥。他列举了叶卡捷琳娜为国家做过的贡献,尤其是在对抗土耳其的战争中,"我的军队减员至2.2万人",他说,"却不得不与20万人以上的强大敌军交战"。他在这份声明中并没有说皇后将在他死后继承皇位,但是这种典礼在俄罗斯帝国是自古未有的,他用这种手段让臣民对皇后继位的事做好思想准备。另一个情况或许使人更有理由相信他预定让叶卡捷琳娜继承皇位,他组织了一个名为"皇后的骑士"的新连队,在加冕典礼当天,他作为连队队长徒步走在皇后前面。

队伍抵达大教堂,彼得亲自将王冠戴到她头上;皇后想跪下来拥抱他的膝盖,却被他阻止。从教堂返回的途中,他让人拿着象征王权的权杖和金球走在皇后前面。加冕典礼完全配得上一位皇帝,在一切公众场合,彼得都尽力显示出隆重豪华,就像他保持简单朴素的生活方式一样。

他给配偶加冕之后,终于决定为他的长女安娜·彼得罗芙娜(Anna Petrovna)和荷尔斯泰因公爵举行婚礼。这位公主的长相肖似父亲,面容十分威严,又美丽非凡。1724年11月24日她与荷尔斯泰因公爵订婚,不过仪式非常简单。彼得的身体以前就受到严重损害,而家庭的不和或许加剧了身体机能的失调,在短时间内表现出致命的症状,因此他晚年几乎不能享受节庆盛会或公共消遣活动的快乐。[116]

当时叶卡捷琳娜皇后身边有一名年轻侍从莫昂·德拉克鲁瓦(Moens de la Croix),他出生于一个在俄罗斯生活的佛兰芒人家庭,相貌非常英俊文雅。他的姐姐德·巴尔克(de Balc)夫人是皇后的侍寝女官,姐弟俩全权管理她的家务。他们遭到受贿的控告,被关进监狱,然后在沙皇的明确命令下接受审判。1714年的一道敕令禁止在宫廷中任何职位的人接受任何礼物或小费,违者会被剥夺名誉并处决。沙皇几次重申过这一禁令。

这对姐弟被判有罪,判决书列举了所有收买过他们或付给他们小费报酬的人的名字,只有荷尔斯泰因公爵和他的公使巴塞维茨伯爵例外。可能他们送礼是为了感谢促成公爵和沙皇女儿的婚事,因此不算犯罪。

莫昂被判斩首,他的姐姐(深受皇后宠爱)被判受鞭笞 11 下。巴尔克夫人的两个儿子一个在宫廷当官,另一个是侍从,他们被降级,作为列兵被派到驻波斯的军队中。

虽然我们法国人看到如此严厉的法律会震惊,但在一个只有用最恐怖的严厉手段执法才能迫使民众遵纪守法的国家,严刑峻法或许是必要的。皇后为她宠爱的女官求情,却触怒了沙皇,他断然拒绝。这时沙皇恰巧看见套房里的一面精致的梳妆镜,盛怒之下用拳头把它砸成了碎片,又转向皇后说:"看吧,我只要一拳,就能让这面镜子回归尘土。"叶卡捷琳娜用令人心软的语调回答道:"您毁掉了您宫殿中最漂亮的装饰品之一,您真的认为这样它就会更迷人吗?"这句话平息了沙皇的盛怒,但是叶卡捷琳娜的求情换来的宽恕仅仅是侍寝女官的刑罚从 11 下鞭笞减少到 5 下。

一位公使目睹并证实了整个过程,否则我不会讲述这件轶事。他给那对不幸的姐弟送过礼物,或许是导致他们蒙受耻辱并受刑罚的主要原因之一。正是这个事件,让那些习惯用最坏的恶意揣测一切的人壮起胆来,到处散播流言蜚语,说叶卡捷琳娜对丈夫暴躁易怒的性情的担忧压倒了对丈夫给予她的诸多恩惠的感激,因而加速了丈夫的死亡。

彼得刚去世,叶卡捷琳娜就立即召回了她的侍寝女官,恢复她原有的职位和势力，等于在证实那些冷酷的怀疑。在各个时代各个国家，只要有君主突然过早驾崩，就会有人散播流言，仿佛自然原因不足以像断送乞丐的性命一样断送一位君主的性命。历史学家的职责是讲述那些公开传播的故事，但是让读者看到那些传闻编造得如何轻率或错误，同样是历史学家的职责。

丈夫的阴郁或严厉的表现可能导致暂时的不满，但是这与铤而走险毒杀丈夫的决心有极大差别，况且这个丈夫是最卓越的君主和恩人。参与这种计划的危险与它的罪恶一样大。那时俄罗斯有一个强大的反对叶卡捷琳娜的党派，他们拥护已死的皇长子的儿子。尽管如此，这一派人和宫廷里的人都从来没怀疑过皇后。到处流传的含糊谣言只是异想天开的外国人编造出来的错误故事，他们完全不熟悉情况，他们选择的卑劣的娱乐方式就是指控那些他们认为通过犯罪获益的人犯了极其邪恶的罪行。不过就这件事而言，叶卡捷琳娜能否靠谋杀丈夫获益也非常可疑。根本没有确定将来由她继承皇位。她确实加冕了，但是只是以在位君主的妻子的身份，而不是作为将在君主死后继承君权的人。

彼得在他的声明中只是把这次加冕当作典礼，而不是授予统治权的仪式。他援引的那些例子只是皇帝给配偶加冕，而不是授予配偶王权。总而言之，在他病倒的时候，有些人相信安娜·彼得罗芙娜公主和她的丈夫荷尔斯泰因公爵将联合继承皇位，或者沙皇会指定自己的孙子为继承人。因此，害死沙皇不符合叶卡捷琳娜的利益，不如说她应该希望延长他的寿命。

无可否认的事实是，相当长一段时间以来，膀胱脓肿和尿潴留一直困扰着彼得。医生建议他饮用奥洛尼茨的矿泉水之类的东西，但是基本上无济于事，从1724年初开始，他的身体越来越虚弱。他不容许自己放下工作去休息,导致身体机能失调进一步加剧,加速了他的死亡。(1725年1月)他的病情越来越危急,他感到灼烧一般的痛苦,陷入一种几乎持续不断的谵妄状态。[117] 每当有片刻清醒,他就努力写字,可是只能写下几行完全无法辨认的潦草文字。人们只能非常勉强地识别出几个俄文词:"一切都交给……"

然后他召唤安娜·彼得罗芙娜公主,想要口授遗嘱,但是等公主来到床边的时候,他已经说不了话了。他陷入昏厥,昏迷了16个小时。叶卡捷琳娜皇后三天三夜没有离开过他的病榻。1月28日凌晨四点左右,他终于在她怀里停止了呼吸。

彼得的遗体运到皇宫大厅,所有家族成员、元老院议员、高官显贵和无数群众都聚集到那里。遗体停放在一张床上,允许所有人靠近,吻他的手,直到1725年3月10日至21日举行葬礼。[118]

有人认为,甚至发表文章断言,彼得留下遗嘱指定妻子叶卡捷琳娜继承皇位。然而事实是他从未立过遗嘱,或者至少从未公开过遗嘱。对一位伟大的立法者而言,这是令人非常惊讶的疏忽,也证明他以为自己的病不是致命的。

他去世的时候,没人知道要由谁来继承。他留下了孙子彼得——不幸的阿列克谢的儿子,还有嫁给荷尔斯泰因公爵的长女安娜。支持小彼得的派系势力相当强大。但是缅希科夫亲王始终与叶卡捷琳娜皇后利益一致,他们先发制人,抢在所有派别之前行动。于是在沙皇临终的时候,亲王请皇后移驾到皇宫的另一个厅堂,他们的朋友已经聚集在那里。亲王把皇宫的金银财宝运到城堡中,派忠于自己的卫兵看守,还获得了诺夫哥罗德大主教的支持。然后他们私下召开会议,出席的有叶卡捷琳娜皇后、他们信赖的秘书马卡罗夫和荷尔斯泰因公爵的使臣。

会议结束时,皇后回到丈夫床边,沙皇很快就咽下了最后一口气。沙皇的死讯一公开,元老院主要议员和将官们就赶到皇宫,皇后发表演说,缅希科夫亲王代表在场的人回应。然后皇后退场,他们接着考虑适当的处理方式。这时,普利斯科夫大主教费奥凡告诉众人,在皇后加冕典礼前夕,刚刚驾崩的沙皇曾对他说,他给叶卡捷琳娜加冕的唯一理由是为了让她在他死后戴上皇冠。在场人员全体一致同意,在公告上签了字,于是叶卡捷琳娜在丈夫去世的当天继承了他的皇位。

　　彼得大帝培养过的所有人都哀悼他,顽固守旧派的子女不久就开始视他为父亲。外国人目睹了他的建设持续的时间,总是表达高度的赞赏,他们承认驱使他行动的主要是非凡的先见之明和智慧,而不是追求奇特事物的爱慕虚荣的欲望。整个欧洲都知道,虽然他喜欢名声,却在追求名声时遵循高尚的原则。他有缺点,却不至于使他的高尚品质黯然失色。虽然作为凡人,他容易犯错误,却始终是一位伟大的君主。无论是对待臣民还是对待自己,无论在海洋还是陆地,他在一切方面改造自然和天性,但是他那样做只是为了使大自然更宜人,使天性更高尚。他以前是在蛮荒之地的国度亲自移植各种技艺,如今它们繁荣成长,硕果累累,仿佛是原生的而不是引进的;它们是他的天赋的永久证据,并使人们永远铭记他的成就。民法、政治、军队管理、贸易、手工业、技艺和科学都按照他的计划发展完善,由于史无前例的因素,在他之后有四位女皇相继统治俄罗斯,她们有效地维护了他生前完成的全部重要事业,并完成了他启动的计划。

　　彼得大帝去世以后,俄罗斯宫廷经历过一些动荡,但是帝国没有发生动荡。叶卡捷琳娜一世为帝国增光添彩;安娜·彼得罗芙娜在位期间,俄罗斯战胜了土耳其和瑞典;伊丽莎白在位期间,它征服了普鲁士和波美拉尼亚的一部分;最后在叶卡捷琳娜二世统治时期,它尝到了和平的果实,各种技艺在富足安全的环境中充分发展。[119]

让俄罗斯的历史学家去记述彼得大帝的事业和战争以及新创造的具体细节吧。让他们赞颂在这位君主的工地上、战场上和内阁中协助过他的英雄,激发他们的同胞的竞争精神吧。作为外国人,作为客观公正地赞赏个人功绩的作者,只要致力于描述这样一位伟人就足够了:他向卡尔十二学习如何战胜他,为了更好地治理国家两次离开自己的领土;凡是必要的有用技艺,他几乎都亲自运用,向人民示范;他是帝国的创建者和父亲。[120]

老早就进入文明阶段的国家的君王或许会自言自语:"在古西徐亚的常年冰雪覆盖的地域,如果有人单凭自己的天赋就能完成如此伟大的事业,那么在数百年累积的劳动成果使创业轻而易举的王国,我们可以期待什么呢?"

附 录
与本书相关的一些文件

对皇长子阿列克谢宣读的判决

1718 年 6 月 24 日

秉承沙皇陛下亲笔签署并于 6 月 13 日发布的明确旨意，审判皇长子阿列克谢·彼得洛维奇的罪行和违背父亲兼君主的僭越行径。由沙皇陛下选定的上述大臣、元老院议员、军事和民事法庭法官组成本法庭，在彼得堡摄政厅集会数次，根据起诉皇长子的原始文件和证人的证词、陛下训诫他的信件、他亲笔回复父亲的信件，以及涉及此案的其他行动、涉及犯罪的资料、皇长子的供述和声明（部分是他亲笔，部分来自他的父亲兼君主）。上述人等承认并宣布，虽然俄罗斯帝国是沙皇陛下统治的领土，我们生来是沙皇陛下的臣民，无权审理此类性质的案件，由于事关重大，理应仰仗有无上权威的君主的意志进行判断，君主的权力仅来源于上帝，不受任何法律的限制。然而陛下给予我们自主判断的权利，我们服从陛下的旨意，经过深思熟虑，遵循良心的指示，不恐惧、不奉承、也不顾虑任何个人，只考虑适用于此案的上帝的戒律，宗教会议的原则和规矩，教会的神父和博士们的权威，并参考聚集在彼得堡的大主教和教士们的指导，遵守俄罗斯帝国的法律和宪法——也符合其他民族和其他基督教国家的法律，尤其是希腊和罗马的。众人一致同意并宣布，鉴于前述罪行和违抗父亲兼君主的僭越行径，应该判皇长子阿列克谢·彼得洛维奇死刑。他是沙皇陛下的儿子和臣民，尽管在托尔斯泰先生和鲁缅采夫队长送去的信(1717年7月10日从斯帕维[Spaw]寄出)中,沙皇陛下承诺如果皇长子自愿返回就宽恕他的私逃,皇长子本人在回信(1717年10月4日从那不勒斯寄出)中感激陛下宽大为怀,只要他迅速自愿回国陛下就赦免他。可是他重新开始并继续以前的僭越行为,而且没有自觉自愿地回国,因此已经不值得宽恕,正如陛下在今年2月3日发表的宣言中讲述过的。

皇长子在抵达莫斯科之后谦卑地书面供认自己的罪行并乞求宽恕,虽然陛下出于父子天性怜悯儿子,2月3日在城堡的大厅中当着众人的面发表前述宣言,的确承诺完全赦免他的罪行和僭越行为,但是前提条件是他毫无保留或限制地坦白他的全部计划,供出教唆煽动他、帮他出谋划策的共犯,倘若他隐瞒任何人或事,沙皇承诺的赦免就失去效力。当时皇长子同意并接受了这些条件,表面上显得感激而顺从,对着神圣的十字架和福音书郑重地宣誓他会诚实守信,毫无保留地说出全部真相,当时为此集中在大教堂的所有人都是见证。

第二天,陛下又找皇长子确认过上述承诺,派人交给他一些问题,开头如下:

"昨天你得到宽恕,条件是你坦白供出你逃跑涉及的全部情况和相关人员;但是倘若你隐瞒任何情节,就性命不保。鉴于你已经供认了一些情况,可以期待你做出更令人满意的供述,在此重复指出,你自身的安危取决于你在讯问过程中的表现。"

最后在第七个问题下方,沙皇陛下又亲笔写道:

"虽然在此没有明言,察觉与此事相关的任何情况,即向朕申报,像忏悔时一样坦白。倘若日后朕通过其他渠道发现你隐瞒任何事,后果自负。朕已经告诉过你,在那种情况下,承诺的赦免将失去效力。"

尽管如此,皇长子的回答和供述毫无诚意。他不仅隐瞒了许多同谋,而且隐瞒关于他自己的僭越行为的重要情况,尤其是他企图在父亲在世时篡夺皇位的叛乱计划,自欺欺人地以为平民百姓会支持他。虽然他拒绝交代,在后来的刑事审判过程中,如前所述一切都被揭露出来。

根据皇长子的全部行为,以及他自己的书面供述,尤其是他说过的话,他不愿意按照衡平法和上帝设立的自然法,等父亲死后再继承皇位,却打算在父亲活着的时候抢夺皇位,不仅要在国内发动叛乱,而且确实向外国君主请求过武装协助。

因此皇长子不配得到父皇承诺的仁慈和宽容。无论上帝的法律还是基督教会的法律,无论民事还是军事法律,在人证物证俱全的情况下都决不宽容那些图谋反对父亲和君主的人,而是判处他们死刑;连意图造反而未实行的人也不宽容,也不饶恕那些制定刺杀君主、篡夺王位的计划的人。这是几乎史无前例的反叛图谋,加上可怕的杀父弑君罪——陛下在国家和个人的双重意义上是他的父亲;这位父亲既仁慈又宽宏大量,从皇长子的婴儿时期开始就比一般父亲更温和亲切地照顾他,郑重其事地努力教他治国之道,不辞辛劳、孜孜不倦地指导他学习军事技能,让他有资格继承如此庞大的帝国。对于这样的谋逆之举我们会做何感想?有什么理由不判处如此罪孽深重的人死刑呢?

因此虽然满心痛苦,眼含热泪,我们作为臣民和仆人宣布这一判决;尽管我们无权判断如此重要的案件,尤其是宣判最伟大的君主沙皇陛下的儿子,我们很高兴在这个职位上发挥作用。到场的全体人员宣布我们真实的意见,并声明这一有罪判决出自纯粹的基督徒的良心,希望在全知全能的上帝的公正、可畏、不偏不倚的法庭上,我们也能如此回应。

但是,我们将现在通过的判决交给我们最慈善的君主沙皇陛下,凭他的权力、意志和仁慈做出最终决定。

尼斯塔德和约

以最神圣的三位一体的名义

如在场众人所知,一场旷日持久、代价高昂的血腥战争从若干年前开始,一方是最近驾崩的光荣的卡尔十二陛下,瑞典、哥特和汪达尔人及其他地区的国王,以及继承他的王位的乌尔丽卡陛下——瑞典、哥特和汪达尔人及其他地区的女王;另一方是沙皇陛下彼得一世,俄罗斯帝国、各个俄罗斯及其他地区的皇帝。两个强国认为应当尽力设法终结纷争,不能再使无辜的人继续流血。感谢全知全能的主让两个强国的君主指定代表他们的全权大使在此开会,讨论并缔结稳定的、诚意的、持久的和约,让两个强国各自的领土、省份、乡村、附庸、臣民和居民之间结下永久的友谊。瑞典国王陛下、他的王国和大法官法庭的代表、最可敬的枢密院顾问之一约翰·利林斯泰特(Johan Lillienstedt)先生,达尔德斯(Dalders)的采邑和铜矿的总管奥托·赖因霍尔德·斯托姆费尔德(Otto Reinhold Stroemfeld)男爵;沙皇陛下的代表、他的军械总监、制造业和矿业学院校长、圣安德烈和白鹰骑士团骑士雅各布·丹尼尔·布鲁斯(Jacob Daniel Bruce)伯爵,沙皇陛下在大法官法庭的枢密院顾问之一亨利·约翰·弗雷德里克·奥斯捷尔曼(Henry John Frederic Osterman)先生,作为全权大使在尼斯塔德集会,互相交流各自君主的委托,并恳请上帝协助他们完成这项重要而有益的使命。感谢上帝的恩惠和祝福,瑞典君主与沙皇陛下之间缔结了如下和约：

一、从今以后，双方承诺永久的、不可侵犯的和平，结成真诚的联盟和不可解除的友好关系，一方是瑞典、哥特和汪达尔人的国王腓特烈一世陛下及瑞典王位的继承者，包括他的王国、领土、省份、乡村、村庄、附庸、臣民和居民；另一方是俄罗斯帝国、各个俄罗斯及其他地区的皇帝沙皇陛下彼得一世及俄罗斯皇位的继承者，包括他的王国、领土、省份、乡村、村庄、附庸、臣民和居民。双方和解，将来永远不互相采取战争行动，无论是主动还是被迫，无论私下还是公开，无论直接还是间接，无论有什么借口，都决不帮助对方的敌人，不与对方的敌人签订任何与本和约冲突的盟约，永远保持和维护彼此真诚的友好关系，支持彼此的荣誉、利益和安全。倘若其他强国威胁任何一方，导致损害或引起烦恼，另一方还应该尽力阻止。

二、双方进一步同意，全面原谅并忘记战争期间的一切敌对行动（无论是通过武力抑或其他手段），严格遵守承诺，从今以后决不动复仇的念头或采取报复行动，尤其不报复公务人员，以及在战争期间进入军队服役而成为对方敌人的臣民。唯独加入瑞典国王的军队的俄罗斯哥萨克例外，尽管瑞典国王为他们求情，沙皇陛下不同意将他们加入全面原谅的对象之列。

三、正式交换签过字的文书之后，无论在陆地还是海上，应在15天之内停止本地和芬兰大公国境内的一切战争行动，如果可能的话尽早结束；为此应立即公布签订和约的消息，不可拖延。过了上述期限后，任何一方进行的战争行动，无论在陆地还是海上，无论以何种形式，即使由于不知道和约已经签订，都决不应该让这种冒犯行为损害和约的结果；相反，双方应按照上述条件，互惠互利地交换人员和财产。

四、通过本条约,瑞典国王陛下代表自己和瑞典王位的继承者完全、永远、不可逆转地放弃沙皇陛下的军队在战争期间从瑞典君主手中夺取的领地,让给沙皇陛下和俄罗斯帝国的继承者。那些地区包括利沃尼亚、爱沙尼亚、因格里亚和卡累利阿的一部分,还有维堡的采邑,此后在调整边界的条款中详细指定;里加、杜纳蒙德(Dunamund)、派尔努、雷瓦尔、杰尔普特(Dorpt)①、纳尔瓦、维堡、凯克斯霍尔姆的要塞和城镇,以及其他城镇、要塞、港口、乡村、地区及属于该行政区的河流和海岸;此外还有厄赛尔岛、达戈岛、蒙岛②以及从库尔兰边境到因格里亚、爱沙尼亚和利沃尼亚海岸、雷瓦尔东边、维堡东南方的其他岛屿,包括目前在上述行政区、城镇、乡村和岛屿上的居民。整体而言,他们的从属权利、附庸关系、特权、权利和利益与那些地区属于瑞典国王时相同,没有例外。

为此,瑞典国王陛下以最郑重的形式代表自己和他的继承者及整个瑞典王国,宣布永远放弃以前或今后可能有的对上述行政区、岛屿、乡村和城镇的全部领土要求。由此,上述地区的全体居民不再受对瑞典王权、瑞典国王陛下和瑞典王国的忠诚誓言的约束,无论有什么理由,从今以后决不再主张或要求他们履行上述誓言;但是反过来,他们应该加入俄罗斯帝国,永远成为帝国的臣民。此外,瑞典国王陛下承诺,从今以后支持并协助沙皇陛下和俄罗斯皇位的继承者以和平的方式占领上述行政区、岛屿、乡村和城镇;他们将找出战争期间瑞典人从那些地区带走的所有记录和文件,交给沙皇陛下委托的人。

---

① 跟 Derpt 是同一个词的变体,指现在的爱沙尼亚的塔尔图。
② 原文为 Moen,疑为 Moon(蒙岛,即穆胡岛)的误写。

五、作为回报,沙皇陛下承诺在交换签过字的条约之后,在4个星期内(尽可能更快)撤离芬兰大公国,将其归还给瑞典国王陛下,根据下述边界规则应当属于沙皇陛下的部分除外;无论有什么理由,沙皇陛下及其继承者今后决不再对上述公国提出任何领土要求或声称有领土权利。沙皇陛下进一步声明并承诺,迅速准时地全额支付200万克朗给瑞典国王的代表,按照双方都同意的条件,瑞典代表应开具足额的收据。上述款项应用金属货币支付,此条件列入双方同意的单独的条款,就像加进本条约的正文一样有效。

六、瑞典国王陛下进一步保持贸易方面的自由,每年可以从里加、雷瓦尔和阿伦斯堡(Arensbourg)购买价值5万卢布的谷物,将它们运送到瑞典。只要出示证明书,说明这些谷物是受到瑞典国王陛下的委托,卖给瑞典国王陛下或其臣民的,就不用交纳任何税赋。这种权利不应受到制约,也不因任何紧急情况而改变,哪怕沙皇陛下可能认为由于农作物严重歉收或其他重要理由有必要全面禁止向其他国家出口谷物。

七、沙皇陛下还以最郑重的形式承诺,他决不干预瑞典王国的内部事务或政体形式,其政体根据瑞典王国的忠诚誓言设置和调整,得到国民全体一致的同意;他也不协助任何人以任何方式干预,无论是直接还是间接的。相反,如果沙皇陛下及时注意到有任何骚乱发生,作为瑞典国王的真诚朋友和好邻居,他将努力阻止。

八、双方彼此有意确立稳定、诚恳、持久的和平关系,为此非常有必要调整两国边界,使双方都消除妒忌,和平地接受本和平条约规定的任何属地。双方认为应当宣布,从今以后两个帝国的边界永远如下所述:从波的尼亚湾以北、维茨克拉克斯(Wickolax)附近的海岸开始,边界向内陆延伸不超过半法里,距离海边半法里,远至维拉约基（Willayoki）对面，以及比那里更远的内陆；这样从海边和罗厄尔（Rohel）对面到从维堡通往拉普斯特兰（Lapstrand）的道路，直线距离大约四分之三法里，距离维堡3法里，从维堡向北到俄罗斯和瑞典的旧边界，直线距离也是3法里，即使在瑞典国王失去凯克斯霍尔姆这个地区之前。以前的旧边界向北延伸8法里，从那里直线穿过凯克斯霍尔姆地区，到波罗吉莱（Porogerai）港口，在库都马古贝（Kudumagube）镇附近开始与俄罗斯和瑞典的旧边界重合。这样，从今以后，瑞典国王陛下将拥有前面详细描述的边界以西和以北的全部土地，俄罗斯帝国的沙皇陛下将拥有位于上述边界以东和以南的全部地区。沙皇陛下从今以后放弃以前属于俄罗斯帝国的凯克斯霍尔姆的一部分地区，让给瑞典国王陛下，并以最郑重的形式承诺，他本人和俄罗斯皇位的继承者无论出于任何理由，将来都不再向凯克斯霍尔姆的这部分地区提出任何领土要求；上述地区从今以后将并入瑞典王国。关于兰帕尔克（Lamparque）地区的边界，应保持两个帝国交战之前的状况。

九、沙皇陛下进一步承诺，利沃尼亚、爱沙尼亚、厄赛尔的全体居民（无论贵族还是庶民），以及城镇、治安法庭、公司和贸易都维持原状，完全享有特权、习俗和专利特权，与瑞典国王陛下统治时一样。

十、从今以后不用暴力手段处理割让地区居民的宗教信仰问题；相反，沙皇陛下将像瑞典统治时期一样保持和维护他们的新教（路德宗）信仰，前提是同样容许属于希腊正教会的教徒的信仰自由。

十一、最近去世的瑞典国王在他统治时期造成利沃尼亚、爱沙尼亚、厄赛尔的杀戮和人口减少，严重伤害了那些地区的臣民和居民。最近去世的光荣的瑞典国王陛下承诺过公正适当地处理这个问题（根据1700年4月13日颁布的法令,倘若他的任何臣民诚实地证明充公的货物是他的财产,就会得到公正的补偿,充公的部分个人财物归还给了上述地区的一些臣民）。沙皇陛下同样保证并承诺,所有人都会得到公正的待遇,无论是否居住在利沃尼亚、爱沙尼亚或厄赛尔,凡是对上述行政区的土地有正当要求或权力并且能提出充分证据的人,都可以恢复他的土地和财物的所有权。

十二、根据和约第二条规定并同意的全面赦免原则,利沃尼亚、爱沙尼亚、厄赛尔岛以及纳尔瓦和维堡的居民如果在战争期间支持瑞典国王,他们的财物、土地和房屋被没收或交给别人,同样应当立即归还原主或给予赔偿,尽管财产可能在战争中耗费或通过继承或其他方式易主,没有例外或限制,即使财产所有人实际上在瑞典是囚徒;一旦所有人都在各自的政府重新入籍,就开始执行上述措施,并制作关于其权利的文件。另一方面,对于在占有充公财物期间可能获得的收益,这些所有人决不可提出要求或声称拥有任何一部分,也不可对战争或其他原因导致的财产损失提出其他补偿要求。凡是这样重新拥有自己的财物和土地的人,都有义务崇敬他们现在的君主沙皇陛下,充当忠实的奴仆和臣民。在按照惯例立下忠诚誓约之前,他们可以自由地离开故乡,到与俄罗斯帝国结盟、关系友好的其他国家去生活。如果他们认为恰当,也可以开始或继续——如果他们已经受雇于中立国——为中立国服务。另一方面,对于不愿选择崇敬沙皇陛下的那些人,从本条约公布开始,可以给他们三年时间,按照最有利的条件出售或处置他们的财物、土地和全部所有物;依据当地的法律法规,这些人为此付出的代价不会多于其他人。从今以后,如果按照当地法律,有人要继承一笔遗产却尚未发誓忠于沙皇陛下,就强迫他在接受遗产的同时立下忠诚誓约,否则就必须在一年之内卖掉他的全部财物。

在利沃尼亚、爱沙尼亚和厄赛尔岛拥有贷款或合法抵押品的人，同样可以安全地享受抵押权，直到本金和利息全部偿还。另一方面，不可对在战争期间过期、无人索要或支付的抵押契据提出利息要求。但是在以上两种情况下，上述财产的管理者或所有者必须崇敬沙皇陛下。此规则同样适用于所有留在沙皇陛下领土的人，他们同样可以自由处置自己在瑞典或根据本和约向沙皇陛下投降的国家的财产。此外，和好的两国的臣民应当支持彼此的合法诉求和需要，无论是在公众场合还是两国领土范围内的个人场合，应立即进行公正的裁判，恢复权利，让所有人得到属于自己的正当财产。

十三、签订本条约之后，芬兰大公国境内的贡金活动应全部停止，根据和约第五条，沙皇陛下将收取贡金的权利让给瑞典国王陛下。另一方面，芬兰大公国应按照和以前一样的标准，免费向沙皇陛下的部队提供必需的粮食和草料，直至他们完全撤离芬兰。沙皇陛下禁止违背他们本人的意愿驱逐芬兰的大臣或农民，或对他们造成丝毫伤害，违者将受到最严厉的惩罚。允许沙皇陛下在撤离上述地区的时候用四轮马车运走他们的大型和小型火炮及其他配件，以及弹药和他认为合适的其他战争物资。居民应提供充足的马匹和马车，送他们到边境；如果不可能按照约定的条件执行整个计划，必须留下一部分火炮，那么当地人应该妥善看管那些物资，然后在方便的时机移交给沙皇陛下的代理人，同样以上述方式运送到边境。如果属于芬兰大公国的任何契据或文件被沙皇陛下的部队发现或送出国，应当进行严格的搜查，将能够找到的东西全部原物归还瑞典国王陛下的代理人。

十四、签订本条约之后，双方应立即释放全部俘虏，不论国籍、军衔和地位，无须赎金。同时，每个战俘都应该还清自己所欠的债务，或付出足够价值的抵押品。应按照距离边境的远近，免费给双方的俘虏配备必需的马匹和马车，送他们回家。这些战俘如果支持一方或另一方，选择在两个强国之一的领土定居，他们有不受限制的充分自由。这种自由同样适用于在战争期间被迫服役的人，他们同样可以留在原地或回家——那些自愿接受希腊正教信仰、顺从沙皇陛下的人除外。为此目的双方应在各自的领土公布并通告相关敕令。

十五、波兰共和国的国王陛下作为沙皇陛下的盟友，明确属于此和约的对象，并拥有同等的随附权利，相当于波兰与瑞典之间的和约全文插入这里。为此属于和解双方的所有王国、领土和继承物应全面停止一切敌对行动，无论是否位于神圣罗马帝国境内，前述两国应确立稳定持久的和平关系。由于波兰国王陛下的全权代表和波兰共和国并未参与在尼斯塔德签订的本和约，不能同时更新波兰国王陛下与瑞典国王陛下之间的神圣和约，因此瑞典国王陛下保证并承诺，一旦约定会议地点，就派全权代表去波兰会谈，以便通过沙皇陛下的调停，缔结瑞典与波兰的永久和约，前提是其中不包含任何可能损害瑞典与沙皇陛下缔结的永久性和约的内容。

十六、应当签订单独的条约，尽快在两国的领土、臣民和居民之间，通过海路和陆路调整和建立自由贸易关系，增进双方各自领土的利益。与此同时，一旦签署和约，俄罗斯和瑞典的臣民在支付几种通常的商品税之后就可以在俄罗斯帝国和瑞典王国自由地做生意。俄罗斯和瑞典的臣民可以享有互惠互利的特权和专利特权，就像与两国关系最密切的朋友享有的权利一样。

十七、签订和约之后，双方不仅都应当向对方归还战争开始前设在属于两国的某些贸易城镇的军火库，而且都应当释放沙皇陛下和瑞典国王陛下派往城镇、港口或属于两国的其他地方建设军火库的臣民。

十八、如果由于气候或其他意外事故,瑞典的任何战船或商船在俄罗斯的海岸或港口不幸沉没或搁浅,沙皇陛下的臣民有义务提供力所能及的救援,帮助抢救船上用具和财物,诚实地归还可能冲到岸边的任何东西;如果他们提出要求,就付给他们适当的报酬。如果俄罗斯船只和财物同样在瑞典海岸不幸遇难或迷失,瑞典国王陛下的臣民也应该这样帮助他们。在那种不幸的场合,通常会发生抢劫,为了防止所有恶劣的做法,沙皇陛下和瑞典国王陛下将颁布最严厉的禁令,一旦发现违令不从者,将就地正法。

十九、为了防止海洋事务中可能产生的一切误解,双方得出结论并决定,从今以后,不论数量和型号大小,所有瑞典战船经过沙皇陛下的城堡或堡垒时,应当鸣炮表示敬意,俄罗斯的堡垒或城堡应当立即以同样的方式回礼;反之亦然,不论数量和型号大小,所有俄罗斯战船经过属于瑞典国王陛下的城堡或堡垒时,应当鸣炮致敬,瑞典的堡垒或城堡也立即以同样的方式回礼。如果任何瑞典船只与俄罗斯船只在海上、港口或其他地方相遇,就鸣炮互相致敬,这是瑞典船和丹麦船相遇时通常遵循的惯例。

二十、两国互相同意,不再像以前那样支付对方外交使节的费用;从此以后,双方的代表大臣、全权大使和公使应支付自己和随从人员的费用,包括旅行和逗留期间及返回各自驻地的费用。另一方面,如果任何一方及时收到对方公使抵达的通知,应命令臣民提供必要的协助,保障他们旅途中的安全。

二十一、瑞典国王陛下认为大不列颠国王陛下属于本和约适用的对象,尽管沙皇与大不列颠国王陛下之间仍存在分歧,他们应立即致力于以友好的方式消弭分歧。如果和解双方在三个月内提出类似的其他政权，应将其同样列为本和约适用的对象。

二十二、从今以后，即使瑞典和俄罗斯的臣民和邦州之间产生任何误解，也决不应损害永久和平的条约；本和约仍始终具有充分效力，双方应立即委派代表，调查情况并调解所有争端。

二十三、那些犯过叛国、谋杀、盗窃或其他罪行，从瑞典逃亡到俄罗斯或从俄罗斯逃亡到瑞典的人，无论是独自一人还是带着妻子儿女，应立即将其遣送回国，条件是在他们逃离的国家控诉他们的一方认为可以召回他们；无论他们属于哪个民族，他们和他们的妻子儿女，以及他们盗窃、抢劫或在逃亡时带走的所有东西，都应当和他们抵达时保持同样的状况。

二十四、双方应在签字后的三个星期之内，尽可能快地在尼斯塔德互换已经批准的和约文本。在见证人到场的情况下，准备好两份完全一致的和约副本，双方的全权大使凭他们各自的君主授予的权力进行确认；他们在副本上亲笔签名并盖上自己的印章。公元1721年8月30日，于尼斯塔德。

约翰·利林斯泰特

奥托·赖因霍尔德·斯托姆费尔德

雅各布·丹尼尔·布鲁斯

亨利·约翰·弗雷德里克·奥斯捷尔曼

沙皇彼得一世为叶卡捷琳娜皇后加冕的法令

朕,彼得一世,各个俄罗斯及其他地区的皇帝和创建者,通告所有基督教会人员、平民、军人,以及其他俄罗斯人、我国的忠实臣民。

众所周知,为自己的伴侣加冕是所有基督教国家君主的始终不变的惯例。这一惯例目前也在实行,古代公开表明过虔诚信仰的希腊正教的皇帝也常常遵循这一惯例。例如奥德奈苏斯给妻子芝诺比阿加冕,查士丁尼皇帝给妻子鲁皮西娜(Lupicina)加冕,希拉克略皇帝给妻子玛蒂娜加冕,哲人利奥给妻子玛丽加冕。① 还有许多人以同样方式给自己的伴侣戴上王冠,如果在此逐一列举,未免单调乏味。

人尽皆知的另一个事实是,在过去21年的战争中,朕的国家和

---

① 这里提到的四位君王,除奥德奈苏斯之外,其他三位都是东罗马帝国皇帝。塞普提米乌斯·奥德奈苏斯(Septimius Odaenathus)是古叙利亚的巴尔米拉国王,他的第二任妻子芝诺比阿(Zenobia)在他死后成为女王。希拉克略(610—641年在位)宣布第二任妻子玛蒂娜(Martina)为奥古斯塔,并在死后让玛蒂娜与两位共治皇帝平起平坐。但是作者似乎将查士丁尼大帝(527—565年在位)和他的舅舅查士丁一世皇帝(518—527年在位)弄混了:鲁皮西娜是查士丁一世的妻子,也就是后来的皇后尤菲米娅(Euphemia)。另外,哲人利奥(即利奥六世,886—912年在位)有四任妻子,并没有名叫玛丽的;此处可能是指利奥三世(717—741年在位),他的妻子玛利亚(Maria)皇后在718年被授予奥古斯塔称号。奥古斯塔(Augusta)是奥古斯都(Augustus)的阴性形式,一般授予皇后。

人民面临巨大的危险,感谢上帝相助,战争以光荣而有利的形式结束。俄罗斯从未在最近的战争中获得过这样的光荣,达成这样的和约。朕深爱的妻子叶卡捷琳娜皇后在这次战争期间和其他几次远征期间给朕很大的安慰和帮助,自愿陪伴并乐意帮助朕;尽管有女性的弱点,但每次危急关头她都会提供忠告和建议。尤其在对抗土耳其人的战争中,在普鲁特河边,我们的军队减少至2.2万人,而土耳其军队增至27万人,面临绝望的处境,她以特殊的方式做出贡献,表现出超越性别的勇气和精神力,这是我们的军队和整个俄罗斯帝国都很清楚的品质。鉴于这些理由,根据上帝赋予的权力,朕决定给伴侣叶卡捷琳娜戴上皇后冠冕,褒奖她的辛苦服务。按照上帝的意志,加冕仪式预定于下一个冬天在莫斯科举行。特此向永远拥护俄罗斯帝国的所有忠实臣民通告朕的决定。

注　释

［1］1法里约等于3英里。

［2］博里西尼河即第聂伯河，是欧洲最大的河流之一，发源于瓦尔顺斯克（Walchonske）森林，流经立陶宛，佐波拉格哥萨克居住的地区和纳吉施（Nagisch）鞑靼人居住的地区，在欧察科夫（Oczakow）附近流入黑海。在距离很短的流域内有13个大瀑布。

［3］读者很容易察觉，这整整一段的内容只与法语有关，英语中不区分这些名称，而是一律称他们为俄罗斯人。

［4］芬兰湾与奥涅加湖之间水系发达，其中最大的是拉多加湖，据说湖里的鱼类是全欧洲最多的。

［5］还有另一条同名的河流，不可混淆，那条河流经立陶宛和波兰，是利沃尼亚和库尔兰的界河，在里加下游的杜纳蒙德堡垒汇入波罗的海。

［6］古人认为它是世界上最著名的河流之一，是亚洲和欧洲的界河。它发源于图拉（Tula）附近的圣约翰湖，流过很长一段距离，分成三道支流，在亚速附近汇入海洋。

［7］挪威北部的马格尔岛上的一个海岬，是欧洲最北点。

［8］"哥罗德"（Grod或gorod）在俄语中表示"城市"的意思。

［9］出自斯特拉伦伯格的回忆录，由我从俄罗斯收到的回忆录证实。

［10］出自彼得堡的回忆录。

［11］出自彼得堡的回忆录。

［12］又名Ob。这条大河发源于亚洲的卡尔梅克鞑靼地区的阿尔蒂（Altin）湖，从那里向北流，构成欧洲与亚洲的边界，蜿蜒曲折地流淌了2000多英里之后，汇入北冰洋的一个海湾。

［13］"Irtish"是俄语名，从北向南流过整个俄罗斯，汇入鄂毕河，构成亚洲与欧洲的部分边界。

［14］俄语名"Tobolsky"。

［15］她的儿子名叫斯维亚托斯拉夫。

［16］这件轶事出自一份题为《俄罗斯的基督教会治理》的私人手稿，它存放在公共图书馆中。

［17］参照第二章开头的统计。

［18］俄罗斯人叫他罗曼诺夫，但是所有法国作者都叫他罗曼诺（Romano）。因为俄语中没有字母W，其他人又叫他"Romanoff"。

［19］俄语名"Chotsin"，位于土耳其的欧洲部分，是摩尔达维亚的一个小镇。该镇在自然和技艺方面的防御都很稳固，坐落于德涅斯特河边，臣服于土耳其，1739年被俄罗斯人攻占。

［20］这无疑是伏尔泰先生弄错了，或是印刷错误。因为此处提到的妻子是不久前被费奥多尔封为贵族的马蒂亚斯·阿普拉克辛的女儿。

［21］全部摘自从莫斯科和彼得堡送给作者的回忆录。

［22］伏尔泰先生似乎完全弄错了这个词的意思。"拉斯波普"指的是遭到降级的神父，而不是他所说的意思。

［23］此处应该是莫斯科，不是彼得堡。

［24］卡西诺山又名"Cossano"，是米拉内塞（Milanese）的一座小镇和大修道院。1705年德军和法军在卡西诺山附近的阿达（Adda）交战，战况胶着，最后欧根亲王击败了旺多姆公爵。

［25］科尔比是德意志的威斯特伐利亚边境地区的一座小镇和大修道院。修道院长是一位诸侯，是帝国国会的议员。

［26］富尔达又名"Fuld"，是德意志的黑森的一座小镇和大修道院，位于黑森河畔。修道院长是帝国的一位亲王。

［27］肯普滕是德意志的斯瓦比亚的一座城市，位于伊勒河（Iller）上。

［28］作者在第三章末尾告诉读者，这位公主察觉她的弟弟费奥多尔命不久矣，拒绝按照帝国公主的一般做法退隐修道院，与此处所说的"再次"是否一致？

［29］瑞典军官斯特拉伦格伯爵在波尔塔瓦战役中成为俘虏，留在沙皇彼得的领土许多年，我们在他的回忆录中发现的如下记述，解释了这种异常的恐水病的真实起因。彼得5岁那年，他的母亲带他乘马车兜风，途经一座堤坝，有一个大瀑布。正在保姆膝上打盹的孩子受到水流声的惊吓（噪音突然惊醒了他），开始发高烧，因此他在恢复以后仍然害怕水，甚至看见静止的水也不能忍

受,更不用说听见水流声了。

［30］出自彼得堡和莫斯科的回忆录。

［31］此处肯定应该是四年,我们难以设想任何国家的军队会接受一个14岁半的少年,更不用说那个时代的荷兰。为了抵御企图覆灭荷兰的法国的进攻,荷兰人需要经验丰富的能干士兵。

［32］出自勒福尔将军的手稿。

［33］出自勒福尔将军的手稿。

［34］摘录自中国的回忆录和彼得堡的回忆录,还有杜赫德(Du Halde)的《中国史》中引用的信件。

［35］俄罗斯帝国的亚洲部分的一条著名的重要河流,汇入东边的海洋。以前名叫哈拉穆连河(Charan Muran),现在中国人叫它萨哈连乌拉(Sagalin Ula)。它还有阿穆尔、鄂嫩(Onon)、黑龙江、石勒喀等别名。干流从石勒喀河与额尔古纳河交汇处开始,可以通航到海洋。

［36］著名地理学家比兴(Busching)说这条河总长度不超过400英里,因此这两位作者之中肯定有人犯了严重错误。

［37］出自耶稣会士佩雷拉和热尔比永的回忆录。

［38］新历1689年9月8日,出自来自中国的回忆录。

［39］目前当政的女皇叶卡捷琳娜二世似乎比她丈夫的姨妈①更慈悲,资质也比这位公主更优秀,让人民预感这是最光荣的统治时期。连最理智的国民也乐观地希望在这位令人敬畏的女皇的统治下,俄罗斯帝国将达到光荣的顶点,这种想法并非没有理由。

［40］出自勒福尔将军的回忆录。

［41］由于这种光荣而公平的区别措施,我们看到如今贵族头衔在俄罗斯不意味着优先权。王公子弟的地位也只能由军队给他的职位决定;如果平民凭自己的功劳升到比贵族更高的地位,也能得到与他的职位相当的全部荣誉,或者更确切地说,与他的功劳相应的荣誉。我认为无论在英格兰还是法兰西,这种名誉会带来重大优势,是鼓励不同社会阶层的年轻人通过正直高尚的竞争得到晋

---

① 叶卡捷琳娜二世的丈夫即彼得三世,他的姨妈是彼得大帝的女儿伊丽莎白·彼得罗芙娜公主,后来的女皇伊丽莎白一世。

升的手段。

［42］出自勒福尔将军的手稿。

［43］出自来自彼得堡的回忆录和勒福尔的回忆录。

［44］出自勒福尔将军的手稿和回忆录。

［45］彼列科普（或 Perekop）过去是地峡上的一座要塞，位于土耳其的欧洲部分，连接克里米亚鞑靼半岛和小鞑靼所在的大陆，因而被视为打开土耳其门户的钥匙。其名称取自为巩固半岛的防御挖掘的沟渠。

［46］他们是基督教会济贫院（英格兰的一种慈善机构，通常被称作"蓝外套学校"）的两名奖学金获得者。

［47］沙皇特别宠爱这位贵族，因为他是海洋事务的狂热爱好者，经常跟沙皇一起出航，提供他所知的关于船舶航海的信息。

［48］出自勒福尔的手稿和来自彼得堡的回忆录。

［49］出自勒福尔的手稿。

［50］在沙皇瓦西里耶维奇统治时期发生过一件事，无疑产生了不小影响，致使他严厉地对待人民，也是俄罗斯人顽固不化地坚持古老习俗的一个非同寻常的实例。波兰国王斯特凡·巴托里收复了利沃尼亚，去该地区组建一个新政府。按照当地始终不变的习俗，农民被当成奴隶对待，如果农民犯了错，就用枝条抽打他们直到出血。国王希望减轻这种野蛮的刑罚，改成比较温和的方式。可是农民们对他的恩惠毫不领情，扑倒在他脚下，恳求他不要改变他们的古老习俗，因为他们经历过的革新不仅没有使他们得到公平合理的待遇，反而总是加重他们的负担。

［51］出自受彼得大帝雇用在俄罗斯工作的工程师佩里船长的回忆录，以及勒福尔的手稿。

［52］佩里船长在他回忆录的184页写道，这些人的死刑在隆冬执行，尸体立刻冻结了。按照命令，被砍头的人保持被处决时的姿势，在地面上依次排列，脑袋放在身体旁边。被绞死的人的尸体整个冬天一直悬挂在三面城墙上示众，直到春天天气开始转暖，为了防止传染病，才把他们放下来埋葬到一个坑里。作者补充说，通向莫斯科的所有公路两旁都有其他绞架，用来悬挂叛乱者的尸体。

［53］出自勒福尔的手稿。

［54］有些类似于英格兰的"蓝外套学校"的学生。

[55] 1698年9月20日,应该注意,我一直用新历法记录日期。

[56] 卡尔十二的随军神父和告解神父努尔贝里在他的记述中说:"他傲慢无礼,竟敢抱怨受到压迫,因此被处刑,失去名誉和生命。"这像是专制主义的主教的说法。他本来应该注意到,没人能剥夺一位履行职责的公民的名誉。

[57] 参阅《卡尔十二传》。

[58] 埃尔比勒位于古国亚述的吕卡斯(Lycus)河畔,现名库尔德斯坦(Curdestan)。公元前333年,亚历山大大帝在此地赢得第三场决定性胜利,击败了波斯国王大流士。

[59] 在海牙出版的第四版第一卷439页。

[60] 随军神父努尔贝里声称,纳尔瓦战役之后,大君立即写信给瑞典国王表示祝贺,开头是这样的:"感谢上帝保佑,苏丹帕夏致卡尔十二……"信的日期是创世记的年代。

[61] 参阅《卡尔十二传》。

[62] 这一章和下一章全部从来自彼得堡的彼得大帝的日志中摘录。

[63] 必须请读者允许我们在此离题说一句,英国国王有权凭自己的权力行善,如果他在腐化堕落的议会有多数席位,也可能用这种权力作恶。然而波兰国王既不能做好事也不能做坏事,因为他甚至没有决定国旗和军旗的权力。

[64] 这看来是个错误,作者所说的可能是凯克斯霍尔姆,因为维堡在芬兰湾,不在拉多加湖边。

[65] 摘自彼得大帝的日志。

[66] 有些作家称之为尼耶尚茨(Nyenschantz)。

[67] 彼得堡在1703年5月27日建造,是圣灵降临节。

[68] 相当于大约6万英镑。

[69] 前面的章节和接下来的章节全部摘自彼得大帝的日志和从彼得堡送给我的文件,与其他回忆录仔细对比过。

[70] 缅希科夫的父母是大都会修道院的仆从,他13岁那年去莫斯科,受雇于一个糕点师。他的工作是唱民歌,在街道上叫卖泡芙和蛋糕。有一天他正在工作,沙皇碰巧听见,就问他卖不卖馅饼和篮子。少年回答说他的任务是卖馅饼,要卖篮子就必须征求主人的许可;不过一切都属于君王,陛下只要下命令即可。沙皇很满意这个回答,立刻命令他到宫廷去。起初少年只得到一份普通的

工作,但是沙皇越来越喜欢他的才智,觉得应该把他留在身边,就安排他当侍寝官,然后逐渐将他提拔到最高的地位。缅希科夫身材高挑匀称。他最初加入沙皇的部队时,分配在勒福尔的连队,在那位将军的指导下学到了相当高水平的知识和技巧,能够指挥军队,成为俄罗斯最勇敢、最成功的将领之一。

[71] 在此处和本书中的另外几处,伏尔泰先生称这座城市维堡(Wibourg 或 Wyburg)。法国人一向不太注意地名是否正确,但是这会造成一些后果。维堡(Wibourg)①是丹麦的日德兰半岛(Jutland)的首府,此处所指的城市是俄属芬兰的卡累利阿的首府维堡(Wiburn)。

[72] 1709 年沙皇在乌克兰发表的宣言。

[73] 历史学家应该不偏不倚,我们有义务在这里告诉读者,帕特库尔被交给瑞典国王不是奥古斯特的过错。当时帕特库尔被关押在柯尼希施泰因要塞,奥古斯特已经私下指示要塞司令允许他的囚徒及时逃走。可是这名官员的贪婪导致不幸的俘虏送了命:在他讨价还价争取最有利于自己的条件时,时间不可思议地浪费了;他们还在争论释放的价钱时,卡尔十二派来的卫兵抵达要塞,以君主的名义要求交出帕特库尔。要塞司令被迫服从,只得违背奥古斯特的意愿,交出了不幸的牺牲者。

[74] 假如那些瑞典人还活着,看到他们的后代在这场战争中的可悲形象,会说什么呢?

[75] 俄文的写法是"Soeza"。

[76] 这是努尔贝里自己承认的,第二卷 263 页。

[77] 第二卷 279 页。

[78] 冒充波雅尔贵族的伊万·涅斯特苏拉诺伊(Iwan Nestesuranoy)编写了一部《彼得大帝回忆录》,1730 年在阿姆斯特丹印刷,书中说瑞典国王在渡过博里西尼河之前派一名将官向沙皇提出议和。这部四卷的回忆录要么是谎言和荒谬故事的集合,要么是用常见报纸的报道拼凑编集的。

[79] 有一封信同样记述了这件事,在《俄罗斯轶闻》之前出版,第 23 页。

[80] 拉莫特雷在记述他的旅行时引用了一封卡尔十二写给大宰相的信。但是那位唯利是图的作家的大部分记述都不真实,那封信也是伪造的。努尔贝

---

① 应该是 Viborg。

里自己承认,绝不可能说服瑞典国王给大宰相写信。

［81］惠特沃思勋爵在他对俄罗斯的记述的开头写道,沙皇虽然拥有无上权力,足以使野蛮人文明开化,却既不了解也不能想象一个通过法律和自由的理性方式变得文明的民族的特权。沙皇要求立即严惩冒犯者,要求一位他认为利益相关的女王断言不仅君主而且他们的代表的人身也神圣不可侵犯,还威胁说倘若不满足他的要求就报复在他的领土上做生意或居住的所有英国商人和臣民。从这个角度来看,他的威胁令人畏惧;但换个角度,幸运的是,整个民族的权利比外国使臣的个人权利更神圣不可侵犯。沙皇的备忘录极力主张彻斯特伯爵的船只和仆人在威尼斯遭到侵犯的时候,女王自己也索求过现在他所要求的补偿。当时为了满足大不列颠女王,威尼斯政府违反了基本法律。一位君主可以迫使另一个国家违反宪法,却不敢违反自己国家的宪法,这证明这个政府是多么高尚。读者可以想象,为了向莫斯科人的耳朵和头脑解释诉讼、辩护、判例、陪审团和裁决的意思,我们的那些国务秘书多么费力搜寻所有英语、法语、德语和俄语的拐弯抹角的词句。彼得听说下次还要开听证会,想必觉得很不耐烦;他看到一位伟大的女王竭尽全力才说服议会通过一项法令,防止将来发生类似的暴行,想必感到很震惊。就算是为了平息一位专断皇帝的怒火,一位女王也不敢违背法律判处自己最卑微的臣民死刑,这不是反映了她的荣誉吗？她在寄给沙皇的一封急件中写道,鉴于治理我国人民的古老的基本法律,有一些无法克服的困难,恐怕不能按照皇帝陛下最初的期望,对本案做出如此严厉的判决；朕作为法律的守护者,只能说服自己相信,皇帝陛下以宽容仁慈、公正合理著称,不会强求朕用不符合法律的权力惩罚自己的臣民。这段话如此可敬,如此有英雄气概,史书应当记录这场争执,让人们在大使及其特权的问题引起愚蠢争论的时候回想起来。关于这件事,如果说安妮女王的行为值得称赞,它也反映了彼得的更大的光荣,因为这个情绪激烈的人愿意聆听这些细节,接受这些理由,这证明了他的公正和自我克制精神。

［82］后来国王乔治一世封他为惠特沃思勋爵。

［83］这位随军神父关于大君的要求的记述既虚假又幼稚。他说苏丹艾哈迈德在向沙皇宣战之前,派人送去一份文件,提出他的和解条件。努尔贝里告诉我们,条件是这样的:"彼得应宣布放弃与奥古斯特的同盟关系,让斯坦尼斯瓦夫重新拥有波兰王位,将利沃尼亚全部归还给卡尔十二,用现金赔偿瑞典国王在

波尔塔瓦之战中的损失。最后,沙皇应拆毁新建的彼得堡城。"这是一个快饿死的小册子作者布拉泽(Brazey)伪造的,此人写过题为《讽刺、历史和娱乐的回忆录》的作品,这就是努尔贝里的情报的来源。无论如何,就算他是卡尔十二的告解神父,却无疑不是他的心腹。

[84] 新宰相利用一切机会冒犯沙皇,侮辱他的公使,对法国大使的优待尤其体现了这种冒犯。按照惯例,大宰相晋升的时候,所有外交使节都要当面祝贺。托尔斯泰伯爵第一个要求接见,可是大宰相告诉他,优先权一直属于法国大使。然后托尔斯泰回答说,他必定会完全失去等候他的乐趣。这句话被恶意地解释成对大宰相的极度轻蔑,同时鞑靼可汗煽风点火,对俄罗斯人在边境地区的行为提出严重控诉,于是托尔斯泰伯爵立即被关进了七塔城堡的监狱。

[85] 非常奇怪,许多作家总是将摩尔达维亚和瓦拉几亚混为一谈。

[86] 这位荷尔斯泰因公爵与彼得一世的女儿结婚时只有微不足道的权力,虽然他的家族是德意志最古老的家族之一。丹麦国王夺去了他的祖先的大部分领土,因此他结婚时领地非常有限。但是自从他与莫斯科的沙皇结盟,荷尔斯泰因公爵家族的崛起就可以预期了。现在,他们拥有俄罗斯和瑞典的王位,很可能还占据吕贝克主教辖区。尽管最近的选举是诉讼的对象,从一切迹象来看,结果将有利于公爵——现任主教的儿子,因为他得到维也纳和彼得堡宫廷的保护。现在的俄罗斯女皇叶卡捷琳娜二世也来自这个令人敬畏的家族,她的母亲是瑞典国王和吕贝克主教的姐妹,也是战功赫赫的著名的荷尔斯泰因的乔治亲王的姐妹。这位公主名叫伊丽莎白,嫁给了目前在位的安哈尔特－策布斯特(Anhalt-Zerbst)亲王,其家系有无可争议的最古老的历史,曾经是整个德意志最有权势的家族,其谱系可以追溯至阿斯卡尼亚(Ascania)公爵——过去是萨克森和勃兰登堡两个选帝侯国的主人。他们家族的盾形徽章有四分之一是代表萨克森和勃兰登堡的图案。策布斯特家族的这个分支如今只剩下目前在位的亲王,即叶卡捷琳娜女皇的兄弟,如果他没有子嗣,叶卡捷琳娜女皇就将继承东弗里斯兰省的耶维尔恩(Yevern)封邑。如此看来,荷尔斯泰因家族占据北方的三个王位,目前是欧洲最有权势的家族。(作者写下这段话以后形势发生了重要变化。)

[87] 这位波尼亚托夫斯基伯爵那时为卡尔十二服务,拥有波兰贵族能获得的所有尊贵地位,是波兰共和国最早的元老,后来死在克拉科夫城。卡尔十二

在隐居宾杰里期间与伯爵的联系使伯爵开始得到关注。为他的名誉考虑,希望他等到瑞典与波兰缔结和约之后再与奥古斯特和解;但是他不是为了荣誉,而是在野心驱使下,为自己的前途牺牲了卡尔十二和斯坦尼斯瓦夫双方的利益。他表面上对他们的事业非常热心,私下却在土耳其宫廷用各种手段破坏他们的事业。通过这种两面派行为,他得到了后来的大好前途。他娶了维尔纽斯城主恰尔托雷斯基(Czartoryski)的女儿,那位女士具有英雄气概,本来应该生在古罗马时代。她的长子是在任国王的侍卫长,1742 年与卢布林伯爵领地的塔尔洛(Tarlo)伯爵发生了著名的争执,在报纸上引起轩然大波。她为了训练儿子的射击技术,让他每天打靶,练习了三个星期后送他骑上马去见敌手,对他说:"去吧,我的儿子。但是倘若你没有赢得荣誉,就别再让我看见你。"这件轶事是她的英勇性格的典型例子。恰尔托雷斯基家族是古代的雅盖隆人的后裔,数百年来,他们一直是波兰王位的正统继承人。由于他们缔结的同盟,如今他们极其富裕而且有权势,但是从来不受民众欢迎。在塔尔洛伯爵(在与小波尼亚托夫斯基伯爵决斗时被杀)在世期间,他们在小国会没有影响力,因为塔尔洛是贵族的偶像,也是恰尔托雷斯基家族不共戴天的死敌,一切事情都要交给他,按照他的意愿处理。

[88] 相当于大约 70 英镑。

[89] 法国货币,总是以里弗为单位计算,相当于大约 300 万英镑。

[90] 卡尔斯巴德是波希米亚的一个小镇,由于矿泉水而著名。

[91] 大约相当于 5 万英镑。

[92] 出自巴塞维茨的个人回忆录,1712 年 1 月 21 日。

[93] 滕宁是丹麦的石勒苏益格的小镇,位于艾德(Eyder)河上,距离北海(German Ocean)14 英里,有一个非常宽敞的港口。

[94] 大约相当于 1200 英镑。

[95] 在该制度的序言中,沙皇宣布,这是为了永远铭记她在普鲁特河畔的悲哀状况下给他的爱。他赋予她充分的权力将勋章授予她认为合适的女性。这种勋章的标志是一条白缎带,戴在右肩上;还有用珍贵宝石装饰的圣叶卡捷琳娜勋章,上面刻着铭文"出于爱和忠诚"。

[96] 布卡里人是匈牙利的达尔马提亚的一座小镇的居民。那座小镇有一个港口,因此邻近的海湾名为布卡里加。

[97] 枢机主教阿尔贝罗尼在法国实行的阴谋曝光的缘由非常奇特。西班牙大使的秘书常常去巴黎的著名老鸨拉·福隆(La Follon)的妓院,在令人疲惫的工作结束后消遣一两个小时。有一天,秘书跟他喜欢的一个年轻美女约定夜里九点见面,却直至午夜过后将近两点才到。可以料想,这个女人责备他丝毫不尊重她的魅力,也不遵守诺言。可是他解释说,他被迫留下加班,用密码写一封很长的急件,必须当夜派信使把这份急件送往西班牙。他一边说着一边脱掉衣服,瘫倒在床上,安静地睡着了。他扯掉衣服的时候,一份厚厚的文件偶然从他的口袋里掉出来,激起了这位美女的好奇心——对女性而言这十分自然。她拾起文件,看了一部分,鉴于内容的性质,她决定转告拉·福隆。于是她编了个借口离开房间,立即来到老鸨的套房,给她看那份文件。拉·福隆精通她的领域的绝大多数事情,立即想到整件事的后果,就建议年轻女人尽可能哄客人开心,自己去叫醒摄政王(她随时可见摄政王),通知他一个性质与当下的场合完全不协调的消息。摄政王沉着镇定,能应付一切紧急情况,立即派遣不同的信使去边境。于是,西班牙大使的信差和他的急件在巴约讷(Bayonne)被拦截下来,经过破译,发现其内容完全符合拉·福隆交给摄政王的原稿。于是法国人逮捕了西班牙大使切拉马尔(Cellamar)亲王,没收了他的全部文件;然后警卫队送他到边界,让他走最佳路线回国。一位追随爱神的修女和一位愉悦神庙的女祭司就这样挫败了一个阴谋,挽救了一个处于毁灭边缘的法兰西王国。

[98] 这些信件和回信提供了非常突出的证据,说明沙皇的审慎和王子的不诚实,并且让读者对这场非同寻常的审判的理由和动机有了清晰的理解,因此我们在这里插入下面的译文。沙皇写给儿子的第一封信的日期是1715年10月27日,表现出高尚的宗教精神,说明他非常热烈地渴望留下一个继承人,使后人永远铭记他的名字和荣耀。沙皇对他说:

儿子,众所周知,在目前这场战争开始之前,我们的人民在瑞典的压迫下饱受折磨,你不可能愚昧到对此一无所知。我们的国家需要海港,可是瑞典人夺占了我们的许多海港,切断我们与其他国家的全部商业贸易联系。朕深感遗憾地看到,瑞典人甚至蒙蔽最明辨是非的人,使他们驯服地忍受奴役,不向朕抱怨。你知道我们在战争初期付出了多么大的代价,才变得经验丰富;尽管水火不容的敌人拥有胜过我们的各种优势,我们仍坚持到底。唯有全知全能的主亲自指引我们,至今依然。我们顺从上帝的意旨,忍耐这种试炼,相信他会引导我们渡过难关。上帝接受了我们的顺从,过去令我们忧虑的敌人,如今在我们面前颤抖。这是在上帝的协助下,朕和朕忠实的孩子——俄罗斯的臣民不断努力的结果。然而在回顾上帝赐予的军事方面的成功之后,如果看一眼将要继承朕的子孙,朕的灵魂就极度痛苦;只要展望未来,朕就无心享受目前的幸福。朕的幸福就如梦一般全部消失无踪,只因为你,朕的儿子,拒绝成为在朕之后好好治理国家的君主。你的无能纯属自愿,因为你不能找借口说自己缺乏天赋,你只是缺乏意愿。你更不能辩解说自己缺乏体力,因为上帝在这方面给予你的已经足够;虽然你的体格不算最强壮,也决不能算虚弱。然而你甚至没有战争的实践经验,虽然正是通过战争手段,我们的国家才摆脱了默默无闻的状态,世人才了解我们、尊敬我们。朕决不希望你有好战的天性,没有正当理由,只是因为想打仗就发动战争。朕对你的要求只是致力于学习战争技能。因为不理解战争规则的人,就不可能有资格统治国家。朕可以给你举出许多例子,不过在此只提及希腊人,他们与我们有相同的信仰。他们的帝国衰退的原因,不就是忽略了武力吗?由于懒惰和无所作为,他们服从暴君,在奴役之下痛苦挣扎。假如你以为君王只要命令优秀的将军去打仗就足够了,你就大错特错。不,朕的儿子,世人的注意力集中在首领身上,他们学习他的爱好,很容易模仿他的作风。朕的皇兄在当政期间喜欢华丽的衣服和豪华的马车,连马的衣服也要华丽。这不太符合本国的口味,可是君王的娱乐很快就变成了臣民的娱乐,他们乐意模仿他的爱憎。如果人民如此轻易地脱离仅用于娱乐的事物,那么随着时间推移,他们会不会更轻易地放下、忘记武器,越觉得厌烦练习就越不习惯使用武器?你无意学习战争这个行当,又不致力于战争,结果你永远不会了解战争。那么你如何指挥其他人,如何判断尽职尽责的臣民应该得到多少奖赏,或如何惩罚不顺从的人?你只能借助其他人的判断,被视为嗷嗷待哺的雏鸟,随时愿意把毒药当成合适的营养吃下去。你说你体弱多病,吃不消战争的疲劳,那只是一个轻浮愚蠢的借口。朕并不是希望你经历战争的疲惫——尽管所有伟大的将领都是那样成长的,但是朕希望你爱好战争技能,纵然你的天性并非如此,或许可以通过理性培养这种爱好。这种爱好一旦养成,就会时刻占据你的思维,甚至在你生病的时候。问问那些还记得朕的皇兄的统治时期的人吧,他的健康状况比你糟糕得多。他完全不敢驭马,连骑上马背都做不到,但是他喜欢马,或许他的马厩是全国最精美的。你看,成功并非总是取决于个人的努力,而是取决于爱好。如果你认为有些君王虽然没有亲自参与战争,他们的事业却未失败,你说对了。但是虽然他们没有上战场,却有此意向,而且精通军事艺术。举例来说,前不久去世的法国国王并非总是亲临前线,但是我们知道他热爱战争到了什么程度,又赢过多少辉煌的功绩,以致他的战役被称为世界的剧场和学校。那位国王的喜好并非仅限于军事,他还爱好高雅艺术、手工制造,对其他社会事业机构也很感兴趣,因此他的王国比其他国家更繁荣。抱怨过这许多之后,让朕回到与你直接相关的最初的话题。朕是人,所以一定会死,承蒙上帝保佑,朕应该将自己开创的事业留给谁去完成,将自己部分收复的土地交给谁去保护?朕的儿子像福音书中的那个懒惰的仆人,白白埋葬自己的才能,忽略上帝托付给他的宝物。朕有多少次责备你阴郁、不服管教?为此朕已经迫不得已严惩过你。过去这些年来,朕几乎没跟你说过话,因为朕不能使你回归正途,差不多绝望了;所有努力都徒劳无功,朕深感沮丧,失去了信心。你游手好闲,懒惰消极,放纵自己沉迷于可耻的娱乐,却毫无先见之明,不知道你的行为必然使自己和整个国家陷入危险的境地。你局限于统治自己的家,却在这个位置上也表现得非常糟糕。圣保罗问过我们:"不知道如何管理自己家的人,如何能够统治神的教会?"朕以类似的方式对你说,既然你不知道如何处理自己的家庭事务,你如何能够统治一个王国?朕终于下定决心,说明朕的最终意志,但是朕愿意推迟实行,再稍微等待一段时间,观察你是否改过自新。倘若你仍不知悔改,朕决定剥夺你的继承权,如同截除无用的肢体。切勿因为你是朕之独子[99],就以为这只是虚言恫吓,朕无疑会执行自己的决定,上帝也要求朕这样做。既然朕愿意为国家和人民的福祉牺牲,又如何舍不得自己的儿子?朕为什么要允许一个为自己的娱乐牺牲臣民利益的娘娘腔在朕身后坐上皇位?这个王子不愿意为臣民的利益冒生命危险,任凭他们自生自灭,也不安抚他们的不满或苦衷。

朕宁愿选择将皇位托付给当之无愧的异邦人,也不愿交给不配为君的儿子。

彼得

皇长子的回信是这样的：

　　最仁慈的君主和父亲，1715年10月27日在我妻子的葬礼之后陛下寄来的信件我已读过。我只能如此回答：考虑到我的无能，如果陛下决定剥夺我继承俄罗斯皇位的权利，就那样做吧。我甚至郑重请求您那样做，因为我觉得自己不适合治理国家。我的记忆力严重受损，没有记忆力就无法管理政务。由于以前患过的疾病，我的身体和精神都非常虚弱，因此没有能力统治如此多的人民。我远远没有管理如此庞大的国家所需的精力。鉴于这些理由，即使我没有兄弟，我也没有在您之后（上帝保佑您继续在位一些年）继承俄罗斯皇位的抱负，况且目前我有一个弟弟，上帝保佑。我郑重发誓，将来我永远不会对继承权提出任何要求，上帝是我的见证。作为证据，我写下这段话并签名。我将我的孩子交给您，自己只要有能维持生活的赡养费就满足了，一切都遵从您的意愿。

您谦卑的仆人和儿子
阿列克谢

彼得很快看穿了儿子的伪装，因此又给他写了正文中引用的那封信，称之为"最后的劝诫"，日期是1716年1月19日。

［99］写这封信的时间是在沙皇的次子彼得·彼得洛维奇（Peter Petrowitz）出生的八天之前。

［100］这封信如此表述：

　　最仁慈的君主和父亲，昨天早晨我收到您本月19日的信件，我身体不适，不能详细回复，但是我愿意接受修道生活，乞求您仁慈地准许我去修行。

您的仆人、不肖之子
阿列克谢

［101］王子放弃继承权的声明是这样的：

　　我，在神圣的福音书前宣布，考虑到我犯过的违抗沙皇陛下、我的父亲和君主的罪行,正如父皇在宣言中所述,我失去了继承俄罗斯皇位的资格,这是我咎由自取。因此我坦白并承认,鉴于我自己的错误和不肖,剥夺我的继承权是正当的;我有义务在全知全能、与自然统一、三位一体的上帝面前发誓,作为我的最高法官,将一切交给父亲的意志决定,永远不索要继承权或自称继承人,无论有什么借口都不接受皇位,承认我的弟弟彼得·彼得洛维奇是合法的皇位继承人。我亲吻神圣的十字架,并亲手署名作为证明。

阿列克谢

[102] 作者仅摘录了一些片段,鉴于大多数读者肯定对这份非同寻常的声明感兴趣,我们在注释中增补了声明的全文。

沙皇的声明

承蒙上帝保佑,沙皇彼得一世,俄罗斯及其他的皇帝,通告俄罗斯各邦州的所有平民、军人、基督教会人员以及忠实的臣民。众所周知,绝大多数忠实臣民,尤其是居住在朕的住处附近的人或为朕服务的人都很清楚,朕为抚养和教育长子阿列克谢付出过多少精力和努力。他还是婴幼儿的时候,朕就请家庭教师教他俄语和外语,指导他学习各种技艺和科学,不仅为了让他在希腊的正统基督教信仰的环境中成长,而且为了让他掌握政治和军事知识,以及外国的制度、习俗和语言。朕希望他通过阅读历史和其他书籍,学习各种科学,成为高素质的王子,获得继承大俄罗斯的皇位的资格。尽管如此,朕悲伤地看到,无论怎样关心注意儿子的教育和指导,一切都徒劳无功。他始终不服从朕的意志,不勤奋学习如何成为合格的继承人,对朕为他指定的导师的规诫不屑一顾。相反,他与扰乱社会的不法之徒频繁来往,从他们那里不可能学到好榜样,也学不到有益或有用的东西。朕经常竭力教化他,试图使他回归正道,有时用温和的手段感化,有时申斥惩戒,有时用父亲的方式纠正他的错误。朕不止一次带他见识军队和战场,希望他学习战争这门守卫国家的主要学科;同时保护他远离争夺继承权的所有危害,虽然朕自己暴露在明显的极大危险之中。为了让他掌握治国之道,学习如何执政,有时朕让他留在莫斯科,交给他帝国的摄政权。此外朕还送他去外国旅行，希望并预期他看到管理状态良好的政府，会产生竞争心，有意认真治理国家。可是朕的努力全部徒劳无功，如同圣书中所说的落在岩石上的种子。他不仅拒绝遵循正道，甚至憎恨正道，无论对军事还是政治事务都没有任何爱好或意向。他与扰乱社会的不法之徒频繁交谈，那些人毫无德性，既粗鄙又令人厌恶。朕决心用一切可能的手段纠正他，制止他无法无天的行径，鼓励他与德行高尚的人交谈。于是朕劝说他在外国的主要家族中挑选伴侣，这在其他国家很常见。朕的祖先、俄罗斯的历代沙皇也这样做过，他们通过与外国君主的家族联姻缔结同盟关系。朕让他自由选择伴侣，他声称他中意伏尔芬比特尔公爵的孙女，那位郡主是目前在位的神圣罗马帝国皇帝陛下的妻子的妹妹，也是大不列颠国王的亲戚。他表示希望朕为他争取联姻，允许他娶那位郡主，朕欣然同意，完全没考虑这场婚姻必然导致我们付出多大代价。朕以为成家立业会改变儿子的不良爱好，产生好的结果，然而婚事办完以后，朕大失所望。在朕看来，他的配偶是一位聪明活泼、品行高尚的郡主，况且是他选择了她。可是他仍然与她分居，钟爱淫荡下流的女人，使朕的家庭蒙受耻辱，招致与那位郡主有亲缘关系的外国君主的多次抱怨和责难。朕常常劝告训诫他改正自己的行为，结果却不起作用。最后他违背婚姻的誓约，爱上一个地位非常低微下贱的妓女，不顾他合法配偶的轻蔑，公开保持罪恶的同居关系。他的妻子很快就去世了，据信正是他的混乱生活使她悲痛抑郁，导致她早逝。朕看到他决定坚持邪恶的生活方式，就在他的伴侣的葬礼上向他宣布，倘若他将来仍不遵从朕的意志，不努力成为合格的王子和庞大帝国的预定继承人，朕就剥夺他的继承权，完全不考虑他是朕的独子（那时朕的次子尚未出生）。他也不应倚仗朕的独子的身份，因为朕宁可选择当之无愧的异邦人，也不愿让不配为君的儿子继承皇位。在上帝的协助下，为了建功立业，朕牺牲自己的安逸和健康，数次冒生命危险，才为俄罗斯民族赢得光荣和尊重，朕决不将帝国交给会破坏和毁灭朕的基业、玷污俄罗斯的荣誉的继承人。此外，朕意识到儿子的无能和无价值，畏惧上帝的审判，不会将如此庞大的领土交给他治理。简而言之，朕用尽可能迫切的措辞告诫他谨言慎行，给他时间忏悔自己的行为，履行自己的义务。他对这些抱怨的回答是承认自己在这些问题上都有罪，但是又辩解说他太软弱，缺乏天赋，不能致力于学习，也不能履行其他职责。他承认自己无能继承皇位,希望朕免除他的义务。尽管如此,朕本着父爱继续劝勉他,并在劝诫中加入威胁;为了使他回归正道,尝试过一切方法。后来由于战争行动,朕迫不得已前往丹麦,把他留在彼得堡,给他时间改过自新、履行义务。可是尽管朕反复劝告,他的生活依旧混乱不堪,因此朕命令他到哥本哈根来,希望改善他的行为。上帝吩咐人类顺从一般的父母,更要顺从同时是君主的父母,可是他忘记了这条戒律,不敬畏上帝,用前所未闻的忘恩负义的行径回报朕作为父亲的关怀。他继续跟情妇一起过罪恶的生活,不服从命令来见朕,反而带着大量钱财和无耻的情妇逃走,乞求神圣罗马帝国皇帝的保护,反对他的父亲和主人,用无数虚假的传闻诽谤朕,诬蔑朕迫害他,打算毫无理由地剥夺他的继承权。此外他还断言,如果继续留在朕身边就有生命危险,希望皇帝不仅允许他在德意志的领土上避难,而且用武力保护他与朕对抗。人人都可以评判,朕的儿子的行为怎样使朕和朕的帝国蒙受耻辱,在世人面前丢脸。历史上几乎找不到类似的例子。由于他的迫切恳求,皇帝虽然知道他的过分行为,也知道他怎样对待妻子——皇帝陛下的妻妹,却指定一个地方供他居住。他还进一步希望皇帝替他保密,不让朕知道他在哪儿。在此期间,朕见他长期滞留国外,出于父亲的亲切慈爱,担心他遇到灾祸,派人从几个方面打探他的消息。费尽周折之后,朕的卫队长亚历山大·鲁缅采夫终于报告说,他私自躲藏在蒂罗尔的一座皇帝的堡垒。于是朕给皇帝写了一封亲笔信,希望皇帝把他送回来。尽管皇帝转告了朕的要求,劝告他回国,服从他的父亲和主人的意志,他还是辩解说他不能落到朕手里,用大量借口诬蔑朕,仿佛朕是他的敌人,是暴君,落到朕手里就只有死路一条。简而言之,他说服皇帝陛下不要把他送回国,让他移居到德意志的领土上比较偏远的地方,亦即意大利的那不勒斯,使用假名秘密隐居在一座城堡里。尽管如此,朕仍然得知他躲在哪儿,随即派遣枢密院顾问彼得·托尔斯泰和前述卫队长鲁缅采夫带着一封迫切的信去见皇帝,指出扣留朕的儿子是多么不公正,违反上帝和人类的所有法律。按照那些法律,一般的父母对子女有无限的权力,与其他任何人的评判无关,朕这样拥有君主权力的父母就更有理由处置自己的子女。朕阐述道,朕总是用公正而充满慈爱的方式对待儿子,他却一再违抗。作为结论,朕描述了拒绝把儿子交给朕可能引起的糟糕后果和仇恨,因为朕不想任凭他这样下去。与此同时,朕命令信使使用更迫切的措辞提出口头抗议,宣布如果继续扣留朕的儿子,朕将被迫用一切可能的方法报复。此外朕还亲手写了一封信给他,描述他的不敬不孝的行为有多么可怕,他反对父亲已经犯下弥天大罪,上帝的律法威胁说要用永久的死亡惩罚忤逆的子女。朕威胁说作为父亲要诅咒他,作为主人要宣布他是叛国贼,除非他回来并服从朕的指令。朕还向他保证,如果他按照朕的希望立即回来,就赦免他的罪过。朕的使节多次恳求,并呈递了朕起草的交涉信,皇帝终于准许他们与朕的儿子谈话,让他准备回国。同时,皇帝的大臣告诉朕的使者,朕的儿子声称朕迫害他,留在朕身边有生命危险,借此博得皇帝的同情,诱使皇帝保护他。但是现在皇帝考虑到朕的真实可靠的陈述,承诺竭尽全力使他返回朕身边,还向他宣布,皇帝没有公平公正的理由拒绝将他交给他的父亲,而且在这个问题上与朕没有分歧。朕的使节抵达那不勒斯之后,希望把朕的亲笔信交给他,却报告说他拒绝接受;不过皇帝的总督找到了办法,邀请他去自己家,然后违背他的意愿把信交给了他。当时他确实收到了朕的信,其中既包含父亲的劝诫,又有父亲的诅咒的威胁,但是他完全不打算返回。他仍然用大量虚假传闻和诽谤替自己辩解,仿佛担忧朕危害他,因此不能或不愿意回国。他自吹自擂,说皇帝不仅承诺保护他反对朕,甚至承诺用武力帮他违抗朕的意志,送他坐上俄罗斯的皇位。朕的使节察觉他的邪恶天性,尝试用一切办法劝说他回国。他们恳求他,轮流详细描述朕对他的仁慈的保证和威胁,倘若他违抗命令,朕甚至会用武力带走他。他们宣称皇帝不会为他与俄罗斯交战,还有其他许多类似的陈述。但是他漠不关心,也没有表现出回国的意向,直到帝国总督终于确信他的顽固,以皇帝的名义告诉他应该回去;因为皇帝陛下不可能凭任何法律使他摆脱朕,而且在与土耳其的战争期间,无论在意大利还是西班牙,皇帝都不会卷入他与朕的家庭纠纷。他发现大势已去,害怕不管他是否愿意都会被交给朕,终于决定回国,并向朕的使节和帝国总督声明此意。他还另外写了一封信,向朕承认他是应受谴责的罪人。朕的儿子多年来一直过罪恶的生活,违抗父亲和主人,尤其恶劣的是逃避国外,诽谤君父,仿佛朕是没有人性的父亲,反对他的君主,使朕在世人面前丢尽颜面,其罪当诛。可是出于父亲的慈爱,朕倾向于宽恕,姑且原谅他的罪过,免除他的死刑。但是考虑到他行为不端,不配为君,良心也不允许朕让他日后继承俄罗斯的皇位。鉴于他德行败坏,可以预见在朕身故之后,他将彻底破坏国家的荣耀和领土的安全,摧毁朕在上帝的协助下通过不断努力终于建成的基业。众所周知,朕付出多大代价和努力才不仅收复了敌人霸占的俄罗斯帝国的行政区,而且征服了相当多的城镇和地区。为了民族的荣耀和帝国的利益,朕还注意教导人民学习各种各样的民用和军用知识。倘若他继承皇位,朕的国家和忠实的臣民将陷入前所未有的恶劣处境,实为憾事。根据父亲的权力和俄罗斯帝国的法律,任何臣民都可以剥夺儿子的继承权,随心所欲地将遗产给其他儿子继承。故此朕为领土的安全考虑,且根据君主的权力,剥夺上述阿列克谢在朕身后继承俄罗斯皇位的资格;鉴于他的罪过和品行,纵然朕没有其他亲属,亦须剥夺其继承权。朕无其他年长子嗣,故而在此宣告,选定次子彼得为上述皇位之继承人,尽管他仍年幼。无论何时,倘若阿列克谢企图僭越或收回上述继承权,朕将作为父亲诅咒他。朕希望全体俄罗斯人,无论属于教会还是世俗,无论社会地位高低,凡是忠实的臣民都遵照朕的旨意和选择,承认朕指定的次子彼得为太子,奉之为合法的皇位继承人。众人在圣坛前手持福音书,亲吻十字架,宣誓确认上述储君的设立。从今往后,无论何时,凡是违背朕的旨意,胆敢将阿列克谢视为继承人或协助他篡夺皇位者,朕在此宣布其为叛徒和叛国者。朕已下令将此文书公布并传告各地,以免有人假称不知情。

1718年2月3日,于莫斯科,朕亲手签名盖章
彼得

[103] 这是叶卡捷琳娜皇后的儿子,1719年4月15日夭折。
[104] 与此同时,他们还宣誓确认,誓约内容如下:

在神圣的福音书面前,我向全知全能的上帝发誓,我们最仁慈的君主、沙皇彼得·阿列克谢洛维奇发布通知,昭告整个帝国,他认为应当废黜阿列克谢·彼得洛维奇王子,指定他的次子彼得·彼得洛维奇王子为俄罗斯皇位的继承人。我承认陛下关于彼得·彼得洛维奇王子的命令和规定是公正合法的,我完全遵守并服从这一旨意。我保证永远承认上述彼得·彼得洛维奇王子是他的合法继承人,无论遇到什么情况,即使失去性命也要支持

他,反对任何违抗上述旨意的放肆行为。无论有什么借口,我都决不协助阿列克谢·彼得洛维奇王子,也决不用任何方式帮助他争取继承权。我郑重承诺,亲吻神圣的十字架,在神圣的福音书面前宣誓。

[105] 沙皇对教士发表的声明的结尾如下:

虽然此案属于民事裁判的管辖范围,不属于宗教的范畴,今天朕将此案交给帝国的世俗法庭决断,但是朕记得圣书中的一段话,上帝要求我们在这种情况下征询教会的长老和神父的看法,以便了解上帝的意志。鉴于事关重大,朕也希望接受各种可能的指导,因此朕要求各位主教和整个基督教会作为上帝的教诲的导师,不必宣判此案,而是按照上帝的神谕,审查并提供你们的相关意见,并以恰当的书面形式陈述,告知朕的儿子应受何等惩罚,如此可以减轻朕的良心负担。因此朕相信你们作为神的律法的守护者,作为引导基督教徒的忠实牧人,同样热爱你们的国家,你们会以符合你们尊贵地位的方式行动,履行你们的神圣职责,既不畏惧也不伪装。

[106] 他们引用的《圣经》中的特定段落来自《利未记》20 章第 1 节和第 9 节、《申命记》第 31 章、《马太福音》20 章第 1 节、《马可福音》7 章第 9 节、《罗马书》1 章第 28 节、《以弗所书》6 章第 1 节。除此之外,还引用了帝国宪法中的如下片段:"倘若任何人图谋不轨,企图危害沙皇的健康,或做任何有损于沙皇的事,一旦发现他打算执行其有害计划,即宣判他有罪,处以死刑。"一、"与此类似,在沙皇陛下统治期间,倘若任何人企图统治俄罗斯帝国,置沙皇于死地,开始招募军队实施邪恶的计划;倘若任何人与沙皇陛下的敌人结盟,或与敌人通信联系,或协助敌人颠覆政府,或引起其他混乱,应以谋反罪处决这个叛徒。"二、还引用了如下的军队法律:"倘若任何臣民招募人员,拿起武器反对沙皇陛下;或任何人计划监禁或杀害沙皇陛下,或对陛下使用暴力,应逮捕他和他的全部同谋及拥护者,判他们谋反罪,并没收全部财产。"(第 3 章第 19 条)又补充解释这一条款:"对于意图或希望谋反的人,尽管未能实行其犯罪计划,仍应宣判他们有罪;那些应该发现罪行却知情不报的人也同样有罪。"(第 26 章第 37 条)"凡是企图谋反或制定过类似性质的计划的人,应视为他已经实际执行其计划,一律判

处死刑。"

［107］在这一点上伏尔泰先生搞错了，因为根据英国法律，在议会开会期间，如果没有国王或议院的许可，担任上议院议员的世袭贵族不得擅离职守。

［108］这是另一个错误。英国的法律规定，策划或设想杀死君主的人会被判死刑。

［109］尼永又名Nions，法国多菲内(Dauphine)省的蒙托邦(Montauban)的首府，位于艾格河(Aigues)畔，河上有一座桥据说是罗马人建造的。

［110］相当于7.5万英镑。

［111］大约相当于3000英镑。

［112］沙皇在彼得堡举行海军的凯旋仪式庆祝这次胜利，铸造一枚金质奖章永远纪念他们赢得的光荣，送给戈利岑亲王一柄镶嵌钻石的剑，并分发大量奖金给那些证明了自己的英勇的军官和水手。

［113］尼斯塔德是芬兰北部波的尼亚海湾边的一座小镇。

［114］尽管众人都欣喜若狂，彼得对局势丝毫不敢疏忽，随即频繁召开会议。由于他的次子彼得·彼得洛维奇已死，他渴望选定一位会遵循他的准则的继承人，继续从事他开创的使俄罗斯人文明开化的重大事业。2月23日，他命令发布公告，通知在莫斯科城居住的所有臣民第二天到城堡教堂去，在那里接收印刷好的文件，上面写着："按照沙皇陛下的意愿，所有人都应举手宣誓，他不仅赞同陛下对继承人的选择，而且承认陛下指定的人为皇帝和君主。"几天后，彼得堡又发出一道命令，要求地方法官和其他所有人签署相同的声明。沙皇还命令帝国的所有达官显贵在3月底之前去莫斯科签字，违者处决并没收其财产。不过居住在阿斯特拉罕和西伯利亚的人除外，因为距离太过遥远，他们不必亲自参与，获准在各自的地方长官面前签字。不同社会地位和职衔的人都乐意宣誓，他们十分确信沙皇会选择在一切方面都当之无愧、能力符合其尊贵地位的继承人。不过关于具体人选，他们依旧蒙在鼓里——虽然人们普遍相信纳雷什金亲王会继承皇位，他是沙皇的亲戚，而且拥有继承人所需的全部优点。但是一段时间过后，他们发现自己的猜测没有根据。

［115］他在里海沿岸发布和散播传单，声明他来到波斯边境不是为了迫使他们服从，缩减该王国的领土，只是为了维护合法国王的地位，有力地保卫他和忠实的臣民，对抗暴君米尔·马哈茂德，此外还为了让波斯国王和鞑靼人赔偿他

们在俄罗斯帝国抢劫的财物和造成的损害。

[116] 出自巴塞维茨伯爵的回忆录。

[117] 出自巴塞维茨伯爵的回忆录。

[118] 叶卡捷琳娜为丈夫的骨灰尽最后的义务,用隆重的仪式纪念俄罗斯——可能是全世界——最伟大的君主。虽然俄罗斯宫廷的葬礼在显赫壮观、富丽堂皇方面达到极致,欧洲的其他宫廷都望尘莫及,如果说她在彼得的葬礼期间甚至超越了自己,这或许在很大程度上是事实。她购买了最珍贵的大理石,雇用最能干的意大利雕刻家,为她的英雄建造陵墓,如果可能的话,使他的事迹在后世永远流传。她不满足于此,还下令铸造了一枚堪与文物媲美的纪念章。正面是最近去世的沙皇的半身像和这样一行字:"彼得大帝,全俄罗斯的皇帝和君主,生于1672年5月30日"。反面是头戴王冠的皇后坐在桌子旁,桌上放着地球仪和权杖,皇后面前放着航海图、平面图、计算工具、武器和节杖。在相隔一段距离的三个不同地方,海岸上有一座大建筑物,前方有一个平台,海面上有一艘船和帆桨战船;最近去世的沙皇在云端,由永恒支撑,望着皇后,用右手指给她看他留下的所有珍宝,旁边是这样一句话:"看我留给你的东西"。还刻着这样一行字:"死于1725年1月28日"。她吩咐用黄金铸造一些重50达克特(ducat)的纪念章,分别送给外国使臣和帝国的达官显贵,证明她对最近去世的丈夫的尊敬和感激;由于他的慷慨,她幸运地承蒙恩宠,提升到目前的地位。

下面是莫特利(Mottley)撰写的沙皇彼得的墓志铭:

> 在此长眠的是一位不朽的人物:
> 彼得·阿列克谢洛维奇,
> 无须赘言,他是俄罗斯的伟大皇帝!
> 与其说这个头衔为他增添荣誉,
> 不如说他使这个头衔更加光荣。
> 让古人哑口无言,
> 无法吹嘘亚历山大或恺撒的功绩。
> 英雄追随的领导者赢得胜利是多么轻易!
> 士兵们受到居高临下的蔑视,
> 被认为不如将军们警惕!

> 但是他在这个位置上心中有数,
> 发现臣民既卑鄙又懒散,
> 不好战、缺乏教育又桀骜不驯;
> 既不渴望名声又不害怕危险。
> 虽然名为人类,
> 却更多野性而缺乏理性!
> 然而他打磨他们,改变了他们天生的粗野;
> 犹如初升的朝阳,
> 照亮人民的精神,
> 驱散世代笼罩他们的愚昧无知的黑暗。
> 凭借他攻无不克的影响力,
> 甚至教他们战胜德意志的征服者。
> 其他王侯指挥胜利的军队,
> 而他创建胜利的军队。
> 脸红吧,艺术!这位英雄对你没有亏欠;
> 欣喜吧,自然!这位奇才属于你。

[119] 这位女皇特别关心艺术和科学的发展,采取一切可能的鼓励措施,提供最有利的条件,努力吸引各个国家的天才到她的领土居住,她的执政时期犹如路易十四朝代重现。我们有一份新近的证据:这位令人敬畏的女皇给达朗贝尔先生写了一封助人为乐的亲笔信,想把一项最神圣的任务托付给巴黎的法兰西科学院的成员迪普莱(Duplex)先生,虽然这位绅士觉得应该谢绝她的亲切提议。在决定教育她的儿子——大公——的人选时,她认为必不可少的条件不是出身门第或职衔地位,而是人的真实价值和品德。可以预期这样一位超越庸俗偏见的君主在治理国家时会取得何等成就,尤其考虑到沃罗佐夫(Woronzoff)和戈利岑的辅佐,他们都是文学和艺术的专门资助者和老主顾,只要国家大事容许他们有片刻闲暇,他们自己也愿意从事创作。

[120] 下述轶事来自一位绝对正直诚实的贵族,他目睹了这件事,让我们清楚理解彼得一世的个性和性情。针对这位君主的政权和生命的密谋有许多,有一次他们逮捕了沙皇自己的警卫团的一名士兵。军官向彼得报告说该士兵的

表现一直非常优秀,彼得感到好奇,就想去见此人,听他亲口说说导致他参与反对沙皇的密谋的动机。为此他换上朴素的制服,这样就不会被认出来,然后来到监禁那个士兵的牢房,交谈了几句之后彼得问他:"朋友,我想知道你为什么参与反对你的主人——皇帝的活动,我确定他从未伤害过你;相反,他关注你,知道你是勇敢的士兵,一直在战场上履行职责。因此如果你对自己的行为有丝毫悔恨,我相信皇帝会原谅你。不过在我帮助你之前,你必须告诉我你参与哗变的动机。再说一次,皇帝天性善良,有同情心,我确定他会赦免你。"

"我对皇帝几乎一无所知,"士兵回答道,"我从未近距离见过他。但是他砍掉了我父亲的头,因为我父亲以前武装反抗政府,儿子有义务向杀死父亲的人报仇。如果皇帝真的像你描述的那样善良仁慈,建议他为自己的安全考虑不要赦免我;因为假如他放我自由,我要做的第一件事就是重新尝试取他的性命,除非达到目的,否则我永远不会停止。因此最保险的方法是下令立即砍掉我的头,否则他自己的生命安全就没有保障。"沙皇用了能够想到的各种理由,试图说服这个亡命之徒他的观点既愚蠢又不公正,却徒劳无功,士兵依旧坚持自己的想法。彼得的造访失败了,只能懊恼地离开,下令处决这个人和他的全部同谋。

译名对照表

阿巴库姆　Abakum
阿道夫,古斯塔夫　Adolphus, Gustavus
阿德里安　Adrian
阿尔贝罗尼　Alberoni
阿尔伯特　Albert
阿尔汉格尔斯克　Archangel
阿尔特兰施泰特　Altranstädt
阿尔特纳　Altena
阿法纳西耶夫　Afanassief
阿弗斯堡　Aversburg
阿格万　Aghwan
阿拉德　Alard
阿兰德　Alland
阿里安　Arrian
阿里斯托特　Aristotele
阿列克谢　Alexis
阿列克谢洛维奇,彼得　Alexiowitz, Peter
阿伦斯堡　Arensbourg
阿蒙　Armond
阿穆尔河(黑龙江)　Amur
阿纳卡西斯　Anacharsis
阿纳姆　Arnheim
阿尼卡　Anika
阿普拉克辛　Apraksin

阿什拉夫　Eshreff
阿斯泰拉巴德　Astrābād
阿斯特拉罕　Astracan
埃尔比勒　Arbela
埃尔宾　Elbing
埃尔伯夫　Elbeuf
埃芬迪,哈姆默　Effendi, Hummer
艾哈迈德　Achmet
埃克西德耶　Exideüil
埃莱奥诺拉,乌尔丽卡　Eleonora, Ulrica
埃里温　Erivan
埃伦斯席尔德　Ehrenschiold
爱沙尼亚　Esthonia
安德烈霍夫　Andrewhoff
安娜;安妮　Anne
安茹　Anjou
安坦　d'Antin
安条克　Antioch
奥布　Åbo
奥多诺斯基斯　Odonoskis
奥多亚克　Odoacer
奥尔米茨　Olmütz
奥格斯堡　Augsburg
奥卡皮　Or kapi
奥克森谢尔纳　Oxenstierna

奥兰岛　Aland
奥兰治　Orange
奥劳斯　Olaus
奥莉加　Olha
奥利留斯　Olearius
奥利瓦　Oliva
奥伦堡　Orenburg
奥洛尼茨　Olonitz
奥涅加湖　Onega
奥斯加克人　Ostiaks
奥斯捷尔曼,亨利·约翰·弗雷德里
　克　Ostermann, Henry John Frederic
奥斯曼　Osman

巴尔克　Balc
巴哈迪尔,穆罕默德　Babadir, Mahomet
巴塞维茨　Bassewitz
巴图林　Baturyn
巴托克　Battog
巴西尔　Basiles
白俄罗斯　Belarus
白令　Bering
拜耶尔　Beyer
白种摩尔人　Albino
鲍尔　Bauer
贝尔纳,萨米埃尔　Samuel Bernard
贝格,伊斯梅尔　Beg, Ishmael
北角　North Cape
贝里　Berri
贝塞瓦尔　Besseval
比比奇　Bibitsch

彼得罗芙娜,安娜　Petrovna, Anna
彼得罗瓦拉丁　Peterwaradin
彼得洛维奇,阿列克谢　Petrowitz,
　Alexis
彼得洛维奇,彼得　Petrowitz, Peter
彼得绍夫　Petershoff
比尔岑　Birzen
彼尔姆　Permia
彼列科普　Precop
比萨拉比亚　Bessarabia
别尔哥罗德　Belgorod
别列津纳　Berezina
宾杰里　Bender
波的尼亚　Bothnia
博尔戈　Borgå
博尔乔　Bolcho
波尔塔瓦　Pultowa
勃兰登堡　Brandenburg
勃兰登堡－普鲁士　Brandenburg-
　Prussia
博兰迪亚人　Borandian
波兰属普鲁士　Polish Prussia
博里西尼河　Boristhenes
波罗的海　Baltic Sea
波罗吉莱　Porogerai
波美拉尼亚　Pomerania
博纳克　Bonac
波尼亚托夫斯基　Poniatowsky
博斯坦哲　Bostangi
波兹南　Posnania
跛子帖木儿　Tamerlane

布迪斯　Budis
布夫莱尔　Boufflers
布格河　Bug
布卡里人　Bukari
不来梅　Bremen
布兰科万，巴萨拉巴　Brancovan, Bassaraba
布勒伊拉　Brǎila
布勒因,科内利斯　le Bruine, Cornelius
布雷克尔　Brekel
布里亚特人　Buryats
布鲁斯,雅各布·丹尼尔　Bruce, Jacob Daniel
布伦海姆　Blenheim
布吕尔　Brühl
布图尔林　Buturlin

茶门　Cǎmin
查理六世　Charles VI
查理五世　Charles V
查士丁尼　Justinian

大波兰　Great Poland
大布卡里　Great Bukari
鞑靼　Tartary
达尔德斯　Dalders
达尔马提亚　Dalmatia
达戈岛　Dago
大公　Hospodar or Waiwod
大流士　Darius

达契亚人　Dacians
代米尔塔什　Demirtash
德·沃　De Veau
德拉克鲁瓦,莫昂　de la Croix, Moens
德累斯顿　Dresden
德利尔　De Lisle
德米特里　Demetrius
德南　Denain
德涅斯特河　Dniester
德特福德　Deptford
德维纳河　Dwina
狄奥多里克　Theodericus
狄奥多西　Theodosius
第聂伯河　Dnieper
蒂拉斯河　Tiras
蒂罗尔　Tyrol
蒂默曼　Timmerman
东约特兰　East Gothland
杜纳蒙德　Dunamund
顿河（塔内斯河）　Tanais or Don
多尔戈鲁基　Dolgorouki
多尔戈罗斯基　Dolgorouski
多西费　Dozitheus

鄂毕河　Oby
鄂尔浑河　Orkhon
额尔齐斯河　Irtish
俄罗斯拉普兰　Russian Lapland
厄赛尔　Oesel

法尔克森　Falksen

费奥多尔	Foedor（Theodore）	戈东诺夫,鲍里斯	Godonow, Boris
费奥多罗维奇,米哈伊尔	Theodorowitz, Michael	格尔必齐	Kerbechi
		格尔茨	Görtz
费尔登	Verden	戈利岑,瓦西里	Galitzin, Basil
菲拉列特	Philaretes	格列博夫,斯捷潘	Glebov, Stephen
腓力二世	Philip II	格卢克	Gluck
腓力五世	Philip V	格罗德诺	Grodno
费斯廷	Verstin	戈洛夫金	Golofkin
腓特烈	Frederick	戈洛温	Golowin
腓特烈萨尔特	Frederickshald	格皮德人	Gepids
芬克施泰因	Finkstein	哥萨克	Cossack
冯加德,达尼埃尔	Vongad, Daniel	戈托普	Gottorp
佛兰德	Flanders	古尔奈	Gournay
佛兰芒人	Fleming		
佛提乌	Photius	海尔曼	Heilmen
富尔达	Fulda	汉科	Hangö
伏尔芬比特尔	（Wolfenbüttel）	汉萨同盟	Hanse Towns
弗格森	Ferguson	荷尔斯泰因	Holstein
弗拉基米尔	Wolodimar, Wolodimer	赫拉弗	Grave
弗莱明	Flemming	赫希施泰特	Hochstadt
弗劳恩施塔特	Fraustadt	黑海	Pontus Euxinus
弗雷德里克四世	Frederick IV	黑森	Hesse
弗里斯兰	Friesland	惠特沃思	Whitworth
		霍洛津	Holozin
盖马乌埃尔托夫	Gemauerthoff, Gemauers	霍齐姆	Choczim
		霍屯督人	Hottentot
干地亚岛	Candia	霍万斯基	Chowanskoi
哥白林	Gobelins		
格布尔人	Guebre	基辅	Kiow
戈登	Gordon	吉兰	Ghilan
格蒂人	Gete	基索维亚	Kisow

基亚克萨雷斯　Cyaxares
嘉布遣会　Capuchin
加德布施　Gadebusch
加加林　Gagarin
杰尔宾特　Derbent
杰尔普特　Derpt
杰斯纳河　Desna
居鲁士　Cyrus

卡尔夫　Kalf
卡尔加　Karga
卡尔洛维茨　Carlowitz
卡尔梅克人　Kalmuck
卡尔十二　Charles XII
卡尔十一　Charles XI
卡尔斯巴德　Carlsbad
卡法　Caffa
卡莱尔　Carlisle
喀琅施塔得　Kronstadt
卡累利阿　Carelia
卡利什　Kalish
卡洛斯,唐　Carlos, Don
卡马河　Kama
卡马森　Carmarthen
卡缅斯卡　Kamienska
卡佩,于格　Capet, Hugh
卡普沙克　Capshak
卡齐米日　Casimir
卡萨伏　Casaph
喀山　Casan
卡斯宾　Casbin

卡西诺山　Mount Cassino
凯克斯霍尔姆　Kexholm
凯莱,梅特卢斯　Celer, Metellus
坎大哈　Candahar
坎泰米尔,德米特里　Cantemir, Demetrius
康普勒东　Campredon
科尔比　Corhy
科尔基斯　Colchos
科尔特斯　Cortez
科孚　Corfu
克拉索　Crassau
克莱特斯　Clytus
克兰茨,阿尔伯特　Krants, Albert
克里夫斯　Cleves
克里米亚（或克里木）　Crimea or Crim
克里米亚博斯普鲁斯　Cimmerian Bosphorus
克里斯蒂安二世　Christian II
克洛蒂尔德　Clotilda
克罗伊茨　Creutz
克内兹　Knez
科普鲁律,艾哈迈德　Couprougli, Achmet
科特林　Kotin
科沃　Kolo
肯普滕　Kempten
孔代　Conti
库班　Kuban
库都马古贝　Kudumagube

库尔兰　Courland
库尔斯克　Curtzka
库尔提乌斯,昆图斯　Curtius, Quintus
库拉金　Kourakin
库利汗　Kouli Khan
库图卡斯　Koutoukas

拉多加湖　Ladoga
拉戈斯基　Ragotski
拉河　Rha
拉科尼亚人　Lacedemonian
拉莫特雷　La Motraye
拉纳维尔　La Neuville
拉普斯特兰　Lapstrand
拉斯波普　Raspop
拉斯科尔尼基　Raskolniky
拉辛,斯捷潘　Rasin, Stenko
来航　Leghorn
赖克尔　Reichel
莱什琴斯基,斯坦尼斯瓦夫　Leczinsky, Stanislaus
莱斯迪吉埃　Lesdiguiére
莱文豪普特　Lewenhaupt
赖因希尔德　Renschild
兰迪,巴雷蒂　Landi, Baretti
兰帕尔克　Lamparque
朗贝尔蒂　Lamberti
朗格,洛伦茨　Lange, Laurence
勒福尔　Le Fort
勒伊斯　Ruysch

雷根斯堡　Ratisbon
雷瓦尔　Revel
利奥波德,卡尔　Leopold, Charles
利奥十一世　Leo XI
里海　Caspian Sea
里加　Riga
利林斯泰特,约翰　Lillienstedt, Johan
黎塞留　Richlieu
里斯维克　Ryswick
立陶宛　Lithuania
利翁　Lyon
利沃尼亚　Livonia
列普宁　Repnin
列斯纳亚　Lesnaya
列赞　Rezan
列兹金人　Lezgian
卢布林　Lublin
鲁缅采夫　Rumyantsev
鲁皮西娜　Lupicina
吕根岛　Rügen
罗厄尔　Rohel
罗克索兰人　Roxolanian
罗曼诺夫,米哈伊尔　Romanow, Michael
罗莫达诺夫斯基　Romadonowski
罗穆卢斯　Romulus
罗姆纳　Romna
洛普京　Lapuchin
罗森　Rozen
罗斯托夫　Rostow

玛蒂娜　Martina
马迪亚斯　Madius
马尔伯勒　Marlborough
马尔德人　Mardi, Mardian
马格德堡　Magdeburg
马卡罗夫　Macarof
马克西米利安　Maximilian
玛丽亚姆娜　Mariamne
马林堡　Marienburg
马林韦尔德　Marienverder
马穆鲁克人　Mameluk
马秋什金　Matyushkin
马萨格泰人　Massagete
马特维奥芙娜, 马尔法　Matweowna, Martha
马特维耶夫　Matheof
马赞德兰　Mazanderan
马泽帕　Mazeppa
迈德尔　Meidel
曼利乌斯　Manlius
曼特农　Maintenon
曼托瓦　Mantua
梅克伦堡　Mecklenburg
梅拉, 蓬波尼乌斯　Mela, Pomponius
米蒂利尼　Mytilene
米底人　Medes
米尔扎　mirza
米哈伊洛夫, 彼得　Mikhailov, Peter
米哈伊洛维奇, 阿列克谢　Michaelowitz, Alexis
米洛斯拉夫斯基　Miloslavsky

米切劳斯　Miceslaus
米塔乌　Mittau
米特拉达梯　Mithridates
缅希科夫　Menzikoff
明登　Minden
蒙岛　Moen
摩尔达维亚　Moldavia
莫尔当特人　Mordaut
莫吉廖夫　Mohilow
摩里亚　Morea
莫罗西尼　Morosini
莫罗佐夫　Morozov
摩尼教　Manicheism
莫斯科　Moscow
莫斯科大公国　Muscovite
莫斯科维亚　Muscovia
莫卧儿帝国　Mogul Empire
默兹河　Meuse
穆尔费尔斯　Mulfels
穆尔人　Mours
穆罕默德, 巴尔塔基　Mahomet, Baltagi
穆斯塔法　Mustapha

那不勒斯　Naples
纳尔根　Narguen
纳尔瓦　Narva
纳吉施　Nagisch
纳雷什金, 阿塔纳修斯　Nariskin, Athanasius
那慕尔　Namur
纳塔利娅　Nathalia

奈梅亨　Nimeguen
尼康　Nicon
尼斯施哥罗德　Nischgorod
尼斯塔德　Nystadt
尼亚　Nya
尼扬茨　Nyantz
尼永　Nyon
涅斯特苏拉诺伊　Nestesuranoy
涅瓦河　Neva
纽斯特里亚　Neustria
努尔贝里　Norberg
诺夫哥罗德　Novogorod
诺盖　Nogay
诺里斯　Norris
诺曼人　Norman
诺斯替教派　Gnostics
诺特堡　Noteburg

欧察科夫　Oczakow
欧根　Eugene
欧麦尔　Omar

帕特库尔,约翰·赖因霍尔德·Patkul, John Reinhold
帕夏　basha
派尔努　Pärnau
潘普斯　Pampus
佩剑骑士团　port-glaives
佩雷拉(徐日升)　Pereira
佩里　Perry
佩普西　Peipus

彭纳蒙德　Pennamund
皮埃蒙特　Piedmont
皮佩　Piper
珀蒂堡宫　Petit-bourg
普尔喀丽娅　Pulcheria
普利斯科夫　Pleskow
普列奥布拉津斯基　Preobrazinski
普林尼　Pliny
普鲁士人　Prussian
普鲁特河　Pruth
普罗科波(普罗科波维奇),费奥凡　Procop(Procopowitz), Theophanes

齐米斯西斯,约翰　Zimisces, John
七塔城堡　Seven Towers
钱塞勒　Chancellor
乔尔森　Jolson
切尔卡西亚　Circassia

热尔比永(张诚)　Gerbillon
热那亚　Genoa

萨尔达姆　Saardam
萨尔马提亚　Sarmatia
萨尔特科夫　Soltikoff
萨非　sophi
萨马拉　Samara
萨莫吉提亚　Samogitia
萨莫耶德人　Samojedes
萨纳河　Sana
塞维利亚　Seville

译名对照表　335

森塔　Zenta
沙菲罗夫　Shafiroff
沙罗维奇，米特勒斯基　Mittelesky Czarovits
沙托纳夫　Châteauneuf
沙因　Schein
上波兰　Upper Poland
上沃利尼亚　Upper Volhinia
上亚细亚　Upper Asia
舍恩博恩　Schönborn
舍列梅捷夫　Sheremeto, Scheremetoff
舍列梅托娃　Scheremetow
舍马哈　Shamaki
舍普列夫　Shepleff
圣埃尔姆　St. Elmo
圣埃皮法尼乌斯　St. Epiphanius
圣安德烈　St. Andrew
圣巴托罗缪　St. Bartholomew
圣米迦勒　St. Michael
圣尼古拉斯　St. Nicholas
圣瓦西里　St. Basil
石勒苏益格　Sleswick
施利彭巴赫　Schlippenbach
施吕瑟尔堡　Shlusselburg
施塔德　Stade
施特拉尔松德　Stralsund
什未林　Schwerin
舒伦堡　Schulenburg
舒瓦洛夫　Showalow
斯德哥尔摩　Stockholm
斯卡夫隆斯基，卡雷尔　Scavronsky, Karel
斯堪的纳维亚　Scandinavia
斯堪尼亚　Scania
斯科罗帕斯基　Skoropadsky
斯拉夫人　Sclavonian
斯兰卡门　Slankamen
斯摩棱斯克　Smolensko
斯帕维　Spaw
斯潘根贝格　Spengenberg
斯塔克尔贝里　Stackelberg
斯塔罗杜布　Starodub
斯坦克　Stanke
斯特拉伦伯格　Strahlenberg
斯特雷施纳　Streschneu
斯特列什涅夫　Strechnef
斯滕博克　Stenbock
斯托姆费尔德，奥托·赖因霍尔德　Stroemfeld, Otto Reinhold
苏埃维人　Suevi
苏拉　Sylla
苏兹达尔　Suzdal
索邦　Sorbonne
索别斯基，扬　Sobieski, John
索尔河　Psol, Sol
索菲娅　Sophia
索利卡姆　Solikam
索日河　Sossa

塔甘罗格　Taganrog
塔赫马斯普　Thamaseb
塔马斯　Thomas

塔纳　Tana
塔瓦斯特许斯　Tavastehus
塔西佗　Tacitus
塔伊姆　thaim
泰梅什堡　Temeswar
泰塞　Tessé
陶里斯　Tauris
陶里斯半岛　Taurica Chersonesus
特奥多拉　Theodora
特拉温达尔　Travendahl
特鲁别茨科伊　Trubetskoy
特普特里斯　Tepteris
忒修斯　Theseus
提尔人　Tyrian
条顿人　Teuton
帖木儿　Timur
统领或酋长　Hetman or Itman
图拉真　Trajan
托博尔河　Tobol
托博尔斯克　Tobolsky
托尔博格温　Tolbogwin
托尔高　Torgau
托尔斯泰　Tolstoy
托尔西　Torci
托伦　Thorn
托罗斯　Taurus

瓦迪斯瓦夫　Ladislaus
瓦拉几亚　Walachia
瓦萨　Vasa
瓦西里耶维奇，伊凡　Wassilievitch,
　　　　Iwan
汪达尔人　Vandal
维堡　Wibourg, Wiburn, Wyburg
维岑　Witzen
维茨克拉克斯　Wickolax
维尔纽斯　Wilnaw
维拉尔　Villars
维拉约基　Willayoki
维勒鲁瓦　Villeroi
维利卡　Velika
韦瑟尔　Wesel
维斯马　Wismar
沃邦　Vauban
沃尔斯克拉河　Worsklaw
沃克斯拉夫　Workslaw
沃罗尼斯　Veronise
沃罗涅日　Woronitz, Woronestch
沃州　Vaud
沃兹尼岑　Voznitsyn
乌得勒支　Utrecht
乌特米希的马哈茂德　d'Utmich,
　　　　Mahmoud

希尔卡尼亚　Hyrcanian
西哥特人　Visigoth
希拉克略　Heraclius
锡雷特河　Sireth
西里西亚　Silesia
锡罗波利斯　Cyropolis
西尼亚夫斯基　Siniauski
西西里　Sicily

锡西罗波利斯　Scythopolis
西徐亚　Scythia
希耶拉苏斯河　Hierasus
小鞑靼　Little Tartary
小路易　Lewis the Young
谢苗诺夫斯基　Semenovski
谢斯特拉河　Sestra
新德维纳　New Dwina
新地岛　Nova Zémbla
许布纳　Hubner

雅盖隆人　Jagellon
雅各　James
雅各布　Jacob
雅各布施塔特　Jacobstadt
亚哈随鲁　Ahasuerus
雅库特人　Jakutians
雅罗斯拉夫　Jaroslav
亚美尼亚人　Armenian
亚努斯　Janus
亚速　Azoph
亚速海（迈俄提斯湖）　Palus Maeotis
亚乌扎　Yauza
雅西　Jassy
雅伊克河　Jaick
叶夫多西亚　Eudoxia

叶卡捷琳娜　Catherine
耶利米　Jeremiah
叶莲娜　Helena
易北河　Elbe
伊尔门　Ilmen
伊斯法罕　Isfahan
伊台斯,伊兹勃兰特　Ides, Isbrand
伊万诺维奇,费奥多尔　Johannowitz, Foedor
伊乌马拉克　Iumalac
因格里亚　Ingria
犹地亚　Judea
优素福　Jussuf
于伦堡　Gillembourg
约阿希姆　Joachim
约伯　Job
约尔科瓦　Yolkova
约瑟菲娜　Josephina

扎巴什　Zaback
扎波罗热人　Zaporavian
哲人利奥　Leo the philosopher
芝诺比阿　Zenobia
佐波拉格　Zoporag
佐托夫　Zotov

图书在版编目（CIP）数据

彼得大帝的俄罗斯史 /（法）伏尔泰著；高望译. —上海：上海社会科学院出版社，2020
ISBN 978-7-5520-2989-5

Ⅰ.①彼… Ⅱ.①伏… ②高… Ⅲ.①俄罗斯－中世纪史 Ⅳ.① K512.34

中国版本图书馆 CIP 数据核字（2020）第 001162 号

启蒙文库系启蒙编译所旗下品牌
本书版权、文本、宣传等事宜，请联系：qmbys@qq.com

彼得大帝的俄罗斯史

著　　者：〔法〕伏尔泰
译　　者：高　望
责任编辑：王　睿
出 版 人：佘　凌
出版发行：上海社会科学院出版社
　　　　　地　　址：上海顺昌路 622 号　　邮　　编：200025
　　　　　电话总机：021-63315947　　　　销售热线：021-53063735
　　　　　http://www.sassp.cn　　　　　　E-mail: sassp@sassp.cn
印　　刷：上海光扬印务有限公司
开　　本：890×1240 毫米　1/32 开
印　　张：11
插　　页：11
字　　数：270 千字
版　　次：2021 年 1 月第 1 版　　2021 年 1 月第 1 次印刷

ISBN 978-7-5520-2989-5/K·541　　　　　定价：88.00 元

版权所有　翻印必究

读者联谊表

（电子文档备索）

姓名：　　　　年龄：　　　　性别：　　　宗教：　　　党派：

学历：　　　　专业：　　　　职业：　　　所在地：

邮箱　　　　　　　　　　手机　　　　　　　　QQ　　　　　

所购书名：　　　　　　　　　　　在哪家店购买：　　　　　

本书内容：满意　一般　不满意　本书美观：满意　一般　不满意

价格：贵　不贵　阅读体验：较好　一般　不好

有哪些差错：

有哪些需要改进之处：

建议我们出版哪类书籍：

平时购书途径：实体店　网店　其他（请具体写明）

每年大约购书金额：　　　　藏书量：　　　每月阅读多少小时：

您对纸质书与电子书的区别及前景的认识：

是否愿意从事编校或翻译工作：　　　　愿意专职还是兼职：

是否愿意与启蒙编译所交流：　　　　是否愿意撰写书评：

如愿意合作，请将详细自我介绍发邮箱，一周无回复请不要再等待。

读者联谊表填写后电邮给我们，可六五折购书，快递费自理。

本表不作其他用途，涉及隐私处可简可略。

电子邮箱：qmbys@qq.com　　　联系人：齐蒙

启蒙编译所简介

启蒙编译所是一家从事人文学术书籍的翻译、编校与策划的专业出版服务机构，前身是由著名学术编辑、资深出版人创办的彼岸学术出版工作室。拥有一支功底扎实、作风严谨、训练有素的翻译与编校队伍，出品了许多高水准的学术文化读物，打造了启蒙文库、企业家文库等品牌，受到读者好评。启蒙编译所与北京、上海、台北及欧美一流出版社和版权机构建立了长期、深度的合作关系。经过全体同仁艰辛的努力，启蒙编译所取得了长足的进步，得到了社会各界的肯定，荣获凤凰网、新京报、经济观察报等媒体授予的十大好书、致敬译者、年度出版人等荣誉，初步确立了人文学术出版的品牌形象。

启蒙编译所期待各界读者的批评指导意见；期待诸位以各种方式在翻译、编校等方面支持我们的工作；期待有志于学术翻译与编辑工作的年轻人加入我们的事业。

联系邮箱：qmbys@qq.com

豆瓣小站：https://site.douban.com/246051/